中国经济增长

数量、质量和效益的

耦合研究

王薇 / 著

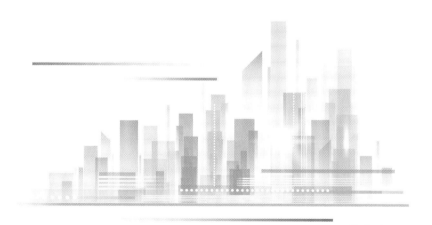

中国社会科学出版社

图书在版编目（CIP）数据

中国经济增长数量、质量和效益的耦合研究/王薇
著 . —北京：中国社会科学出版社，2018.4
ISBN 978 - 7 - 5203 - 2384 - 0

Ⅰ. ①中… Ⅱ. ①王… Ⅲ. ①中国经济—经济
增长—研究 Ⅳ. ①F124.1

中国版本图书馆 CIP 数据核字（2018）第 076337 号

出 版 人	赵剑英
责任编辑	刘晓红
责任校对	杨 林
责任印制	戴 宽

出 版	中国社会科学出版社
社 址	北京鼓楼西大街甲 158 号
邮 编	100720
网 址	http：//www.csspw.cn
发 行 部	010 - 84083685
门 市 部	010 - 84029450
经 销	新华书店及其他书店

印 刷	北京明恒达印务有限公司
装 订	廊坊市广阳区广增装订厂
版 次	2018 年 4 月第 1 版
印 次	2018 年 4 月第 1 次印刷

开 本	710×1000 1/16
印 张	22
插 页	2
字 数	318 千字
定 价	99.00 元

凡购买中国社会科学出版社图书，如有质量问题请与本社营销中心联系调换
电话：010 - 84083683

摘　要

改革开放以来的 30 多年间，中国经济总量以年平均增长率超过 9% 的速度增长，中国成功实现了由贫穷的低收入国家向中等收入国家的跨越，其显著的增长成就被称为"中国奇迹"。然而遗憾的是，在中国经济数量增长的奇迹背后，埋藏着诸多隐忧，表现在国民经济结构、经济系统与生态环境系统、经济增长与社会利益分配之间的冲突日益加剧，产业结构、需求结构、城乡结构、区域结构的失衡成为一种"常态"，社会贫富差距拉大、能源资源短缺、生态环境恶化等一系列非经济性成本上升成为制约经济社会平稳发展的"瓶颈"。这些因素反映出中国经济增长中的突出问题是经济增长质量和效益与经济增长数量之间不协调，质量和效益的提高显著滞后于数量的扩张。

本书通过逻辑演绎的方法对经济增长数量、质量和效益的内涵、形成机制和实现条件进行理论分析。在此基础上，从系统耦合理论视角构建经济增长数量、质量和效益相耦合的分析框架。首先，从三者的内容和作用关系角度阐释耦合理论在分析三者内在相互关系的适用性；其次，从耦合的表现形式、基本特征及演进机制角度系统分析三者耦合的一般规律，并进一步从耦合目标、耦合影响因素、耦合动因、耦合机制等方面阐释三者耦合的逻辑机理；最后，基于该理论框架，采用投影寻踪评价模型和耦合测度模型对改革开放以后中国经济增长数量、质量和效益指数及其耦合性进行定量测度，归纳总结不同阶段的特征以及三者耦合度的变动规律，并作出分析和解释。在实证分析结果的基础上，结合现阶段中国经济增长数量、质量和效益耦合制约因素发生的变化，提出实现三者相耦合的机制、路径和政策。

本书研究主要得到以下结论：首先，通过对多种质量观及效益观的归纳和比较，对经济增长质量和效益的概念进行了重新界定，并认为应从内涵和外延两个方面共同理解。其中，经济增长质量的内涵是指对经济增长过程中所产生的经济系统内部除经济总量以外的其他属性的刻画及其度量；而外延是指对经济效率、经济结构、经济运行及经济潜力四个核心属性的优劣程度的判断。经济增长效益的内涵是指经济增长过程中，人与自然物质相互作用所引起的经济、社会、生态整体系统的成果与耗费之间的关系；而外延是指从经济效益、社会效益和生态效益三个判断维度来反映经济增长带来的产出与社会目的需要间的契合度。其次，从纵向时序变动角度对我国1978—2014年的经济增长数量、质量和效益的整体评价发现，经济增长数量总体上经历了"波动增长—稳定增长—指数型增长"的趋势；经济增长质量总体上呈波动上升态势，但经济结构维度指数的下降对其构成显著负面作用；经济增长效益也在微小波动中缓慢增长，但其主要是经济效益提升带动的，社会效益，尤其是生态效益维度的贡献显著降低。最后，从我国经济增长数量、质量和效益的耦合度测算结果来看，三者的耦合性具有显著的阶段性特征。总体上，1978—2014年中国经济增长数量、质量和效益耦合关系的动态变化特征表现为从低发展度下的"低水平耦合"经历"虚假耦合"状态跃迁至高发展度下的"系统相悖"状态。三者的耦合状态是制度、要素及技术层面影响因素非线性叠加的结果。并且，不同阶段的主导影响因素不同，前一时期促进三者协同耦合的因素在后一时期可能转化为制约因素。

从具体的实证结果来看，改革开放初期，经济增长数量、质量和效益的协同耦合度呈不稳定的剧烈波动状态。1992—2000年，三者的耦合趋于稳定，从所处的经济发展阶段来看，这一时期三者的耦合基本处于较良好的协同状态；进入21世纪以后，三者的协调度、发展度和耦合度出现加速分离态势，经济增长数量的超前发展和经济增长质量和效益的显著滞后导致系统协同耦合性降低。最后，从经济增长数量、质量和效益耦合的跨国研究发现，发达国家三者的耦合程度普遍较高，而发展中国家则相对较低，尤其现阶段经济增长速度较快的新兴经济体，三者之间的不协调性更加突出。虽然大多数发展中国家普遍存在经济增长数量、质量和效益耦合较差的情况，但各个国家的严重程度不同，而中国属于增长数量和质量、效益耦合严重较差的国家之一。作为与中国经济转型形成鲜明对比的俄罗斯，其较低增长数量下的增长效益成绩与中国形成强烈反差。比较研究表明，经济数量增长迅速并不会自发实现质量和效益的同步提升，而经济数量增长缓慢也并非必然限制增长质量和效益的提高，在系统外部因素的正向作用下，才能推动经济增长步入数量、质量和效益协同演进的轨道。

中国经济增长数量、质量和效益之间耦合较差是制度、要素、技术等多维因素复合作用的结果。现阶段实现中国经济增长数量、质量和效益相耦合，必须从创新驱动、人力资本积累、结构转化、福利分配、人与自然协调发展等多角度的机制入手，推动经济发展战略、经济体制、经济增长方式、经济增长动力及经济结构的多维转型，进而实现三者的协同发展。

关键词：经济增长，经济增长质量，效益，耦合，投影寻踪模型

ABSTRACT

China's economy has received continual increase since the policy of reform and opening was followed. The economic growth has compounded at an annual average rate of 9 percent over the past 30 years. Significant growth achievement is called the China miracle because it successfully realized large leap of China from a low – income country to a middle – income country. Regrettably, there are some latent troubles in China's quantitative economic growth, such as more serious conflict in national economic structures, economic system and ecological environment system, economic growth and distribution of social benefits. Unbalance becomes to be the normal state in industrial structure, aggregate demand structure, urban/rural structure and regional structure. Non – economic rising costs have become a bottleneck to the stable development which shows in the following aspects: the increasing gap between rich and poor deterioration, energy and resources shortage, ecological environment deterioration. These factors reflect that China's economic growth is characterized by a lack of coordination between the quality and benefit of economic growth and the quantity of economic growth. The improvement in quality and benefit of economic growth is significantly behind the expansion in quantity.

This paper will research on connotation, formation mechanism and realization condition of quantity, quality and benefit in economic growth. An analytical framework consistent with quantity, quality and benefit in economic growth will be set up from the angle of system coupling. Firstly, applicability of coupling theory will be explained on analyzing the harmony and coherence of quantity, quality and benefit from the content and relationship. Secondly, general laws of coupling will be discussed systematically from the pattern, essential characteristic and evolution rule, and coupling mechanism will be discussed from aspects of coupling objective, coupling influence factors and coupling agent further. The coupling influence factors are divided into three levels of institution, elements and technology specifically. Finally, based on theoretical framework, project pursuit model and coupling measure model will be proposed to quantitatively describe and synthetically measure the index and the coupling degree of the quantity, quality and benefit of China's economic growth. Constraints which affect synergetic coupling and realization mechanisms will be carefully analyzed, and the characteristic and changing trend of quantity, quality and benefit of china's economic growth in different stage will be summarized. On the basis of the empirical results, combined with the change on coupling constraints of quantity, quality and benefit of economic growth in new normal stage, the realization mechanism, transformation path and policy orientation of the quantity, quality and benefit in China's economic growth will be proposed.

According to the research of this paper, the following conclusions can be mainly achieved. Firstly, the concept of quality and benefit of economic growth is redefined by summing up and comparing several viewpoints of quality and benefit, and it should be understood from the connotation and extension. The connotation of quality of economic growth refers to the characterization and measurement of other attributes except the quantity in the process of economic growth. The extension refers to the judge of the merits of four core attributes, the economic efficiency, economic structure, economy operation and economic potential. The connotation of economic growth benefit refers to the relationship between the outcome of economic, social and ecological system and the consumption caused by the interaction between human and natural material in the course of economic growth, while the extension refers to three dimensions of the economic benefit, social benefit and ecological efficiency to determine fitness of economic growth output and the social purposive needs. Secondly, vertical evaluation focuses on China's economic growth from 1978 to 2014 through temporal changes. Quantity of China's economic development experiences the trend of fluctuant growth to steadily growth to exponential growth. The quality of China's economic development had revealed a fluctuant increase, but significant reduction of economic structure index leads to slowly improve about the quality of economic growth. The benefit of China's economic increases slowly with slight fluctuations influenced. Significantly improve of economic benefit made a positive effect to the economic growth benefit, while ecological benefits decreased gradually. Thirdly, from the result of coupling degree of quantity, quality and benefit of China's economic growth, it appears significant stage characteristics. In general, the periodical dynamic characteristics of the coupling relationship between quantity, quality and benefit of economic growth in China from 1978 to 2014 are characterized by a gradual change from low – level coupling to false coupling at a low degree of development to system disparity at a high degree of development. Coupling generally results from the nonlinear superposition of institution, element and technology. Moreover, at the different stage, the dominant factor affects synergistic coupling is also different. The positive factors which promote the coupling in the beginning may be changed to restraining factors in the following periods.

On the basis of the empirical results in this thesis, coordination degree of quantity, quality and benefit of economic growth appears poor at the beginning of reform and opening. The coupling degree is in the unstable state of fluctuation. Coordination degree, development level and coupling degree are tending towards stability from 1992 to 2000, so the above three factors are in a coupling state. After 2001, it appears to accelerate the separation of coordination degree, development level and coupling degree: Quantity growth significantly drives the development of economy, but coupling state of the three factors drops rapidly. A growing gap appears among the quantity, quality and benefits of economic growth. Finally, from the cross – country comparative study on the coupling between quantity, quality and benefit of economic growth, it is found that the developed countries have a high degree of coordinated coupling, while the developing countries are relatively low, especially the newly emerging economies with rapid economic growth, and its inconsistency between quantity, quality and benefits of economic growth is more prominent. Although the majority of developing countries are characterized by poor coupling of quantity, quality and benefits of economic growth, each country has a different degree of severity, while China is one of the countries where the quantity, quality and benefit of economic growth are poorly coupled. As a sharp contrast with China's economic transformation in Russia, its lower economic growth and better economic benefit performance formed a strong contrast to China. Comparative study shows that rapid economic growth does not spontaneously achieve the simultaneous improvement of quality and benefit of economic growth, while the slow economic growth does not necessarily limit the quality and benefit of economic growth. Under the positive effects of external factors can promote economic growth into the coordinated evolution track of quantity, quality and benefit of economic growth.

Disunity or non – coupling of quantity, quality and benefit results from the joint effects of institution, elements and technology. In order to achieve coupling and synergetic development of quantity, quality and benefit of china's economic growth, multi – dimensional transformation, which include strategy of economic development, economic growth pattern, economic growth impetus, economic growth structure and economic system, should be realized through innovation – driven, human capital accumulation, structural conversion, welfare distribution and harmonious development between human and nature.

Key words: Economic Growth, Quality of Economic Growth, Benefit, Coupling, Project Pursuit Model

目　　录

第一章　导论

第一节　选题背景和意义

一　选题背景

1978 年的改革开放，将中国带入经济社会全面转型变革的历史阶段，从这一年开始，中国经济开始经历持续高速增长，沉睡多年的中国逐渐成为世界瞩目的焦点。在社会经济的重大转变进程中，中国一方面获得了显著的经济增长奇迹，正如 Rohwer（1992）曾指出的：中国是地球上经济变化最快的地区，其收入在改革开放以后的 20 年里增长了 7 倍，而英国用了近一个世纪才使人均收入提高了 2.5 倍，即使是日本在经济高速增长的 1952—1970 年，其收入增长幅度也只有 6 倍。① 但另一方面，与中国经济快速增长相伴的深层次矛盾也越来越突出，在经济增长领域，全要素生产率增长放缓导致潜在增长率下降，自主创新不足导致产品附加值不高、产业竞争力不强，我国在国际分工中被锁定在全球产业链的低端而难以自拔，围绕产业结构的低级化和不合理，形成了需求结构、收入分配结构、城乡结构全面失衡的经济结构状态。在社会发展和生态环境领域，居民收入差距扩大、区域发展不平衡、能源资源危机、生态环境退化等问题异常严重，并已经构成威胁经济发展的不利因素。如今，我国经济步入"新常态"时期，这一阶段的重点是经济增长速度放缓、经济增长

---

① Rohwer Jim. "When China Wakes：A Survey of China"，*The Economist*，1992.

动力转换及经济结构优化，其本质就是从追求经济数量增长的迷雾中解放出来，将经济增长的关注点聚焦于质量与效益。从全世界范围来看，无论是已经完成工业化的发达国家还是与中国同样经历转型增长的发展中国家，都不同程度地面临着产业结构失衡、企业创新乏力、生态环境退化等问题。2010 年"夏季达沃斯论坛"以"推动可持续增长"为主题，2011 年"夏季达沃斯论坛"进一步将主题确定为"关注增长质量、掌控经济格局"，经济增长质量命题已被国际社会作为热点问题强调并广泛讨论。由此可见，提高经济增长质量和效益已经成为时代背景下全球经济增长中亟待解决的重要课题。

中国的学者和政府很早就发现了中国经济增长模式存在的突出问题，提出转变经济增长方式。著名经济学家刘国光在 20 世纪 80 年代就指出："今后决不可再搞追求数量指标，光靠上新项目、铺新摊子、增加能源和原材料消耗等外延扩大再生产的方式来发展生产，而要重视质量和效果，主要依靠现有企业挖潜革新改造，充分发挥他们的作用，用提高劳动生产率、节约能源原材料等内涵扩大再生产方式来发展生产。"① 1985 年中国共产党全国代表会议决定，在"七五"计划期间（1986—1990 年）要"处理好质量和数量、速度和效益的关系，克服我国经济建设中长期存在而又远远没有克服的产品质量差、物质消耗高、经济效益低的痼疾"。1987 年中共十三大提出"必须坚定不移地贯彻执行注重效益、提高质量、协调发展、稳定增长的战略"。1995 年中共十四届五中全会提出，"实现今后 15 年的奋斗目标，关键是实现从传统计划经济体制向社会主义市场经济体制转变，从粗放型向集约型经济增长方式转变"。"十一五"规划再次提出"实现增长方式从资源投入驱动向效率提高驱动转变""由粗放型向集约型增长转变"。"十二五"规划特别强调要"实现经济增长速度和结构、质量、效益相统一"。

然而，经过近 30 年的研究和讨论，这一理论命题依然广泛出现

---

① 刘国光：《论经济改革与经济调整》，江苏人民出版社 1983 年版，第 228 页。

在学术研究和政府的战略方针中，并且强调的力度不断加大。表明我国仍未根本改变粗放型经济增长方式，转变经济增长方式的任务在未来仍需继续落实（卫兴华，2011）。① 吴敬琏（2013）认为，自"九五"计划提出转变经济增长方式以来，进展不太理想的基本原因在于体制性障碍。② 无论是提高经济增长质量，或是提高效率、优化结构，抑或是转变经济发展方式，都要靠全面推进改革（吴敬琏，2015）。③ 从党政文献来看，2007 年中共十七大更进一步指出，要"加快转变经济发展方式，推动产业结构优化升级"。2012 年 11 月，习近平在党外人士座谈会上强调，"增长必须是实实在在和没有水分的增长，是有效益、有质量、可持续的增长"，中共十八大报告明确指出，经济工作"要以提高经济增长质量和效益为中心"，"以科学发展为主题，以加快转变经济发展方式为主线，是关系我国发展全局的战略抉择"。2015 年 12 月，中央经济工作会议强调"推动经济发展，要更加注重提高发展质量和效益"。中共第十八届五中全会指出"坚持发展是第一要务，以提高发展质量和效益为中心，加快形成引领经济发展新常态的体制机制和发展方式"，并将"坚持创新发展，着力提高发展质量和效益"列入"十三五"规划。学术界广泛深入的研究以及政府领域的强调和重申表明，中国经济的数量型增长如何向质量效益型增长转变仍然是现阶段最核心的现实问题，但现有这方面的研究仍然存在不足之处，表现在研究较多集中于对实践问题及政策层面的讨论而缺乏深层次的理论研究，缺少从基础理论角度解析经济增长质量和效益的理论内涵及实现机制，并深入探讨其与增长数量的关系及转变路径。在此背景下，需要进一步完善经济增长数量、质量和效益相互关系的理论研究并指导实践。因此，本书所提出的"经济增长数量、质量和效益的耦合"这一理论命题符合中国经济增长的客观要求。

---

① 卫兴华：《经济发展方式与经济增长方式的关系》，《人民日报》2011 年 2 月 14 日第 7 版。

② 吴敬琏：《体制性障碍阻碍了经济增长方式的转变》，《农村工作通讯》2013 年第 1 期。

③ 吴敬琏：《实现合意的新常态要靠改革》，《新金融》2015 年第 1 期。

二 选题意义

1. 理论意义

从理论发展的角度来看，对经济增长质量及效益问题的研究既是对经济增长理论研究视角的创新，也是对发展经济学理论的拓展和完善。从亚当·斯密开始至今的两百多年里，经济增长始终是经济学理论研究最核心的领域。经过古典经济学、新古典经济学以及新经济增长理论三个发展阶段，经济学家们已经建立起规范化、数量化、系统化和模型化的经济增长理论体系及实证研究方法。然而主流的增长理论建立在将经济增长高度抽象为国民收入增加这一狭义的数量化定义上，并通过要素分析来阐释经济增长的决定因素及动力机制。在这样的理论指导下，经济增长的目标逐渐偏离为以片面追求经济总量为最终目的。扭曲的增长观引导下的经济增长过程产生的诸多问题也引起学者开始反思经济增长的意义及传统经济增长模式。反增长、可持续增长、包容性增长、和谐增长等理论命题的提出都是对经济增长理论的重新审视和完善。西方许多著名的经济学家，如巴罗、托马斯、阿罗等均明确提出"经济增长质量"这一经济学理论命题，并开始积极探索这一新的领域。由此可见，摒弃单纯的经济增长理念，从经济增长质量视角研究经济增长已经成为经济增长理论创新的重要方面。

从后发国家的增长实践来看，与先行工业化国家在经济增长中所遵循的长期演化路径不同，这些国家在经济起飞阶段与西方先行工业化国家面临不同的国内外环境及制度、技术基础，其增长路径更多地体现为跳跃式、压缩式、复合式的特点。这些国家多处于转型与增长的双重阶段，主要依靠后发优势在短期内迅速实现工业化。虽然传统增长理论能够指导发展中国家在短期内实现经济起飞，解决经济增长数量迅速扩张的问题，但这些国家在短期内无法建立起与之相匹配的制度环境、体制条件、人口素质基础等，导致其在转型增长过程中面临诸多矛盾和障碍。经济增长速度越快，隐藏在其中的体制性、结构性、分配性及生态环境矛盾越尖锐。作为主流经济学以外研究发展中国家经济发展问题的重要补充，发展经济学以研究发展中国家的工业化和现代化为主要目标，在研究中考虑了发展中国家的产业结构、二元经济结构等矛盾，对其经济增长问题的研究更具针对性。但发展经济学过分强调对发展中国家工业化的研究，而伴随工业化产生的社会福利分配效应、生态环境效应等均被忽略了，因此，应用发展经济学理论研究发展中国家的经济增长问题也应进一步拓展和完善。

分析表明，经济增长理论提供的单纯依靠增加产出的方法并不能解决中国等发展中国家在经济增长中所产生的结构失衡、社会福利分配不均、资源枯竭及生态环境退化等一系列问题。这些涉及"质量和效益"的问题在现有的经济增长理论中无法找到现成的答案。将对经济增长的研究从单纯的数量视角扩展到更广泛的包括经济结构调整、社会福利分配、增长稳定性及生态资源环境等问题的质量和效益视角，是经济学领域需要攻关的新的研究课题，具有重要的理论创新意义。然而，现阶段对经济增长质量和效益的理论研究尚且不足，在建立完善的理论体系和开发系统的实证分析方法方面都具有相当大的研究空间。因此。将经济增长质量和效益问题纳入经济学的研究范畴，形成解决中国现实问题的理论工具，既是对西方经济增长理论及发展经济学理论研究的拓展和完善，也是建立具有中国特色的经济学理论体系方面的创新。

2. 现实意义

从工业革命开始，特别是第二次世界大战以来，在科学技术进步、市场经济理论发展以及国际"和平与发展"时代背景的综合作用下，世界各国出现了前所未有的经济增长热潮。但过分追求经济短期高速增长所产生的负面效应也逐渐凸显。现阶段，包括中国在内的许多国家都面临经济增长过程中创新不足、效率低下、结构失衡、社会福利不均、资源环境代价过大等突出问题，即体现为经济增长的速度、数量与经济增长的质量、效益不能协同发展的矛盾。许多国家都纷纷积极采取措施转变经济增长方式、提高资源利用效率、改善民生和社会保障、保护生态环境等，提高经济增长质量和效益已经成为世界各国积极探索且在未来经济增长中亟待解决的重要课题。

新中国成立尤其是改革开放以来，中国取得显著的经济增长成就。中国的经济总量呈现持续高速增长的态势，经济规模迅速扩大。

从 1978 年经济总量仅位于世界第十位到 2010 年超过日本成为仅次于美国的全球第二大经济体，在世界经济格局中确立了重要地位。但数量增长的耀眼成绩背后埋藏着诸多隐忧，经济增长的质量低、效益差。过去 30 多年数量型经济增长方式所忽略和积累的矛盾正逐步显现，表现在生产效率低下、产业结构失衡、收入分配恶化、城乡差距扩大、区域发展不协调、失业严重、社会矛盾激增、资源消耗严重及生态环境退化等诸多方面。经济增长高数量、低质量、低效益的三者不一致性矛盾长期得不到有效扭转，对经济社会发展产生了显著的负面作用，经济增长表现出显著的"有增长而无发展"或"低发展"的特征。从 20 世纪 80 年代开始，理论研究和政策制定中就逐渐将"速度"与"效益""质量"联系起来，至今，在各类会议报告及政策文件中仍不断地强调和重申经济增长应注重"质量"和"效益"。在中国经济增长过程中，提高经济增长质量和效益、转变经济增长方式一直是迫切需要解决的现实问题。2008 年的国际金融危机对中国经济造成了巨大的冲击，在重视保持经济增长速度的同时应更加注重经济增长质量和效益的提高已成为各界的广泛共识。随着中国经济进入从一个经济发展阶段向另一个经济发展阶段转换的"新常态"时期，如何实现经济增长数量、质量和效益的耦合发展已经成为关系到国民经济长期持续发展的现实问题，既是对过去积累矛盾的集中解决，也是为未来持续增长铺平道路的关键举措。因此，如何构建一个系统的分析框架对经济增长数量、质量和效益的耦合关系进行深入的研究，更客观、准确地评价改革开放以后中国经济增长进程中数量、质量和效益的协调性及耦合度，对理解中国经济增长实践和政策制定具有特别的指导意义，对国民经济发展具有重要的应用性。

第二节 研究思路、内容与方法

一 研究思路

本书的研究思路是：首先，从文献研究入手，深入分析已有文献对经济增长数量、质量和效益三者的内涵理解，在此基础上清晰界定经济增长数量、质量和效益的概念，这是本书的逻辑起点。在内涵界定的基础上，通过对三者形成机制、实现条件方面的差异来阐释三者的区别和联系。其次，从系统理论和耦合理论出发构建一个基本理论分析框架，系统分析三者耦合的表现形式、基本特征及演进机制，并进一步从耦合目标、耦合影响因素、耦合动因、耦合机制等方面阐释三者耦合的逻辑机理。再次，在理论分析的基础上，采用统计描述和综合评价的分析方法对改革开放以来中国经济增长过程中数量、质量和效益的指数及耦合度进行定量测度，从纵向和横向两个视角的比较分析中明确改革开放以来三者耦合水平的变动规律。通过对三者耦合关系演变的阶段划分和理论解释，具体分析制约中国经济增长数量、质量和效益相耦合的影响因素。最后，结合前面的理论分析和实证研究，从中国的现实出发，分析当前阶段实现中国经济增长数量、质量和效益耦合的机制和转型路径，提出针对性的政策建议。

二　研究内容

本书在归纳和总结现有相关文献的基础上，从理论和实证两方面研究中国经济增长数量、质量和效益的耦合问题，以期补充现有研究的不足。具体研究内容主要包括：

第一，经济增长数量、质量和效益的内涵界定及其关系的理论阐释。从经济增长数量、经济增长质量及经济增长效益的基本概念入手，分析三者在内涵、形成机制及实现条件等方面的差异，系统论述三者之间的区别与联系。

第二，经济增长数量、质量和效益耦合的逻辑机理分析。依据经济增长数量、质量和效益的区别与联系，从系统耦合角度探索三者耦合的一般规律、基本特征及演进机制，并进一步从耦合目标、耦合影响因素、耦合动因等方面阐释三者的耦合机理。

第三，对改革开放以来中国经济增长数量、质量和效益的实际变动轨迹进行统计描述和分析。采用定量分析方法，通过纵向历史比较和横向国际比较全面把握中国经济增长数量、质量和效益水平的真实状态及演进轨迹，归纳总结出不同阶段的特征。

第四，对中国经济增长数量、质量和效益的耦合度进行定量测度。在构建指标体系的基础上量化评价中国经济增长数量、质量和效益的发展水平。进一步构建耦合测度模型将三者的耦合度进行量化，通过纵向和横向两方面的比较分析把握三者耦合的演变轨迹及在国际比较中的相对水平，具体分析影响三者耦合的制约因素。

第五，探讨实现中国经济增长数量、质量和效益相耦合的机制。结合前面的理论和实证分析，从中国经济进入"新常态"的现实出发，具体分析当前阶段经济增长中出现的新变化，并从创新驱动、结构转化、人力资本积累、福利分配、人与自然协调发展等方面深入分析实现中国经济增长数量、质量和效益相耦合的机制。

第六，提出实现中国经济增长数量、质量和效益耦合的路径和政策。从经济发展战略、经济体制、经济增长动力、经济增长方式、经济结构等多维角度总结出实现中国经济增长数量、质量和效益相耦合的路径，并提出短期和长期相互结合的政策取向。

三　研究方法

本书主要采用以下研究方法：

第一，逻辑演绎的方法。本书通过归纳推理的方法，从经济增长数量、质量和效益的内涵和形成机制入手，明确界定三者的概念并系统阐释三者之间的逻辑关系。从系统理论和耦合理论的研究视角出发，将经济增长数量、质量和效益三者之间的关系引申为系统耦合关系，从耦合的表现形式、耦合的基本特征、耦合演进机制及耦合目标、耦合影响因素、耦合动因、耦合机制等方面深入探讨了三者耦合的逻辑机理。

第二，规范分析与实证分析相结合的方法。本书通过规范分析方法对经济增长数量、质量和效益的内涵、形成机制及实现条件进行阐述，在此基础上从系统耦合视角探讨三者相互关系及耦合的逻辑机理。同时，大量收集和整理经济增长数量、质量和效益相关基础数据，采用统计描述及多元综合评价等实证分析方法对1978—2014年中国经济增长数量、质量和效益进行量化考察。在此基础上构建耦合测度模型将三者的耦合度进行量化并深入分析其变动轨迹及阶段特征。

第三，比较分析方法。本书一方面以时间为参照，从纵向历史比较角度对我国1978—2014年经济增长数量、质量和效益的演进轨迹以及耦合度变动趋势进行考察；另一方面以空间或区域为参照，从横向跨国比较研究角度对代表性国家的经济增长数量、质量和效益水平及三者的耦合度进行定量测度和对比分析。通过两方面的研究形成对中国经济增长数量、质量和效益耦合水平的全面认识。

第三节　本书的创新之处

本书的研究从分析经济增长数量、质量和效益之间的关系出发，通过构建一个耦合分析框架对中国经济增长数量、质量和效益的耦合逻辑进行阐释，并对耦合变化趋势进行测算。进而分析在当前新常态背景下，如何从要素、结构、制度等角度促进经济增长数量、质量和效益的耦合发展，从而为实现中国经济增长数量、质量和效益的统一奠定基础。与现有相关文献相比，本书的创新之处在于：

第一，构建了研究经济增长数量、质量和效益相互关系的系统耦合理论分析框架。现有关于经济增长的研究无论在理论上还是在数量核算方面都已相对完善，对经济增长质量和效益的理论探索和定量研究也广泛兴起并日渐深入。但这些文献基本上对经济增长数量、质量和效益分开研究，缺乏将三个方面纳入统一的分析框架中系统探讨三者之间的关系。本书借鉴系统论和耦合理论的研究成果，将其引入增长数量、质量和效益的关系研究中，以期为研究中国经济增长数量、质量和效益的关系问题提供一个新的分析视角和思路。通过构建三者耦合的逻辑分析框架，从耦合的一般规律、耦合特征及演进机制、耦合的逻辑机理等方面探讨三者的内在耦合逻辑关系。

第二，对现有关于经济增长质量和效益的测算方法进行了改进。考虑到现有文献在测算经济增长质量时，几乎都采用主成分分析或因子分析法、熵值法、层次分析法等较为传统的综合评价方法，这些方法的共同缺点在于使用中要求数据建立在总体服从正态分布的基础之上，其对非线性、非正态、高维度的数据分析缺乏稳健性。本书在进行统计研究时对综合评价方法进行改进，将投影寻踪模型引入经济增长质量和效益的测度分析中，并采用基于实数编码加速遗传算法来处理高维全局寻优，以期克服传统多元统计分析方法基于正态分布的假设以及处理高维数据稳健性差的缺陷，从而对改革开放以来我国经济增长质量和效益的变动趋势做出合理有效的评价和解释。

第三，从实证角度研究了中国经济增长数量、质量和效益的耦合度。在经济增长数量、质量和效益耦合理论研究的基础上，进一步构建耦合测度模型来量化测算三者的耦合性程度，结合中国经济发展过程中的现实背景对其耦合演变轨迹进行深入分析和解释，并且选取了22 个代表性国家进行了横向比较分析。基于理论分析和实证研究结果，结合现阶段耦合影响因素的新变化，从创新驱动、人力资本积累、结构转化、福利分配、人与自然协调发展角度探讨了新常态时期实现中国经济增长数量、质量和效益相耦合的机制，并在政策研究方面，有针对性地提出了实现中国经济增长数量、质量和效益耦合的路径和政策取向。

第二章　相关文献述评

考虑到本书研究的目的和主要内容，本章将对经济增长理论研究、经济增长质量理论及其测度研究、经济增长效益研究以及三者之间关系研究的文献进行系统梳理和述评，以期探寻现有学者在相关领域的研究进展，以及可以进一步深入探索的研究空间，从而为本书的研究思路和框架构建提供借鉴与启示。

第一节　关于经济增长数量研究的文献述评

一　国外关于经济增长的理论研究

早在18世纪，西方经济学家就开始关注国民财富的增长问题。从严格意义上来讲，古典经济学对国民财富增长的研究并不是经济增长理论，但其中包含了关于经济增长的初步思想。以亚当·斯密、马尔萨斯和大卫·李嘉图等为代表的古典经济学家最先将关于国民财富的研究从商品流通领域转向生产领域。亚当·斯密（2009）认为劳动是国民财富增长的最终源泉，并且分工是劳动效率提高的主要原因。而其中资本积累具有两方面重要作用：一是能够扩大资本存量、增加劳动数量，进而直接促进经济增长；二是借助专业化和分工效应间接促进经济增长。[①] 19世纪初，马尔萨斯和李嘉图分别从不同角度强调了资本积累在国民财富增长中的重要性。李嘉图（2011）从分配理论

---

① ［英］亚当·斯密：《国民财富的性质和原因的研究》，唐日松译，华夏出版社2009年版，第5—8页。

和价值理论导出经济增长机制，认为除了提高劳动生产效率以外，用更多的收入维持生产性劳动（资本积累）也是经济增长的重要途径。① 而马尔萨斯（1962）则认为，人口增殖、资本积累、土地的肥力以及节约劳动的新发明是刺激财富增长的重大要素，但只有在实现对全部产品的有效需求的基础上才能使生产能力充分发生作用，这需要生产能力和分配手段相结合。② 古典经济学家认为经济增长是多种因素综合作用的动态过程，既包括劳动力、资本、土地等内生要素，也包括技术进步、社会经济制度等外生因素，虽然未能建立起相应的数理模型来证明这些要素与经济增长的关系，但是却为分析经济增长的动力提供了一个宽泛的以定性为主的分析框架（周小亮，2015）。③

19 世纪后半叶，以马歇尔、瓦尔拉斯等的"边际分析"为特征的新古典经济学理论逐渐兴起，在此框架下，对经济增长的阐述主要集中在市场调节下如何建立生产者和消费者均衡。新古典经济学重点关注微观的价值形成以及市场对资源配置的交易平衡。从经济增长的角度来看，马歇尔（2009）拓展了古典经济学关于国民财富增长动力源泉的探索，认为人口增长、资本增长、人类的才能、劳动分工（或工业组织）等因素的收益递增构成经济增长的来源。④ 到 20 世纪 30 年代的大萧条时期，凯恩斯的"有效需求理论"逐渐成为宏观经济理论的一次重大突破。凯恩斯（2011）在比较静态分析框架下从需求角度探讨了实现充分就业、国民收入增加的机制，他认为，在短期内资源和技术不会发生变化，国民收入水平取决于总需求，政府在经济萎靡时期利用扩张性的财政和货币干预政策，能够在短期内促进经济

---

① ［英］大卫·李嘉图：《政治经济学及赋税原理》，郭大力、王亚南译，译林出版社 2011 年版，第 12—14 页。

② ［英］马尔萨斯：《政治经济学原理》，厦门大学经济系翻译组译，商务印书馆 1962 年版，第 257—298 页。

③ 周小亮：《新常态下中国经济增长动力转换：理论回溯与框架设计》，《学术月刊》2015 年第 9 期。

④ ［英］阿尔弗雷德·马歇尔：《经济学原理》，彭逸林等译，人民日报出版社 2009 年版，第 201—334 页。

增长。[①]

　　基于凯恩斯的宏观经济学，现代经济增长理论也步入高潮发展的时期。20 世纪 40 年代，哈罗德（2003）[②] 和多马（1983）[③] 将凯恩斯的短期比较静态分析动态化，哈罗德—多马模型并不以经济增长的因素为研究重点，主要着眼于以动态的经济分析方法考察均衡稳态增长的条件，但最终仍然得出储蓄转化为投资（资本形成）是保证经济增长的唯一因素，致使该模型成为强调资本积累的理论基础。20 世纪50 年代中期，Solow（1956）[④] 和 Swan（1956）[⑤] 构建的新古典经济增长模型成为经济增长理论分析的基准框架。索洛—斯旺模型的结论认为，假定技术进步外生的条件下，如果一个国家或地区的人口增长率、储蓄率及资本折旧率既定，当人均资本达到稳态时，投资仅能补偿资本折旧和装备新工人，此时人均产出增长率仅决定于外生技术进步率，总产出增长率等于人口增长率与技术进步率之和。

　　新古典经济增长模型只是将增长的源泉归因于外生技术进步，而没有进一步解释技术进步的原因，因而也就无法解释经济增长的真正原因，这一缺陷催生了内生经济增长理论的诞生。Arrow（1962）[⑥] 最早尝试建立"干中学模型"将技术进步内生化，把经济增长的因素完全归功于学习过程和技术的外部效应。他认为，技术进步是资本的增函数，在生产、学习过程中，投资增加物质资本积累的同时提高了知识存量，并会提升下一代资本品的技术含量。技术溢出效应最终会带动资本、劳动力效率提升，从而促进经济增长。Romer（1986）在此

---

　　① ［英］约翰·梅娜德·凯恩斯：《就业、利息和货币通论》，魏埙译，陕西人民出版社 2011 年版，第 21—30 页。

　　② ［英］罗伊·哈罗德：《动态经济学》，黄范章译，商务印书馆 2003 年版，第 21—35 页。

　　③ E. 多马：《经济增长理论》，郭家麟译，商务印书馆 1983 年版，第 77—92 页。

　　④ Robert M. Solow, "A Contribution to the Theory of Economic Growth", *The Quarterly Journal of Economics*, Vol. 70, Issue 1, February 1956, pp. 65 – 94.

　　⑤ T. W. Swan, "Economic Growth and Capital Accumulation", *Economic Record*, Vol. 32, Issue 2, November 1956, pp. 334 – 361.

　　⑥ Kenneth. Arrow, "The Economic Implications of Learning by Doing", *Review of Economic Studies*, Vol. 29, Issue 3, 1962, pp. 155 – 173.

基础上进行了修正,放弃了阿罗关于资本边际报酬递减的假设,通过在模型中引入知识溢出效应规避知识资本边际产品递减趋势,从而保证了知识投资的社会收益率不变或递增。① Lucas（1988）从人力资本角度解决了技术进步因素的内生化问题,他建立了人力资本生产和积累函数并改进了传统的 C—D 生产函数,通过将人力资本理论与经济增长模型的有机结合实现了技术进步的内生化,认为专业化的人力资本积累能够克服资本边际报酬递减而成为经济增长的源泉。②

与主流经济学利用要素投入、人力资本积累和技术创新等来解释经济增长不同,以诺斯、阿西莫格鲁等人为代表的新制度经济学认为以往的经济学分析假定市场运作是完全信息、产权明确的,忽视了经济生产和运行过程中交易费用的存在。并从产权制度、组织、国家制度以及意识形态角度阐释了推动经济增长和社会发展的根本原因。新制度经济学家认为,制度创新是推动经济增长的根本动力,制度创新的本质是用一种效率更高的新制度取代低效的旧制度。制度变迁能否实现,取决于制度变迁的成本和制度变迁成功以后获得的收益之间的比较,如果制度变革的收益大于成本,则制度向新的方向变迁,而制度变迁的诱因和动力是产权的界定与变化。其中,Acemoglu 等（2004）认为政治制度与产权制度先于并最终决定经济增长。③ 而资本和劳动只是增长的实现手段而不是增长的结果（Grossman et al.,1991;④ 诺斯等,2009⑤）。

---

① Paul M. Romer, "Increasing Returns and Long – Run Rrowth", *The Journal of Political E-conomy*, Vol. 94, No. 5, Oct. 1986, pp. 1002 – 1037.

② Robert E. Lucas Jr., "On the Mechanics of Economic Development", *Journal of Monetary Economics*, Vol. 22, Issue 1, July 1988, pp. 3 – 42.

③ Daron Acemoglu, Simon Johnson and James A. Robinson, "Institutions as a Fundamental Cause of Long – Run Growth", *Handbook of Economic Growth*, Vol. 1, Part A, 2004, pp. 385 – 472.

④ Gene M. Grossman and Elhanan Helpman, "Trade, Knowledge Spillovers, and Growth", *European Economic Review*, Vol. 35, Issues 2 – 3, April 1991, pp. 517 – 526.

⑤ [美] 道格拉斯·诺斯、罗伯特·托马斯:《西方世界的兴起》,厉以平、蔡磊译,华夏出版社 2009 年版,第 4—28 页。

二 国内经济增长数量的研究

国内关于经济增长数量研究的基本范式是，基于西方经济增长理论、发展经济学、制度经济学等理论框架，并结合中国经济增长实践来探索我国经济高速增长的根本动力。从文献梳理来看，对我国经济增长动力的研究主要从要素动力、结构动力、制度变迁动力等方面展开（司增绰、邵军，2015）。[1]

1. 经济增长的要素动力

从生产要素角度对经济增长动力进行探源主要基于索洛经济增长模型或 DEA、SFA 等生产效率分析方法，核算出资本、劳动力（包括人力资本）及全要素生产率等要素投入的贡献度。基于要素视角的研究也是国内关于经济增长数量研究的重点，并且，现有研究普遍认为，改革开放以来中国主要依赖生产要素投入推动经济增长，是一种典型的投入型增长方式。其中，近期代表性研究有：刘瑞翔（2013）基于非参数绿色增长核算框架，测度了 1989—2010 年要素投入、生产率和环境消耗对我国经济增长的贡献度。研究发现，这三大要素的贡献份额分别为 70.2%、20.55% 和 9.25%。[2] 杨万平、杜行（2015）同样基于绿色增长核算框架，利用包含生态损耗的 C—D 生产函数测度了经济增长中 TFP、资本、人力资本、生态损耗等因素的贡献，认为物质资本投入是我国经济增长的主要动力。[3] 董敏杰、梁泳梅（2013）通过一个非参数分析框架的测算结果显示，1978—2010 年，TFP、劳动与资本对中国经济增长的贡献份额分别为 10.9%、3.7% 与 85.4%；如果不考虑国际金融危机的影响，则分别约为

---

① 司增绰、邵军：《中国经济增长的动力源泉：基于文献的梳理研究》，《江苏师范大学学报》（哲学社会科学版）2015 年第 3 期。

② 刘瑞翔：《探寻中国经济增长源泉：要素投入、生产率与环境消耗》，《世界经济》2013 年第 10 期。

③ 杨万平、杜行：《中国经济增长源泉：要素投入、效率提升还是生态损耗》，《西安交通大学学报》（社会科学版）2015 年第 4 期。

20.7%、3.3%与76.0%。① 武鹏（2013）基于 SFA 和 DEA 方法②、余泳泽（2015）基于检验后的超越对数生产函数 SFA 模型③，对中国经济增长源泉进行分析，得出相似的结论：中国属于典型的投资主导型经济，资本投入是经济持续稳定增长的最主要来源。

另外一些文献特别加入对人力资本贡献的考察，以弥补增长核算中对劳动质量作用的忽视。蔡昉、王德文（1999）采用包含人力资本的增长模型对 1982—1997 年中国经济增长的核算表明：物质资本、劳动力、人力资本及未被解释的部分对增长率的贡献份额分别为 29.02%、23.71%、23.70% 和 23.57%。④ 陈彦斌、姚一旻（2010）使用附加人力资本的增长核算模型对 1978—2007 年的数据进行测算，结果表明：中国经济增长主要依靠资本投入强力推动；市场化的贡献达到 15.89%；劳动力投入、人力资本和技术进步的贡献率都在 10% 左右。⑤ 梁润等（2015）以人力资本总量投入代替传统的要素生产率测算中的劳动力人数总量投入，利用最新的人力资本研究结果重新测算了我国 1983—2011 年各要素对经济增长的贡献。结果显示，对经济增长贡献度从大到小依次为物质资本积累占 48.7%，人力资本占 31.0%，TFP 仅占 20.3%，在人力资本总量贡献中，劳动力数量和质量的贡献分别占 27.1% 和 72.9%。⑥ 郑世林等（2015）测度了中国 1953—2013 年较长时间跨度的经济增长源泉，研究发现，1953 年以来，资本积累对经济增长的年均贡献率为 70.97%，劳动投入和人力资本积累分别贡献了 13.54% 和 15.30%，改革开放之后，技术进步

---

① 董敏杰、梁泳梅：《1978—2010 年的中国经济增长来源：一个非参数分解框架》，《经济研究》2013 年第 5 期。

② 武鹏：《改革以来中国经济增长的动力转换》，《中国工业经济》2013 年第 2 期。

③ 余泳泽：《改革开放以来中国经济增长动力转换的时空特征》，《数量经济技术经济研究》2015 年第 2 期。

④ 蔡昉、王德文：《中国经济增长可持续性与劳动贡献》，《经济研究》1999 年第 10 期。

⑤ 陈彦斌、姚一旻：《中国经济增长的源泉：1978—2007 年》，《经济理论与经济管理》2010 年第 5 期。

⑥ 梁润、余静文、冯时：《人力资本对中国经济增长的贡献测算》，《南方经济》2015 年第 7 期。

对经济增长贡献率达到 24.46%，成为中国经济持续高速增长的显著
影响因素。[①]

2. 经济增长的结构动力

将结构作为核心要素来考察中国经济增长的动力源泉，主要基于
伴随改革开放，中国经历了显著性结构转变的事实：一方面是以工业
化带动的产业结构变动，另一方面是以城市化带动的二元结构变动，
这两方面的结构变动构成中国经济增长的结构动力。具体的文献研究
包括：林毅夫等（2002）指出，改革以来中国经济增长取得奇迹的原
因在于利用资源禀赋和发挥比较优势的工业化发展道路。[②] 郭熙保
（2002）则认为，工业化的实现是推进一个国家经济快速发展的必要
条件，中国高速增长的源泉在于工业部门比重迅速上升。[③] 刘伟、张
辉（2008）使用"转换份额分析"方法将产业结构变迁对经济增长
的贡献从要素生产率中分离出来，结果表明，20 世纪 80 年代产业结
构变迁效应的贡献率一直大于 50%，然而伴随市场化程度的提高，其
增长效应不断减弱。[④] 高萍、孙群力（2008）的实证分析结果表明，
以产业结构、就业结构和空间结构表示的工业化是直接推动中国经济
高速增长的原因。[⑤] 吕健（2011）通过空间计量分析考察了 2000—
2009 年中国省域城市化对经济增长的驱动作用，研究发现城市化率逐
渐成为经济增长的最重要驱动力量。[⑥] 战明华、许月丽（2006）通过
将城市化看作由经济规模与产业结构关联效应所决定的内生变量引入
内生增长模型并进行实证检验，结果表明，产业结构变迁、经济规模

---

① 郑世林、张宇、曹晓：《中国经济增长源泉再估计：1953—2013》，《人文杂志》
2015 年第 11 期。

② 林毅夫、蔡昉、李周：《中国的奇迹：发展战略与经济改革》，上海人民出版社
2002 年版，第 206—210 页。

③ 郭熙保：《工业化、城市化与经济发展》，《东南学术》2002 年第 3 期。

④ 刘伟、张辉：《中国经济增长中的产业结构变迁和技术进步》，《经济研究》2008 年
第 11 期。

⑤ 高萍、孙群力：《工业化进程对中国区域经济增长的影响》，《统计研究》2008 年第
8 期。

⑥ 吕健：《城市化驱动经济增长的空间计量分析：2000—2009》，《上海经济研究》
2011 年第 5 期。

变化均通过城市化水平对经济增长产生正向效应。[①] 雷钦礼（2007）通过对 Feder 非均衡经济增长模型的拓展，建立了一个可同时测度经济结构和投资的增长效益的计量经济模型，研究表明，工业化和城市化交互作用所导致的经济结构变动是推动中国经济持续高速增长的一个主要动力。[②]

3. 经济增长的制度变迁动力

由于中国经济高速增长奇迹发生在经济转轨的制度变迁背景下，因此，作为改变要素配置效率的激励和约束框架，制度对经济增长的驱动作用也引起了学者的广泛讨论。王小鲁（2000）通过对生产要素、制度变革、结构变动、外部环境等方面的考察发现，基于市场化改革和制度变革引起资源重新配置，全要素生产率及投资效率的提高最终形成中国经济高速增长的动力。[③] 李富强等（2008）建立了一个制度内生的增长模型，并利用对数线性模型对我国经济增长动力进行分类检验，结果发现，制度对经济增长不仅存在直接效应，而且存在通过要素投入和配置效率作用的间接效应。[④] 郑若谷等（2010）通过将产业结构和制度引入随机前沿生产函数分析框架，探讨了中国经济增长的产业结构和制度效应。研究表明，产业结构调整对经济增长具有显著直接影响，而制度对要素配置具有显著影响。[⑤] 樊纲等（2010）定量考察了市场化改革进程对全要素生产率和经济增长的贡献，结论表明，1997—2007 年市场化改革推进了资源配置效率的改善，其对全要素生产率和经济增长的贡献率分别为 39.2% 和

---

① 战明华、许月丽：《规模和产业结构的关联效应、城市化与经济内生增长》，《经济科学》2006 年第 3 期。

② 雷钦礼：《中国经济结构的演化及其增长效益的测度分析》，《统计研究》2007 年第 11 期。

③ 王小鲁：《中国经济增长的可持续性与制度变革》，《经济研究》2000 年第 7 期。

④ 李富强、董直庆、王林辉：《制度主导、要素贡献和我国经济增长动力的分类检验》，《经济研究》2008 年第 4 期。

⑤ 郑若谷、干春晖、余典范：《转型期中国经济增长的产业结构和制度效应》，《中国工业经济》2010 年第 2 期。

1.45%。[1] 周黎安（2007）通过中国地方官员治理模式的研究指出，晋升锦标赛激励模式是中国经济奇迹的重要根源。[2]

4. 经济增长的多维动力

易纲等（2003）针对中国经济增长仅仅依赖于投入驱动的观点，给出了制度变迁、技术进步、人力资本变化以及人民币汇率走势和中国外汇储备增长方面的证据，认为中国经济增长在数量扩张的同时存在效率提升。[3] 赵志耘、吕冰洋（2007）也认为中国经济增长存在明显的资本体现式技术进步，物质资本积累与技术进步动态融合是经济增长的典型事实。[4] Sai Ding（2009）通过扩展的索罗模型对包括中国的 146 个国家 1980—2004 年的面板数据进行 GMM 估计，得出结论是，中国经济高速增长归功于高物质资本投资，条件收敛，国内产出和就业结构的急剧变化及人口增长的下降。[5] 车士义、郭琳（2011）实证考察了结构转变和制度变迁背景下各要素对我国经济增长的影响，发现固定资产投资的影响程度最大，其他因素依次是技术进步、制度变迁、结构变化和人口红利。[6] 沈坤荣、李子联（2011）通过总结新中国成立以来特别是改革开放以来我国发展的经验得出，以工业和服务业为产业主导、城市化为空间载体、市场化为体制基础、国际化为战略支撑的发展模式共同推动了中国经济的持续高速增长。[7] 国家统计局综合司课题组（2014）从综合视角考察了我国 30 多年经济增长的动力源泉。研究表明：在需求方面，投资和出口增长是主要动

---

① 樊纲、王小鲁、马光荣：《中国市场化进程对经济增长的贡献》，《经济研究》2011 年第 9 期。

② 周黎安：《中国地方官员的晋升锦标赛模式研究》，《经济研究》2007 年第 7 期。

③ 易纲、樊纲、李岩：《关于中国经济增长与全要素生产率的理论思考》，《经济研究》2003 年第 8 期。

④ 赵志耘、吕冰洋：《资本积累与技术进步的动态融合：中国经济增长的一个典型事实》，《经济研究》2007 年第 11 期。

⑤ Sai Ding and John Knight, "Can the Augmented Solow Model Explain China's Remarkable Economic Growth? A Cross - country Panel Data Analysis", *Journal of Comparative Economics*, Vol. 37, Issue 3, September 2009, pp. 432 - 452.

⑥ 车士义、郭琳：《结构转变、制度变迁下的人口红利与经济增长》，《人口研究》2011 年第 2 期。

⑦ 沈坤荣、李子联：《中国经济增长的动力与约束》，《经济学动态》2011 年第 1 期。

力；在供给方面，劳动力、资本、自然资源、土地等要素扩张是主要动力；在产业方面，第二产业特别是工业的增速高、占比大是主要动力；在区域方面，东部地区经济增速显著快于中部、西部地区是主要动力。①

三 对现有研究的评价

现有关于经济增长数量的研究成果相当丰富，不同经济学派对增长动力源泉进行了不同的理论解释，从资本、制度、技术、人力资本、创新等广泛角度考察经济增长的原因。然而经济增长并不是单一因素作用的结果，而是各种因素综合作用实现的。不同学派或不同学者抓住一个主要因素而忽略其他方面因素来解释经济增长，虽然能使经济模型建立及经济计量分析更具可操作性，但仅以某单一因素来解释经济增长存在较大片面性，这也是导致对经济数量增长的源泉存在广泛争论的原因所在。

第二节　关于经济增长质量研究的文献述评

一 国外对经济增长质量的研究

国外对于经济增长质量进行系统研究的文献并不多见，主要有匈牙利经济学家科尔奈、苏联经济学家卡马耶夫、经济增长理论家 Barro 以及世界银行托马斯等的研究。科尔奈（1988）提出"只有和谐增长才是健康增长"的协调发展思想，他认为"突进"是与"和谐"相对立的一种增长模式，以牺牲、延期和忽视为代价实现强制增长，突进增长中质量落后于数量。在科尔奈的论述中，经济增长质量的内涵体现为和谐增长模式。②

卡马耶夫（1983）在研究苏联经济向集约型生产转型时对经济增

---

① 国家统计局综合司课题组：《我国经济增长动力及其转换》，《调研世界》2014 年第 12 期。

② ［匈］亚诺什·科尔奈：《突进与和谐的增长》，张晓光等译，经济科学出版社 1988 年版，第 3—12 页。

长的实质进行探讨，阐述了经济增长的指标、标准、趋势以及主要经济比例变化。他认为，增长的实质是物质生产资源变化过程总和以及产品数量增加、质量提高。并强调在经济增长的概念中，既应该包括生产资源增加和生产量增长，也应该包括产品质量提高、生产资料效率提高及消费品消费效果增长。①

世界银行出版的《增长的质量》是较早对经济增长质量问题进行系统论述的专著，书中提出在经济发展进程中既要关注增长数量，也要重视增长质量的理论观点。在研究报告中，托马斯等（2001）认为增长质量是增长进程构成的关键内容，包括机会分配、环境可持续、全球性风险管理以及治理结构等。并且从福利、教育机会、自然环境、腐败、资本市场抵御全球金融风险能力等角度对各国经济增长质量对比发现，即使水平相近的经济增长率也会带来截然不同的福利结果。②

Barro（2002）也将增长质量界定为一个宽泛概念，提出经济发展是与经济增长紧密相关的经济方面的因素，而经济增长质量是与经济增长紧密相关的社会、政治及宗教等方面的因素，具体包括受教育水平、预期寿命、健康状况、法律和秩序发展的程度以及收入不平等。③

二　国内对经济增长质量的研究

相对于国外对经济增长质量的研究比较稀少而言，国内的经济增长质量研究可谓汗牛充栋，尤其是近十年来，学术界对经济增长质量的研究兴趣广泛兴起，对经济增长质量的内涵、测度、影响因素等各方面的研究都逐渐深入。

1. 经济增长质量理论研究

相比于经济增长理论已经相对完善，并且已经建立起广泛认可的

① ［苏］B. D. 卡马耶夫：《经济增长的速度和质量》，陈华山、左东观、何剑等译，湖北人民出版社1983年版，第35页。

② 托马斯等：《增长的质量》，《增长的质量》翻译组译，中国财政经济出版社2001年版，第29页。

③ Robert Barro, "Quantity and Quality of Economic Growth", *Journal Economia Chilena* (*The Chilean Economy*), Vol. 5, Issue 2, 2002, pp. 17 – 36.

基准分析框架，经济增长质量的理论研究尚处于起步阶段。作为一个新的研究课题，目前国内外的研究尚缺乏系统的理论分析框架（洪银兴，2010）。① 国内学者从不同视角对经济增长质量理论进行了有益的探索，归结起来有以下几种研究思路：

（1）在马克思主义经济学框架下从经济增长方式角度构建经济增长质量的理论基础。卫兴华、黄桂田（1997）根据马克思主义经济学关于土地的粗放经营和集约经营、外延型扩大再生产与内含型扩大再生产的论述讨论了经济增长方式的理论内涵，并认为转变经济增长方式与提高经济增长质量具有相同的实质。②

（2）在经济增长理论框架下从增长源泉角度探讨经济增长质量内容。王积业（2000）认为，经济增长可以视为资本品积累、劳动增加以及技术进步的结果，并且发展中国家的经济增长源泉还包括资源重新配置。其中，资本品积累、劳动数量增加引起经济增长数量扩张，而技术进步、资源再配置效率引起增长质量提高。③

（3）在发展经济学框架下，从经济社会全面发展的角度讨论经济增长质量的实质。叶初升（2014）认为，在哲学语境中，"量"与"质"都是事物的内在属性，"量变"和"质变"是客观事物的两种运动形式。一定程度的量变积累会产生质变，而量变过程包含着部分质变。在发展经济学意义上，经济增长是一种量变，经济发展则是增长基础上的质变，表现为经济社会结构变革、社会福利水平普遍提高、不平等状态改善、经济主体特别是贫困人口发展能力增强与实质自由扩张等。因此，真正的经济增长质量应该是增长过程中所蕴含的"质"及其"部分质变"。④

（4）从产品质量视角构建宏观经济增长质量的微观基础。程虹、

---

① 洪银兴：《对新中国经济增长质量的系统评价》，《福建论坛》（人文社会科学版）2010 年第 7 期。

② 卫兴华、黄桂田：《提高经济增长质量和效益的若干理论与实践问题研究》，《学术月刊》1997 年第 1 期。

③ 王积业：《关于提高经济增长质量的宏观思考》，《宏观经济研究》2000 年第 1 期。

④ 叶初升：《发展经济学视野中的经济增长质量》，《天津社会科学》2014 年第 2 期。

李丹丹（2014）认为一国所生产的产品和服务品质的总和，在增长可持续性、结构优化、投入产出效率、达到更高标准、社会福利提升等方面满足社会需求的程度称为经济增长质量。微观产品和服务质量对宏观经济增长质量的作用机制在于：在投入总量相同的条件下，微观产品质量水平决定最终产品数量，微观产品质量有利于形成以国内消费为导向的经济结构，可以显著提高宏观经济增长竞争力，并且有利于提高劳动者报酬，实现社会收入分配公平。①

2. 经济增长质量的内涵研究

这方面的研究主要在于从定性角度对经济增长质量做出"质"的规定性。现有关于经济增长质量的内涵界定存在三种取向：第一种是从狭义的投入产出效率角度将其内涵简单化；第二种是通过对经济增长数量以外的内容扩展并结合经济发展视野中的价值取向来定义经济增长质量，即介于"增长"与"发展"概念之间来界定其内涵；第三种是完全从广义的发展视角定义经济增长质量（经济发展质量）。具体的研究成果包括以下几个方面：

（1）狭义思路的研究。武义青（1995）认为经济系统素质的改善即为经济增长质量，其衡量标准是投入要素产出效率（生产率）。②以相同的投入量（消耗或占用）取得更多的产出量可视为经济增长质量较高。王利等（1999）认为衡量经济增长有效性的经济效率即为经济增长质量。③刘亚建（2002）也将经济增长质量视为效率的同义语，以单位经济增长率中资金物质投入越少作为判断标准。④洪银兴（2010）认为，单位经济增长率所含的剩余产品量是从产出角度衡量的经济增长质量；而单位经济增长率中投入的资金物质量是投入角度

---

① 程虹、李丹丹：《一个关于宏观经济增长质量的一般理论——基于微观产品质量的解释》，《武汉大学学报》（哲学社会科学版）2014 年第 3 期。

② 武义青：《经济增长质量的度量方法及其应用》，《管理现代化》1995 年第 5 期。

③ 王利、张炳发、初凤英：《关于对经济增长质量进行测度的探讨》，《技术经济》1999 年第 8 期。

④ 刘亚建：《我国经济增长效率分析》，《思想战线》2002 年第 2 期。

衡量的经济增长质量。[1] 何强（2014）将经济增长质量界定为一定生产要素禀赋以及资源环境、经济结构、收入结构约束下的增长效率。[2]

（2）折中思路的研究。曹佑、张如兵（1994）指出，在确定经济增长质量研究范围的前提下才能规范其含义，并且假定：①经济增长质量属于生产过程的直接物质生产阶段的范畴；②经济增长质量是与经济增长的数量特征相对应的范围，而不是简单的经济增长的质和量；③经济增长质量是经济增长过程的内在要求，必须排除将经济增长后果的价值观、伦理观引入经济增长质量概念的趋势，以便对其进行客观的、公正的比较和分析。基于此，经济增长质量的概念被界定为，以科技推动和需求拉动为导向，以满足人们日益增长的物质和文化生活需要为目的，依靠制约经济增长诸要素素质的提高、资源有效配置的产业结构合理化、高度化置换能力的提高而形成的国民经济整体素质提高的质的规定性。[3] 李京文（1996）提出了高质量的经济增长应该符合以下五项要求：①经济增长主要靠科技进步提高；②经济增长持续稳定；③物价上涨率被控制在合理的限额之内；④产业结构优化和总供需大体平衡；⑤经济增长不以牺牲环境资源为代价。[4]

其他一些研究直接界定了经济增长质量内涵。郭克莎（1996）认为经济增长质量的内涵包括经济增长的效率、国际竞争力、通货膨胀及环境污染程度。[5] 彭德芬（2002）认为经济增长质量是指一个国家经济数量增长的同时，在经济、社会和环境诸多品质方面表现出来的优劣程度。[6] 赵英才等（2006）指出，经济增长质量的内涵体现了经济系统的投入产出效率、最终产品和服务质量、环境和生存质量三个

① 洪银兴：《对新中国经济增长质量的系统评价》，《福建论坛》（人文社会科学版）2010 年第 7 期。
② 何强：《要素禀赋、内在约束与中国经济增长质量》，《统计研究》2014 年第 1 期。
③ 曹佑、张如兵：《我国经济增长质量的内涵、考核基准及实证分析》，《云南财贸学院学报》1994 年第 2 期。
④ 李京文：《关于经济增长方式的几个问题》，《市场经济导报》1996 年第 7 期。
⑤ 郭克莎：《论经济增长的速度与质量》，《经济研究》1996 年第 1 期。
⑥ 彭德芬：《经济增长质量的研究》，华中师范大学出版社 2002 年版，第 3 页。

方面。① 刘树成（2007）认为经济增长质量和效益的内容包括稳定的增长态势、可持续的增长方式、协调的增长结构以及和谐的增长效益。② 李俊霖（2007）将经济增长质量定义为增长过程中表现出来的国民经济的优劣。③ 马建新、申世军（2007）将经济增长质量界定为经济体在经济效益、经济潜力、增长方式、社会效益等诸多品质方面表现出的与经济数量扩张的一致性、协调性。④ 李延军、金浩（2007）认为实现经济总量增长的过程、途径、方式等方面的优劣程度即为经济增长质量。⑤ 钞小静、任保平（2011）基于经济增长与经济发展的区别与联系，将经济增长质量界定为经济增长的结构、经济增长的稳定性、福利变化与成果分配以及资源利用和生态环境代价四个维度。⑥ 李荣富等（2013）认为经济增长质量反映经济增长的本质，体现增长的整体优劣程度，实现经济社会资源环境协调发展的增长才是有质量的增长。⑦ 方迎风、童光荣（2014）将经济增长质量划分为效率和福利两个标准：前者是从经济增长本身角度衡量增长的快慢和持续性，而后者是从增长结果角度衡量增长的普惠性及益贫性。⑧ 曹立（2014）认为从时间、要素投入、结构、目标、动力等不同维度来界定经济增长质量具有不同的内涵。⑨ 朱方明、贺立龙（2014）认为从宏观的经济结构、稳定性及福利分配角度衡量经济增长质量，其

---

① 赵英才、张纯洪、刘海英：《转轨以来中国经济增长质量的综合评价研究》，《吉林大学社会科学学报》2006 年第 3 期。

② 刘树成：《论又好又快发展》，《经济研究》2007 年第 6 期。

③ 李俊霖：《经济增长质量的内涵与评价》，《生产力研究》2007 年第 15 期。

④ 马建新、申世军：《中国经济增长质量问题的初步研究》，《财经问题研究》2007 年第 3 期。

⑤ 李延军、金浩：《经济增长质量与效益评价研究》，《工业技术经济》2007 年第 2 期。

⑥ 钞小静、任保平：《中国经济增长质量的时序变化与地区差异分析》，《经济研究》2011 年第 4 期。

⑦ 李荣富、王萍、傅懿兵：《经济增长质量综合评价指标体系与模型构建探究》，《淮北师范大学学报》2013 年第 4 期。

⑧ 方迎风、童光荣：《经济增长质量的衡量标准：福利还是效率?》，《宏观质量研究》2014 年第 3 期。

⑨ 曹立：《路径与机制：转变发展方式研究》，新华出版社 2014 年版，第 55 页。

基本不能反映微观经济层面的质量问题。因此，应从投入要素质量、过程控制质量、产品和服务质量及环境质量角度考察经济增长的质量缺陷。[①]

（3）广义发展思路的研究。王雅林、何明升（1997）将发展质量界定为在现代化进程的一定时点上，社会在其所拥有的资源总量满足其自身需要上所呈现的全部功能特性及其社会整体运行的优劣状态。[②] 在此基础上，李盛成（1999）进一步从辩证唯物主义角度将发展质量定义为社会发展的质的规定性，反映一定时空里社会有机体在其运行过程中以其资源总量满足其内在需要的特性。[③] 张兰英（2006）从内生性、协调性、共生性和效能性将社会有机体的发展质量具体化。[④] 冷崇总（2008）将经济发展质量界定为一定时期内一个国家或地区经济内部及经济与社会之间的协调状态。[⑤] 罗序斌（2009）认为经济发展质量反映了有效性、协调性和可持续性等科学发展观的要义。[⑥] 颜鹏飞、李酾（2014）将有质量的经济增长界定为以和谐社会的构建实现创新型发展；以经济结构，尤其是产业结构的转变实现公平和谐型发展；以开放型自主经济体系防止依附型发展。[⑦]

3. 经济增长质量的测度研究

在内涵界定的基础上，许多学者同时对经济增长质量的定量测度问题进行了探索。这类研究主要遵循两种思路展开：

（1）从投入产出效率角度进行测度。这类研究基于全要素生产率（TFP）指标来衡量生产要素和产出增长间比例关系，认为 TFP 较高意味着相同单位的生产要素投入产出更多，从而经济增长质量较高。

---

① 朱方明、贺立龙：《经济增长质量：一个新的诠释及中国现实考量》，《马克思主义研究》2014 年第 1 期。
② 王雅林、何明升：《论现代化的发展质量》，《社会学研究》1997 年第 3 期。
③ 李盛成：《发展质量理论探析》，《理论与改革》1999 年第 5 期。
④ 张兰英：《论发展的质量》，《武夷学院学报》2006 年第 3 期。
⑤ 冷崇总：《构建经济发展质量评价指标体系》，《宏观经济管理》2008 年第 4 期。
⑥ 罗序斌：《中部地区经济发展质量评价》，《当代经济》2009 年第 13 期。
⑦ 颜鹏飞、李酾：《以人为本、内涵增长和世界发展——马克思主义关于经济发展质量的思想》，《宏观质量研究》2014 年第 1 期。

因此，该类研究以经济增长核算理论及 TFP 理论为基础，通过对要素贡献率的测算、分解来识别出经济增长的源泉，据此判断经济增长效率高低并引申出经济增长质量的概念（李京文，1996；[①] 胡鞍钢、郑京海，2004；[②] 郭庆旺、贾俊雪，2005；[③] 俞安军等，2007；[④] 郑玉歆，2007；[⑤] 李宾、曾志雄，2009；[⑥] 朱承亮等，2009；[⑦] 王小鲁等，2009；[⑧] 翁媛媛、高汝熹，2011[⑨]）。并且，在此基础上从 TFP 的角度分析了经济增长质量的影响因素，认为要素质量变化、要素投入溢出效应、R&D 和分工产生的规模收益递增、资源重新配置、技术进步等都对经济增长质量产生影响作用。康梅（2006）认为我国经济增长中的技术创新主要以技术引进为主，而传统的经济增长分解会将体现式技术进步的作用压入残余项 TFP 中，因此，将体现型技术进步的作用分离出来才能更准确地评价经济增长质量。[⑩]

（2）从多层次、多维度的综合评价视角进行测度。这类研究的基本范式是将经济增长质量的内容具体化为若干方面的特征，以这些特征作为评判维度和标准，选择可测量的数量指标将经济增长质量所包

---

① 李京文：《快速发展的中国经济》，社会科学文献出版社 1996 年版，第 233—236 页。

② 胡鞍钢、郑京海：《中国全要素生产率为何明显下降》，《中国经济时报》2004 年 3 月 26 日。

③ 郭庆旺、贾俊雪：《中国全要素生产率的估算：1979—2004》，《经济研究》2005 年第 6 期。

④ 俞安军、韩士专、张顺超：《利用 C—D 函数测算中国经济增长的质量及方式》，《统计与决策》2007 年第 24 期。

⑤ 郑玉歆：《全要素生产率的再认识——用 TFP 分析经济增长质量存在的若干局限》，《数量经济技术经济研究》2007 年第 9 期。

⑥ 李宾、曾志雄：《中国全要素生产率变动的再测算：1978—2007 年》，《数量经济技术经济研究》2009 年第 3 期。

⑦ 朱承亮、岳宏志、李婷：《中国经济增长效率及其影响因素的实证研究：1985—2007 年》，《数量经济技术经济研究》2009 年第 9 期。

⑧ 王小鲁、樊纲、刘鹏：《中国经济增长方式转换和增长可持续性》，《经济研究》2009 年第 1 期。

⑨ 翁媛媛、高汝熹：《中国经济增长动力分析及未来增长空间预测》，《经济学家》2011 年第 8 期。

⑩ 康梅：《投资增长模式下经济增长因素分解与经济增长质量》，《数量经济技术经济研究》2006 年第 2 期。

含的"质"的内容数量化、具体化,最终将各个方面量化指标综合起来获得整体指数。这类研究文献的差异性主要体现在两个方面:①将经济增长质量的内容具体化时划分的特征维度不同;②评价方法的选择不同。其中,具有代表性的研究有:李周为、钟文余(1999)从经济增长集约化(劳动集约化、能源集约化、投资集约化、贷款集约化、工业集约化)、经济结构优化、规模经济、科技进步、市场化、可持续发展六个方面构建了经济增长质量的指标体系;① 单晓娅、陈森良(2001)从经济效益、经济结构、科学技术、环境资源、竞争能力、人民生活、经济运行七个方面构建了指标体系。② 王文博(2001)从经济增长集约型程度、投入产出质量、生产要素效率、要素组合质量和再配置质量、市场创新生产能力等几个方面构建指标体系。③ 李荣富(2014)从经济增长的稳定性、协调性、持续性、潜力和福利性五个方面设计出增长质量定量尺度,同时构建因子分析通用模型。④ 上述研究仅仅对经济增长质量设计出综合评价指标体系框架,没有进一步利用统计数据进行测度。

曹佑、张如兵(1994)以综合要素生产率、产业结构效应、产品质量、经济增长的活跃性四个基准考察了 1952 年以来我国的经济增长质量状况。⑤ 肖红叶、李腊生(1998)⑥ 和单薇(2003)⑦ 均从经济增长稳定性、协调性、持续性和潜力四个方面建立指标体系对我国经济增长质量进行实证评价。李岳平(2001)从经济增长的稳定性、技术进步的贡献、经济效益、经济结构、居民生活和经济增长的代价

---

① 李周为、钟文余:《经济增长方式与经济增长质量测度评价指标体系研究》,《中国软科学》1999 年第 6 期。

② 单晓娅、陈森良:《经济增长质量综合评价指标体系设计》,《贵州财经大学学报》2001 年第 6 期。

③ 王文博:《经济增长质量统计指标体系研究》,《统计与信息论坛》2001 年第 1 期。

④ 李荣富:《安徽省市域经济增长质量动态模糊综合评价——基于改进的 AHP—FCE集成模型》,《安徽农业大学学报》(社会科学版)2014 年第 1 期。

⑤ 曹佑、张如兵:《我国经济增长质量的内涵、考核基准及实证分析》,《云南财贸学院学报》1994 年第 2 期。

⑥ 肖红叶、李腊生:《我国经济增长质量的实证分析》,《统计研究》1998 年第 4 期。

⑦ 单薇:《基于熵的经济增长质量综合评价》,《数学的实践与认识》2003 年第 10 期。

六个方面采用因子分析法对经济增长质量进行量化评估。[①] 向书坚、郑瑞坤（2012）将循环经济、绿色经济思想引入经济增长质量评价研究中，并测度了 1995—2006 年我国经济增长质量状况和经济增长模式。[②] 宋斌（2013）从包容性增长视角建立了包含经济成果的创造和分享两个维度的指标体系，采用主成分分析方法对中国和各省域的经济增长质量进行测度和评价。[③] 刘小瑜、汪淑梅（2014）从有效性、协调性、稳定性、可持续性和福利性五个方面组成指标体系，将熵值法和集对分析法相结合对我国 1990—2012 年的经济增长质量进行测度。[④] 宋明顺等（2015）从竞争质量、民生质量、生态质量三个维度选取 8 个指标，运用熵权法测度了 2005—2010 年中国宏观质量指数并与标杆国家进行对比，结果发现，我国宏观质量呈现出较好的增长势头，但仍处在重增长、轻民生和生态保护的粗放式发展状态。[⑤]

4. 经济增长质量的影响因素研究

从现有文献来看，学者考察了制度、人力资本等广泛因素对经济增长质量的影响：

（1）制度因素对经济增长质量的影响研究。吴传清（2013）认为制度需求与供给是影响区域经济增长质量的重要因素之一，并且，最重要的制度安排在于绩效考核制度、资源环境制度和循环、低碳经济制度。[⑥] 李强、魏巍（2015）构建了包括经济结构、科技与创新、民生、资源与环境、对外开放 5 个二级指标的经济增长质量指数，并基于 1997—2010 年的省级面板数据探讨了制度变迁对经济增长质量的作用机理。结论认为制度变迁对中国经济增长质量的影响与地区国

---

① 李岳平：《经济增长质量评估体系及实证分析》，《江苏统计》2001 年第 5 期。

② 向书坚、郑瑞坤：《增长质量、阶段特征与经济转型的关联度》，《改革》2012 年第 1 期。

③ 宋斌：《中国经济增长质量的测度与区域比较研究——基于包容性增长视角的分析》，《宏观质量研究》2013 年第 3 期。

④ 刘小瑜、汪淑梅：《基于集对分析法的我国经济增长质量综合评价》，《江西社会科学》2014 年第 12 期。

⑤ 宋明顺、张霞、易荣华等：《经济发展质量评价体系研究及应用》，《经济学家》2015 年第 2 期。

⑥ 吴传清：《我国区域经济质量提升的制度安排》，《区域经济评论》2013 年第 11 期。

民生产总值有关。[1]

（2）人力资本因素对经济增长质量的影响研究。洪英芳（2002）认为，人力资源开发的进程与水平，对经济增长方式转变及经济增长质量提高具有决定性作用。[2] 刘海英等（2004）的研究也表明人力资本是高质量经济增长循环的基点，而中国的人力资本现状已成为经济持续增长的瓶颈。[3] 张长征、李怀祖（2005）的研究认为，教育公平与经济增长质量具有显著正相关关系，其作用机理在于：教育公平能够提高人力资本积累水平、优化人力资本结构，进而加速技术进步，并最终体现为全要素生产率的提高。[4] 何强（2014）基于 Lucas 增长模型框架和随机边界异质面板生产模型对经济增长质量的考察认为，劳动力和人力资本对经济增长的弹性大于物质资本。[5]

（3）FDI 因素对经济增长质量的影响研究。沈坤荣、傅元海（2010）将经济增长质量界定为投入产出率，并考察了 FDI 的不同溢出效应对内资经济增长质量的影响，结论表明：外资企业的技术转移与扩散具有正面作用，而外资企业的竞争效应则主要是负面作用。[6] 随洪光（2011，2013）从增长的效率、稳定性和可持续性三个方面界定经济增长质量，并分析了 FDI 资本效应影响东道国经济增长质量的具体机制：①FDI 资本形成通过资金要素的持续稳定供给影响经济增长的稳定性；②通过促进有效要素比例调整和经济结构优化促进增长效率的提升；③通过知识、技术等因素的培育对经济增长可持续性产生作用；④FDI 资本冲击效应也会带来收支机构脆弱和金融动荡等不

---

① 李强、魏巍：《制度变迁对中国经济增长质量的非线性效应分析》，《经济与管理研究》2015 年第 12 期。

② 洪英芳：《新时期人力资源开发与提高经济增长质量和效益研究》，《人口学刊》2002 年第 6 期。

③ 刘海英、赵英才、张纯洪：《人力资本"均化"与中国经济增长质量关系研究》，《管理世界》2004 年第 11 期。

④ 张长征、李怀祖：《中国教育公平与经济增长质量关系实证研究：1978—2004》，《经济理论与经济管理》2005 年第 12 期。

⑤ 何强：《要素禀赋、内在约束与中国经济增长质量》，《统计研究》2014 年第 1 期。

⑥ 沈坤荣、傅元海：《外资技术转移与内资经济增长质量——基于中国区域面板数据的检验》，《中国工业经济》2010 年第 11 期。

稳定因素。①②

（4）R&D 因素对经济增长质量的影响研究。杨钧、苑小丰（2014）的研究认为，中国的 R&D 投入与经济增长质量之间存在显著的正相关关系和地区性差异，东部地区 R&D 投入对经济增长质量的促进作用最大，中部次之，西部最低。③

（5）产品质量因素对经济增长质量的影响研究。罗连发（2014）从产品质量角度对国内外山区发展的差异性进行了比较和验证，认为微观的产品质量是国内外山区经济发展质量差异的关键因素，要提高山区经济增长质量，必须建立以产品质量为核心的微观基础。④

三　对现有文献的评价

上述国内外研究成果总体上推动了对经济增长质量的认识、判断和理解，为进一步研究这一问题提供了可供借鉴的广阔思路和视角，但是仍然存在以下不足之处：

首先，对于经济增长质量的内涵界定仍存在广泛分歧及主观随意性。迄今为止，虽然国际、国内社会都逐渐认识到经济增长质量的重要性，但目前仍没有一个明确、清晰且被经济学界公认的概念界定，不同学者根据自己的主观理解定义经济增长质量，使经济增长质量的概念缺乏系统性、准确性和客观性。第一，从狭义的投入产出效率视角界定经济增长质量，虽然能够以简化的指标和方法考察经济增长效率这一核心特征，但是难以全面反映生产要素的经济效果，也不能反映资源配置状况，存在一定的局限性（郑玉歆，2007）。⑤ 从发展中国家的经济增长实践来看，经济效率是否提高仅仅是衡量增长质量的

---

① 随洪光：《FDI 资本效应对东道国经济增长质量的影响分析》，《现代管理科学》2011 年第 1 期。

② 随洪光：《外商直接投资与中国经济增长质量提升——基于省际动态面板模型的经验分析》，《世界经济研究》2013 年第 7 期。

③ 杨钧、苑小丰：《中国 R&D 投入与经济增长质量问题实证研究》，《宏观质量研究》2014 年第 2 期。

④ 罗连发：《产品质量如何决定经济增长质量——基于山区的实证研究》，《武汉大学学报》（哲学社会科学版）2014 年第 3 期。

⑤ 郑玉歆：《全要素生产率的再认识——用 TFP 分析经济增长质量存在的若干局限》，《数量经济技术经济研究》2007 年第 9 期。

一个方面，在融入全球产业分工的背景下，发展中国家普遍存在结构性问题，经济结构长期处于低端锁定、不均衡的状态，因此，"效率"以外的结构等其他问题也应纳入考量。第二，从广义的发展视角界定经济增长质量，使经济社会全面发展成为核心内容，其外延也被扩展到过于广泛的领域。虽然从"发展"的角度界定经济增长质量的概念具有深刻的哲学背景和理论意义，但这也导致经济增长质量的外延过于宽泛而在实际定量研究中可操作性差。由于对经济增长质量的研究最终要落实到定量测度中去，如果仅有规范性的概念界定而无法从客观角度进行实证考察，概念的适用性便受到很大限制。第三，从折中思路来看，不同学者根据自己的理解对经济增长质量的内涵进行了描述性定义。由于并未考虑划分维度的完备性、不重复及各个维度之间的平行性，将不同层面的特征组合在一起建立经济增长质量的评判标准，导致经济增长质量的概念不规范并具有主观随意性。

其次，对经济增长质量的研究均多于实证分析而疏于逻辑推演。大多数学者只是将经济增长质量划分为几个具体方面，在此基础上选取相应的数量指标对经济增长质量进行测度，或研究某一因素对经济增长质量的影响作用，缺少从基础理论角度更深入地探讨经济增长质量命题。仅注重从实践层面考察经济增长质量的变动轨迹或分析某些单一的影响因素，而轻视从理论思辨的角度对经济增长质量的内涵、形成机制、实现条件、影响因素等进行系统性的理论思考。

最后，对经济增长质量的测度方法主要集中于传统的层次分析法、熵值法、因子分析法、主成分分析方法等，缺少引入更新的综合评价方法对经济增长质量进行测度。

第三节　关于经济增长效益研究的文献述评

一　国外对经济增长效益的研究

从国外的研究来看，虽然西方经济学没有"效益"这一经济学范畴，但却包含着效益的思想，最早的效益含义产生于经济领域。李嘉图（2011）曾经指出，真正的财富在于以尽量少的价值创造出尽量多的使用价值，或者在尽量少的时间内创造出尽量多的物质财富。[①] 马克思等（1973）在其著作中肯定了这一看法。[②] 从亚当·斯密到约翰·穆勒的古典经济学家，都曾将"经济效益"的获取看作是经济增长的核心问题，并认为其取决于资源无限性、财产私有性、无约束竞争及人的利己性四个重要条件。这种以效益最大化、自利理性及功利主义为主旨的效益观可以被看作是古典主义的经济效益观。在现代经济学中，经济效益的概念被经济效率所替代，学者更多的是从投入产出角度进行效率分析。20 世纪 20 年代，庇古（2006）在福利经济学的框架下最早提出社会效益的思想，认为"外部效应"是一个经济主体的经济行为对其他主体的福利产生的正面或负面影响。[③] 外部性理论的产生使人们重新理解增长效益的含义，认识到以简单的投入产出比率所表征的经济效益并不是经济增长效益的全部，真正的增长应该考虑个人价值投入成本、自然生态价值成本和他人价值实现成本。这体现出经济学者开始关注经济活动产生的社会效益。

国外关于经济增长效益较为系统的理论探讨主要体现在对"可持续发展"和"包容性增长"的理论研究。从 20 世纪中后期开始，经济增长所引发的人口增长、环境污染、资源压力等问题逐渐激起人们对"增长等于发展"的理论观点的怀疑。1962 年，美国生物学家蕾切尔·卡森发表著作《寂静的春天》引发世界范围内对发展观的广泛争论，作者通过对农药污染带来的可怕景象的描绘，警示人们会失去"春光明媚的春天"。[④] 10 年后，Ward 和 Dubos 的著作《只有一个地

①　[英] 大卫·李嘉图：《政治经济学及赋税原理》，郭大力、王亚南译，译林出版社 2011 年版，第 12—14 页。

②　[德] 马克思、恩格斯：《马克思恩格斯全集（26 - Ⅲ）》，人民出版社 1973 年版，第 281 页。

③　[英] A. C. 庇古：《福利经济学》，朱泱、张胜纪、吴良健译，商务印书馆 2006 年版，第 39 页。

④　[美] 蕾切尔·卡森：《寂静的春天》，吕瑞兰、李长生、鲍冷艳译，上海译文出版社 2015 年版，第 3—8 页。

球》问世，呼吁人们从可持续发展角度认识人类的生存与环境。[①] 同时，罗马俱乐部在《增长的极限》中明确提出"持续增长""合理、持久、均衡发展"的新增长理念。[②]

联合国世界与环境发展委员会（WCED）（1987）在《我们共同的未来》中正式提出可持续发展概念，并基于该主题对环境与发展问题进行了全面论述。报告通过对全球人口、粮食、物种、资源、能源、工业等方面的系统分析得出三个重要结论：一是环境、能源和发展三大危机不能分割；二是地球的能源和资源远不能满足人类发展需要；三是必须改变现有的发展模式。[③] Barbier（1987）明确地将可持续发展定义为：以保持自然资源质量及其所提供的服务为前提，使经济发展的净利益最大化。[④] 而《世界发展报告》给出的可持续增长定义为：建立在成本—效益比较和审慎的经济分析基础上的发展和环境政策，加强环境保护，从而导致福利增加和可持续水平提高（世界银行，1992）。[⑤]

根据以上的概念内涵，可持续发展的目标是不断创造和积累出理性高效、均衡持续、少用资源、少用能源、少牺牲生态环境，综合降低自然成本、社会成本、制度成本、管理成本条件下获取"高品质的GDP"（牛文元，2012）。[⑥] 1998 年，世界可持续发展委员会（WBCSD）提出，生态效益需通过提供具有竞争力价格的商品与服务来获得。这些商品与服务在满足人们需求与提升生活品质时，应降低对生态的冲击与资源的消耗强度，使之处于地球负荷的限度之内。鉴

---

① Ward B. and Dubos R. , *Only one Earth. The Care and Maintenance of A Small Planet*, Harmondsworth, Penguin Books Ltd. , 1972, p. 123.

② ［美］德内拉·梅多斯、乔根·兰德斯、丹尼斯·梅多斯：《增长的极限》，李涛、王智勇译，机械工业出版社 2013 年版，第 12 页。

③ 世界环境与发展委员会：《我们共同的未来》，王之佳、柯金良译，吉林人民出版社 1997 年版，第 5 页。

④ Edward B. Barbier, "The Concept of Sustainable Economic Development", *Environmental Conservation*, Vol. 14, Issue 2, Summer 1987, pp. 101 – 110.

⑤ 世界银行：《1992 年世界发展报告：发展与环境》，中国财政经济出版社 1992 年版，第 32 页。

⑥ 牛文元：《可持续发展理论的内涵认知》，《中国人口资源与环境》2012 年第 5 期。

定生态效益的要素包括：减少商品和服务的原料密集度、能源密集度及有毒物质扩散；提高原料的可回收性使可更新资源达到最大限度使用；延长产品的耐久性；加强每单位产品和服务的效能（Schmidheiny & Stigson，2000）。① 可持续发展除关注经济意义上的效率，更加重点关注自然资源和环境损益，将经济增长带来的生态环境效益纳入对增长结果的反思。

20 世纪中期以来，人们的增长理念逐渐发生转变。在社会排斥理论和阿玛蒂亚·森（2002）② 的福利经济学基础上，对经济增长的认识经历了从单纯强调增长，到"涓滴增长"（赫希曼，1991）③，再到"基础广泛的增长"（世界银行，2001）④、"益贫式增长"（ADB，1999）⑤ 以及"包容性增长"（ADB，2007；⑥ 世界银行增长与发展委员会，2008⑦）的演进过程。包容性增长最早由亚洲开发银行在 2007年的《新亚洲、新亚洲开发银行》研究报告中提出，目的是未来将战略定位从关注贫困减除扩展到促进增长的包容性。2007 年 10 月，在"新亚太地区包容性增长与贫困减除"国际研讨会上达成了"增长必须具备包容性、可持续性以及更为民众所认同"的共识。2008 年 5月，世界银行增长与发展委员会发布的《增长报告：可持续增长和包容性发展的战略》进一步明确提出建立包容性增长、确保增长效益为广泛大众所共享。与此同时，亚洲开发银行也将包容性增长、环境可持续发展以及区域一体化共同作为《战略 2020》的发展目标。

---

① Schmidheiny S. and Stigson B., *Eco - Efficiency*: *Creating More Value with Less Impact*, World Business Council for Sustainable Development, 2000.

② ［美］阿玛蒂亚·森：《以自由看待发展》，任赜、于真译，中国人民大学出版社2002 年版，第 23—96 页。

③ ［德］赫希曼：《经济发展战略》，经济科学出版社 1991 年版，第 57—60 页。

④ 世界银行：《2000/2001 年世界发展报告：与贫困作斗争》，中国财政经济出版社2001 年版。

⑤ ADB. *Fighting*，*Poverty in Asia and the Pacific*：*The Poverty Reduction Strategy*，Asian Development Bank Institute，Manila，1999.

⑥ ADB. *Eminent Persons Group Report*，Asian Development Bank，Manila，2007.

⑦ 世界银行增长与发展委员会：《增长报告——可持续增长和包容性发展的战略》，中国金融出版社 2008 年版，第 57 页。

　　虽然亚洲开发银行、世界银行等国际机构和经济学者们广泛使用包容性增长的概念，但是对包容性增长的界定尚未统一。Ali 和 Zhuang（2007）将促进机会增加、机会平等的增长定义为包容性增长。[①] 并认为其目的是实现可持续和平等增长、社会包容、赋予权能和安全四个结果（Ali and Son，2007）。[②] 联合国开发计划署（UNDP）认为不均等减少以及穷人进行经济政治参与并从中获益的共享式增长可视为包容性增长（刘嬿娥等，2011）。[③] Felipe（2007）认为穷人充分就业是包容性增长的关键，并且使其工资增长速度高于资本报酬增长速度将最终缩小贫富差距。[④] 亚洲开发银行在《战略 2020》中将包容性增长界定为创造并扩展经济机会，使所有社会成员机会均等地参与经济增长。从这些定义可以看出，包容性增长的核心理念是基于平等的视角，针对收入分配、长期贫困等问题而重新审视增长模式（杜志雄等，2010）。[⑤]

　　从本质上看，包容性增长就是从平等的角度来考察经济增长产生的社会效益，重点关注弱势群体在增长进程中的利益获取（王薇、任保平，2015）。[⑥] 由于包容性增长的理论内涵尚未取得统一的认识，因此，其定量评价尚处于起步探索阶段，仅有少数研究者尝试性地开发了若干指标进行测度。其中，Ali 和 Son（2007）将就业和生产率、人的能力发展、社会保障设定为测量包容性增长的重要指标。[⑦] Klasen（2010）则认为，包容性增长的实现标准在于：绝对贫困减少；穷

　　[①] Ali Ifzal and Zhuang Juzhong，"Inclusive Growth toward a Prosperous Asia：Policy Implications"，*ERD Working Paper Series*，97，2007.

　　[②] Ali Ifzal and Son Hyun H.，"Defining and Measuring Inclusive Growth：Application to The Philippines"，*ERD Working Paper Series*，98，2007.

　　[③] 刘嬿娥、李允尧、易华：《包容性增长研究述评》，《经济学动态》2011 年第 2 期。

　　[④] Felipe J.，*Macroeconomic Implication of Inclusive Growth：What are the Questions*，Asian Development Bank，Manila. Processed，2007.

　　[⑤] 杜志雄、肖卫东、詹琳：《包容性增长理论的脉络、要义与政策内涵》，《中国农村经济》2010 年第 11 期。

　　[⑥] 王薇、任保平：《我国经济增长数量与质量阶段性特征：1978—2014 年》，《改革》2015 年第 8 期。

　　[⑦] Ali Ifzal and Son Hyun H.，"Measuring Inclusive Growth"，*Asian Development Review*，Vol. 24，Issue 1，Jan. 2007，p. 11.

人就业增长；收入和非收入的不平等减少；贫困地区人群面临的体制和结构障碍根除；人的能力提升；穷人的非收入性福利改善等。[①] Mc-Kinley（2010）的研究更具可操作性，他从经济增长、高效就业、基础设施、贫困、不平等、性别不平等、人的能力及社会保障七个具体维度设置包容性增长指标体系，并对孟加拉国、柬埔寨、印度尼西亚、菲律宾和乌兹别克斯坦五国进行了实证分析。[②]

综上，可持续发展与包容性增长作为对经济增长和社会发展状态的描述，强调了经济增长的两方面要素：一是科学地实现持续增长，二是所有成员参与并共享成果。可持续发展强调既要注重增长速度，更要注重增长的方式，要做到经济效益、社会效益、资源效益、环境效益之间的协调发展。而包容性增长重点强调所有成员既要有同质的发展权利，也要有平等的分享权利，目标是实现各阶层、各群体之间相互包容。

二　国内对经济增长效益的研究

1. 经济效益的研究

国内学者从 20 世纪 60 年代就开始讨论"效益"问题，我国的效益观深受西方经济理论尤其是马克思主义政治经济学的影响。马克思等（1979）从劳动时间节省的角度阐释了经济效益，其在著作《资本论》中指出：社会发展、社会享用和社会活动的全面性均决定于时间的节省；时间的节约以及时间有计划地在不同生产部门之间分配是首要经济规律。[③] 基于马克思主义经济学的基本原理，在 20 世纪五六十年代，老一辈经济学者展开对"经济效果"问题的探讨。许多学者针对当时经济活动中存在的"大跃进"、不计生产成本、盲目投资等

---

① Klasen Stephan, "Measuring and Monitoring Inclusive Growth: Multiple Definitions, Open Questions, and Some Constructive Proposals", *ADB Sustainable Development Working Paper Series*, June 2010, pp. 7 – 12.

② Mckinley Terry, "Inclusive Growth Criteria and Indicators: an Inclusive Growth Index for Diagnosis of Country Progress", *ADB Sustainable Development Working Paper Series*, June 2010, pp. 10 – 14.

③ ［德］马克思、恩格斯：《马克思恩格斯全集》（第46卷上），人民出版社1979年版，第120页。

长期的浪费现象提出注意经济活动的经济效果问题，主张减少浪费（王琢，1959；[①] 李驷，1959；[②] 金珊，1961；[③] 王永锡、袁文平，1962；[④] 刘诗白，1962；[⑤] 钱伯海，1963；[⑥] 金理，1963[⑦]）。虽然50年代末60年代初对经济效果的认识并不统一完善，但抓住了经济效果的实质——节约。孙冶方（1981）认为社会主义经济就是"以最小的耗费取得最大的效果"。[⑧]

从理论发展的角度来看，"经济效果"（economic effectiveness）范畴可以算是"经济效益"（economic benefit）范畴的前身。80年代以后，"经济效益"一词开始被广泛使用，但是其内涵与经济效果相混淆。1980年版《辞海》中经济效果被定义为：经济活动中劳动耗费同劳动成果之间的对比。其中，劳动耗费是生产成本，劳动成果是以使用价值表示的产品件数。1986年版的《经济大辞典》（商业经济卷）以及1988年版的《中国大百科全书》（经济卷）都将"经济效益"与"经济效果"的解释相等同，定义为经济活动中投入和产出、消耗和成果、费用和效用之间的对比关系。从单纯经济领域的投入产出视角理解经济效益内涵的观点一直延续到20世纪90年代初。

90年代以后，对经济效益的概念界定有所拓展，吴振坤（1990）首次给出较为完整的经济效益解释：经济效益是指经济活动中消耗、占用的劳动量同取得的符合社会需要的劳动成果之间的比较。[⑨] 这一概念中包含了"产品为社会所需要"这一社会效益内涵。黄铁苗

① 王琢：《论经济效果问题》，《经济研究》1959年第8期。

② 李驷：《经济效果和产品质量》，《经济研究》1959年第8期。

③ 金珊：《试论社会主义的经济效果》，《经济研究》1961年第9期。

④ 王永锡、袁文平：《关于社会主义经济效果的实质》，《经济研究》1962年第9期。

⑤ 刘诗白：《关于社会主义经济效果两个理论问题的初步探讨》，《汉江论坛》1962年第9期。

⑥ 钱伯海：《试论社会主义经济效果的指标体系》，《中国经济问题》1963年第10期。

⑦ 金理：《我国经济学界近年来关于社会主义经济效果问题的讨论》，《经济研究》1963年第1期。

⑧ 孙冶方：《讲经济就是要以最小的耗费取得最大的效果——孙冶方同志1981年3月在经济效果理论问题讨论会上的录音讲话》，《计划经济研究》1981年第15期。

⑨ 吴振坤：《新编简明经济学词典》，天津人民出版社1990年版，第492页。

（1996）认为传统的经济效益范畴还存在两个缺陷：一是产品符合社会需要应将产品的质量内涵也包括在内；二是没有考虑保护环境和合理利用自然资源问题。① 因此，对经济效益概念进一步加了限制条件，将其解释为：在环境获得保护和合理利用自然资源的前提下，人与自然物质变换过程中所取得的符合社会需要的标准质量的劳动成果与劳动占用和劳动耗费的关系。②（黄铁苗，1998）

在对经济效益进行定性研究的同时，经济效益的定量研究也逐渐展开。根据研究范围的不同，经济效益可以分为宏观经济效益和微观企业经济效益，因而现有文献对经济效益的评价主要沿着这两种路径展开。

一是从微观对工业企业经济效益进行评价。在 20 世纪八九十年代，这方面研究产生了大量成果（沈谊、周三多，1983；③ 达松海，1991；④ 秦鲁，1994；⑤ 陈宏、银路，1994；⑥ 刘富江，1991；⑦ 钱争鸣、陈韦彦，1999；⑧ 刘娟，1999⑨），这些研究认为经济效益是投入与产出的比较，可以用相对指标或绝对指标来表示，相对指标是总产出或经济收益与要素投入量之比，绝对指标是总产出或经济收益与要素投入之差。

二是对国民经济的宏观经济效益进行评价。这方面的研究主要采

① 黄铁苗：《市场经济与经济效益》，《广东审计》1996 年第 7 期。
② 黄铁苗：《论综观经济效益》，《求索》1998 年第 1 期。
③ 沈谊、周三多：《评价工业经济效益的指标体系探讨》，《经济研究》1983 年第 8 期。
④ 达松海：《一种评价工业经济效益的新方法》，《数量经济技术经济研究》1991 年第 3 期。
⑤ 秦鲁：《评价工业企业经济效益指标体系研究》，《中国工业经济研究》1994 年第 2 期。
⑥ 陈宏、银路：《工业部门与国民经济其它部门经济效益的关系研究》，《工业技术经济》1994 年第 2 期。
⑦ 刘富江：《我国工业经济效益的状况、特点及对策》，《中国工业经济研究》1991 年第 10 期。
⑧ 钱争鸣、陈韦彦：《我国工业经济效益指标评价与主成分分析的实证研究》，《统计研究》1999 年第 7 期。
⑨ 刘娟：《工业经济效益指标体系的再思考》，《统计研究》1999 年第 2 期。

用两种方法：一种是使用全要素生产率（TFP）测度指标作为宏观经济效益的度量（郑绍濂、胡祖光，1986；[①] 佟哲晖，2000[②]），支道隆（1991）认为 TFP 指标虽然能够反映技术进步对生产的促进作用，但是中国现实经济超出了模型假设的前提范围，以此作为综合经济效益指标并不合适。[③] 另外，效率也不是效益，两个概念存在较大的差异[④]（刘涛、黄强，1997）。另一种是用综合指标体系测度宏观经济效益（赵彦云、王军，1991；[⑤] 汲凤翔、张英花，1991；[⑥] 宏观经济效益综合评价课题组，1993；[⑦] 伍海华等，1993；[⑧] 刘志强，1998；[⑨] 褚可邑，1999；[⑩] 张鸿鹰、钟文余，2000[⑪]）。常见指标有综合投入产出率、综合投入边际产出率、社会总成本净值率、社会总成本利税率、全社会劳动产出率、社会总收入产出率、全社会消耗产出率、全社会能源消耗产出率、全社会资金产出率等。费仲虎（1987）认为应该采用社会代价—效益分析方法从经济评价和社会评价两个层次评价整体经济效益。经济评价是从全社会经济目标（国民收入或总消费最低）角度进行评价；社会评价则是从各种社会目标角度进行评价，最

---

① 郑绍濂、胡祖光：《经济系统的经济效益度量的综合指标——全要素生产率的研究和探讨》，《系统工程理论与实践》1986 年第 1 期。

② 佟哲晖：《论宏观综合经济效益指标》，《财经问题研究》2000 年第 2 期。

③ 支道隆：《谈如何设置一个能反映技术进步的综合经济效益指标》，《财经问题研究》1991 年第 2 期。

④ 刘涛、黄强：《经济效率与经济效益之比较》，《上海统计》1997 年第 10 期。

⑤ 越彦云、王军：《宏观经济效益统计的核算、评价与分析》，《统计研究》1991 年第 3 期。

⑥ 汲凤翔、张英花：《改革和完善经济效益指标体系的设想》，《统计研究》1991 年第 3 期。

⑦ 宏观经济效益综合评价课题组：《关于全面提高宏观经济效益及其综合评价指标体系的初步研究》，《管理世界》1993 年第 3 期。

⑧ 伍海华、王继勋：《改革十年我国宏观经济效益的多元统计评价》，《经济评论》1993 年第 1 期。

⑨ 刘志强：《宏观经济评价指标体系研究》，《世界经济》1998 年第 8 期。

⑩ 褚可邑：《完善市场经济中的宏观经济效益指标体系》，《中国统计》1999 年第 6 期。

⑪ 张鸿鹰、钟文余：《改革以来我国宏观经济效益的综合评价》，《数理统计与管理》2000 年第 3 期。

终评价出各项经济活动。①

2. 社会效益的研究

通过对现有文献的梳理发现，目前关于社会效益的研究主要集中在微观层面针对某些项目产生的社会影响来考察社会效益，缺少较深的经济理论层面的研究，仅有一小部分学者对社会效益的内涵进行了界定。黄鹏章（1989）认为，社会效益是经济活动中实施某项政策和措施在社会上的产出效果和对社会各种利益的影响程度，也即某一社会单元对某外部环境所做的社会贡献。从广义角度看，政治效益、思想文化效益、环境效益等均可视为社会效益，而狭义的社会效益与这些概念相并列。② 桂正耀（1996）认为社会效益就是企业要从社会需要出发为社会创造物质财富，提供优质服务，满足社会需求，承担社会责任。③ 刘宏业（2004）将"社会效益"的增长界定为：人类社会从一种整体系统向另一种更高级整体系统运动的合乎规律的自然历史进程。其标志是物质和精神产出增长，而本质是为更能满足人们的物质和精神需求。社会效益的具体内容包括：人口素质提高和人口结构优化；人类思想行为现代化；生活质量提高和生活方式现代化；社会基础设施完善；资源利用和生态环境保护；医疗保健和社会保障水平提高；精神文明丰富和商业发展等。④

从以上关于社会效益的概念界定不难看出，社会效益是不容易衡量的规范性价值判断，因此，仅有部分学者从定性角度对社会效益的理论内涵进行了探索，对于社会效益的定量测度研究仍然缺失。

3. 生态效益的研究

国内学者关于生态效益的研究中，早期学者注重从理论角度界定生态效益内涵。许涤新（1987）认为生态效益就是一定的劳动投入过

① 费仲虎：《经济效益评价方法与经济体制改革——经济体制改革的一个新的探索》，《管理世界》1987 年第 1 期。

② 黄鹏章：《正确处理经济效益、社会效益和环境效益的关系》，《河北大学学报》1989 年第 4 期。

③ 桂正耀：《试论社会效益与经济效益的关系》，《科研管理》1996 年第 1 期。

④ 刘宏业：《试论技术进步与社会效益增长》，《科学管理研究》2004 年第 3 期。

程对整个生态系统的生态平衡，进而对人的生活和生产环境产生某种影响的效应。[①] 许坚（1994）参照经济效益概念的界定，将生态效益定义为：生产过程中劳动占用和劳动耗费与自然环境方面生态效果的比较。[②] 曹俊文（2002）认为社会物质资料生产过程中，人们消费一定的劳动既会产出对人有用的经济成果，又会引起生态平衡的变化从而对生态环境带来影响。这种经济产出和生态产出的综合同劳动占用和劳动耗费的比较，叫作生态经济效益。[③]

4. 经济增长综观效益的研究

魏双凤（1987）首次提出"综观经济效益"，他认为，综观经济效益是纵横效益的有机结合。纵向是社会效益与企业效益的统一、宏观效益与微观效益的统一，而横向是经济效益、社会效益、环境效益和生态效益的统一。[④] 黄铁苗（1998）对这一概念赋予不同的内涵，认为综观经济效益是在社会经济可持续发展前提下，人与自然物质交换过程中所取得的符合社会需要的标准质量的劳动成果与劳动占用和劳动耗费的对比关系。并且，经济效益概念既衡量经济状况好坏，又衡量社会进步程度。[⑤] 黄灼明（1998）认为经济效益是一个多层次的经济范畴，经济、社会、生态和环境效益相统一的综观经济效益是最高层次，在此之下，企业经济效益是微观基础层次，社会经济效益是中间层次。[⑥] 从这些研究来看，虽然学者仍然使用"经济效益"的概念，但其内涵已经扩展到包括经济效益、社会效益和环境效益的整体范围内，之后的研究中，学者逐渐从单纯的"经济效益"转向对经济增长整体效益的讨论。

---

① 许涤新：《生态经济学的几个理论问题》，《生态经济》1987 年第 1 期。
② 许坚：《生态效益与生态经济效益的界定——兼与张叶先生商榷》，《生态经济》1994 年第 2 期。
③ 曹俊文：《生态经济效益指标体系的设置原则》，《统计与决策》2002 年第 12 期。
④ 魏双凤：《论综观经济效益及其指标体系》，《科学·经济·社会》1987 年第 4 期。
⑤ 黄铁苗：《论综观经济效益》，《求索》1998 年第 1 期。
⑥ 黄灼明：《经济效益范畴的历史考察——兼谈时代呼唤综观经济理论的发展》，《当代经济研究》1998 年第 2 期。

周家华（2003）①、潘梅村、龚祖英（1997）② 提出了具有相同内涵的经济增长效益，认为经济增长的整体效益包括经济效益、社会效益和环境效益。其中，经济效益是处于基础性地位的客体效益层次，社会效益是以人为发展中心的社会总体发展和进步的主体效益层次，环境效益是不损害生存环境、危及自身和子孙后代发展的最高效益层次。在整体效益观上，"效益"从单纯的经济方面收益扩展到更多地体现人类活动的目的性价值追求和伦理实现。

三　对现有文献的评价

现有关于经济增长效益的研究主要存在以下不足之处：第一，由于西方经济学没有"效益"这一范畴，因此，国外关于经济增长效益的研究都是从某一侧面展开，没有系统的、直接的关于经济增长效益的研究；第二，国内对经济效益的研究相对丰富，但是从定量角度对微观企业经济效益的评价居多，对宏观经济效益的评价多侧重于工业经济领域，对全社会范围内的整体经济效益评价欠缺；第三，对社会效益和生态效益的研究大多局限于概念界定和相互关系论述的定性研究，缺乏从定量角度对社会效益和生态效益进行系统的测度。

第四节　关于经济增长数量、质量和效益关系研究的文献述评

一　经济增长数量、质量和效益关系的理论研究

从 20 世纪 90 年代开始，学者就开始广泛讨论经济增长数量、质量和效益之间的关系。早期学者主要从经济增长速度和质量效益的概念出发，在理论层面分析其辩证统一的逻辑关系。宏观经济分析课题

---

① 周家华：《论经济增长整体效益》，《江苏经贸职业技术学院学报》2003 年第 2 期。
② 潘梅村、龚祖英：《论经济增长的整体效益》，《世界经济文汇》1997 年第 2 期。

组（1995a①、1995b②）论述了经济速度、结构、效益的关系，认为三者是相互联系、相互作用的，速度是前提，结构是基础，效益是最终目标。洪银兴（1993）指出经济增长的效益在很大程度上寓于经济增长的速度。③ 王光伟（2000）通过对经济增长速度和经济效益的内涵进行比较，认为两者是互为前提的。在长期中，经济效益是保持一定经济增长速度的基础，因为高效益获得的高利润是新增投资的来源；而在短期，一定的经济增长速度是取得经济效益和社会效益的前提。④ 戴武堂（2003）认为，发展社会主义经济既要重视经济增长速度，更要重视增长质量。⑤ 张胜旺（2013）从马克思主义政治经济学的基本原理出发，认为社会生产的经济效益和生态效益之间不仅有共存共生的关系，而且还有矛盾对立的关系。它们的相互作用促进了社会经济与自然生态的协调发展。⑥ 魏礼群（2009）认为保增长应建立在优化结构、提高质量、增进效益、降低消耗、保护环境基础上，实现扎实高效可持续的增长。⑦ 李凤瑞、魏丽华（2013）认为提高经济增长质量和效益要处理好经济增长数量和质量的关系、当前发展和长远发展的关系、虚与实的关系。⑧

二　经济增长数量、质量和效益关系的实践研究

从理论角度看，经济增长数量、质量和效益具有内在的辩证统一关系，但是在实践中三者却往往表现出不一致性。宏观经济分析课题组根据经济增长率和全要素生产率的变动情况，对新中国成立以来我

---

① 宏观经济分析课题组：《关于中国经济速度、结构、效益关系的研究》（上），《管理世界》1995 年第 3 期。

② 宏观经济分析课题组：《关于中国经济速度、结构、效益关系的研究》（下），《管理世界》1995 年第 4 期。

③ 洪银兴：《论经济增长的速度、效益和波动》，《社会科学战线》1993 年第 6 期。

④ 王光伟：《论经济增长速度和经济效益》，《苏州大学学报》（哲学社会科学版）2000 年第 4 期。

⑤ 戴武堂：《论经济增长质量及其改善》，《中南财经政法大学学报》2003 年第 1 期。

⑥ 张胜旺：《可持续发展模式下经济效益与生态效益的关系》，《生态经济》2013 年第 2 期。

⑦ 魏礼群：《重在经济增长数量、质量、效益的统一》，《求是杂志》2009 年第 8 期。

⑧ 李凤瑞、魏丽华：《以提高经济增长质量和效益为中心促进经济持续健康发展》，《领导之友》2013 年第 2 期。

国经济增长速度、结构和效益三者演变过程进行了实证分析。结论表明：改革前的几十年间，三者的基本运行格局是"高增长、差结构、低效益"，经济增长大起大落。改革以后的十多年里，速度、结构、效益三者的衔接、协调程度总体上有了较明显的改善，但是由于新旧体制"双规"并存和改革的不完善、不配套，以及管理上的不科学，三者仍未完全转入良性循环的轨道。夏力（2006）认为一切的制度安排都有可能影响整个社会资源的合理配置，我国目前在制度上存在计划经济色彩浓厚，政府主导资源配置及金融体制改革滞后等体制性障碍问题，严重影响了经济增长的效益。[①] 谢忠秋（2006）通过对1986—2003年的数据分析表明，在我国经济增长过程中，经济增长速度、结构、质量、效益的发展具有一定的相关性，但总体协调度不高，而速度与非速度（结构、质量和效益）之间的不协调是主要矛盾。[②]

从经济增长速度、质量和效益之间不一致的制约因素来看，易培强（2011）指出，认识偏差、利益驱动、政府职能错位和政绩考评机制失当导致重速度、轻质量效益的增长方式难以扭转。[③] 伍世安（2012）深入分析了制度与增长质量效益的关系，认为两者之间相互促进，呈"双螺旋结构"，目前中国经济增长难以实现质量效益的关键在于存在制度性障碍。[④] 李忠（2012）从政府职能和市场机制两个层面探讨了我国经济增长质量效益不高的制度根源。在资源配置中市场作用的发挥受到市场主体不健全、要素市场发育迟缓、市场竞争机制失灵以及市场经济法治建设滞后等因素的制约，而现有经济体制无力解决预算软约束和资源软约束问题，加之官员晋升激励机制、财政分权制度改革、地方政府横向竞争等相互作用，更加剧了粗放型增长

---

① 夏力：《对经济增长效益的制度性分析》，《湖北社会科学》2006年第3期。
② 谢忠秋：《我国经济增长的速度、结构、质量、效益相关性研究》，《经济管理》2006年第22期。
③ 易培强：《论经济增长速度与质量效益》，《湖南师范大学社会科学学报》2011年第6期。
④ 伍世安：《转变经济发展方式的制度性障碍分析》，《企业经济》2012年第2期。

方式的扩张。

三 对现有文献的评价

通过对经济增长数量、质量和效益关系研究的文献梳理和总结发现，现有研究主要存在以下不足之处：第一，对于经济增长数量、质量和效益之间关系的理论研究和实践研究相分离。在理论层面，学者主要从辩证的角度阐释三者之间相互关系，强调三者之间存在的相互联系、相互作用的内在统一性；而在实践层面，多数研究仅注重于通过具体的量化指标来描述三者之间的不一致性，并对其不一致性的制约因素进行分析，缺少对三者之间协调统一的逻辑机理和实现机制进行深入探讨。第二，对经济增长数量、质量和效益协调性的定量分析停留在简单的统计描述层面，缺乏进一步通过较为系统的实证分析方法对其协同发展状况进行定量测度和分析。

第五节 对现有研究的总体评价及本书的研究思路

国内外关于经济增长数量、质量和效益的研究成果相当丰富，表明学者对经济增长数量、质量和效益问题的探讨由来已久并日渐深入，不同文献对该问题进行的多样化视角的考察，成为本书研究的有益借鉴。然而这些研究仍然存在以下几个方面的缺陷，这也是本书进行拓展研究的出发点：

第一，现有关于经济增长数量、质量和效益的研究基本上孤立地分开进行。对经济增长数量的研究主要是在经济增长理论框架下探索经济增长的动力机制；经济增长质量研究侧重于通过构建经济、社会、环境的发展指标进行综合评价，缺乏从基础理论上对经济增长质量的内涵和形成机制进行阐释；而经济增长效益的研究则缺乏完整性和系统性，多集中在较小的视角内讨论经济效益、社会效益和生态效益。

第二，缺乏构建统一的分析框架系统论述三者的关系。对中国经济增长数量、质量和效益的研究缺乏整体性，目前还没有文献将三者纳入一个整体统一的理论框架中进行系统论述，对经济增长质量和效益之间的区别和联系缺少理论分析，导致两个概念之间内涵模糊并相互交叉，在理论分析和实践应用中相混淆。现有对经济增长质量和效益的研究大多停留在现象描述层面，缺乏深层次的理论分析。并且，经济增长效益的研究多集中于对经济效益的评价，而社会效益、生态环境效益的研究相对不足。

第三，虽然一些文献对经济增长数量、质量和效益的内在关系做出了辩证分析，在实践层面通过个别指标的统计描述对三者的不一致性进行简单刻画，但缺少对三者之间协调统一性进行系统的定量分析。虽然学术界对三者之间存在不一致性已取得广泛共识，但是由于缺乏对其耦合统一的、细致的、系统的、完整的定量测度和理论分析，导致对其协调性的变动轨迹及演进特征了解甚少。

基于此，本书关于经济增长数量、质量和效益研究的努力方向在于：第一，对经济增长质量和效益的内涵进行明确界定，并从基础理论角度阐释其形成机制及实现条件。第二，系统思考和建立宏观经济增长数量、质量和效益的耦合分析逻辑框架，尝试对三者的耦合机理进行探讨。第三，依据大量的国内、国际数据，在对中国经济增长数量、质量和效益量化分析的基础上对三者的耦合度进行定量测度，获得三者耦合的演进规律和趋势特征，并通过对其与代表性国家的比较而获得更加客观的评价，据此提出现阶段促进三者互动耦合的机制、路径及政策建议。

第三章 经济增长数量、质量和效益的
理论阐述

尽管已有大量文献探讨了经济增长数量、质量和效益的问题，但仍然缺少在一个完整统一的分析框架下对三者的关系进行系统阐述。本章在借鉴现有文献研究的基础上，将归纳法和演绎法相结合，从基础理论角度对经济增长数量、质量和效益的内涵、形成机制和实现条件进行系统阐释，明晰三者的概念内涵和区别联系，从而为后续理论框架的构建及实证分析提供前提基础。

第一节 经济增长数量、质量和效益的基本
理论解释

一 经济增长数量的形成机制及实现条件

1. 经济增长数量的内涵界定

要界定经济增长数量的内涵，首先必须明确"经济增长"这一概念。从文献来看，不同学者对经济增长的内涵表述不同。具有代表性的观点包括：萨缪尔森等将经济增长定义为：一国潜在 GDP 或国民产出增加，也即生产可能性边界的外移。① 阿瑟·刘易斯（1983）在《经济增长理论》中将经济增长理论的研究对象界定为"一国人均产

---

① ［美］保罗·萨缪尔森、威廉·诺德豪斯：《宏观经济学》（第 19 版），萧琛译，人民邮电出版社 2010 年版，第 196 页。

出的增长"。① 西蒙·库兹涅茨（1989）在《现代经济增长：发现与思考》中将经济增长定义为：为人们提供各种经济物品和能力的长期增长。② 虽然不同学者对"经济增长"概念的表述不同，但总体上对经济增长的内涵理解是基本相同的，即经济增长是指一个国家或地区产出水平（或人均产出水平）的持续增加。基于此，经济增长数量的内涵可界定为：经济增长数量是指将经济增长过程简化为"量"的范畴，代表了经济增长的数量化意义，可以理解为单纯的、狭义的产出增长。在实践中，通过一个国家产品和劳务数量规模的扩张来粗略衡量，即可以等同于 GDP 总量增加。

2. 经济增长数量的形成机制

经济增长过程本质上是生产过程，即通过各种生产要素投入的组合及相互作用实现产出增加。经济增长总量用生产函数表示为：

$$Q_U = F(A, K, L, E) \tag{3-1}$$

其中，Q_U 表示总产出数量，A 为技术进步要素，K 为资本要素，L 为劳动力要素，E 为土地、能源、资源等其他一系列自然生产要素。当生产要素的投入量都扩大 n 倍时，总产出变为：

$$n^\theta Q_U = F(nA, nK, nL, nE) \tag{3-2}$$

根据上述生产函数，经济数量增长产生于生产要素投入数量的倍增。在规模报酬不变、递减或递增的条件下，通过要素投入的倍增能够实现总产出以相同、较小或较大比例的倍增。要素投入的倍增既体现在资本、劳动力、原材料等没有溢出效应或自我增强效应的简单要素上，也体现在人力资本积累、技术进步、组织创新等具有外溢效应的复杂要素上。但是，由于数量型经济增长通常以简单要素投入数量增加为主要手段。因此，技术、创新等要素对经济增长数量的作用被忽略，导致经济增长数量更多地表现为以资本、廉价资源为主要驱动因素，在经济增长过程中呈现规模报酬不变或者递减效应。在要素投

———————————

① ［英］阿瑟·刘易斯：《经济增长理论》，商务印书馆 1983 年版，第 12—58 页。
② ［美］西蒙·库兹涅茨：《现代经济增长：发现与思考》，戴睿、易诚译，北京经济学院出版社 1989 年版，第 12 页。

入规模扩张路径下可以实现总产出数量在短期内迅速增加。

3. 经济增长数量的实现条件

经济增长数量是在制度、技术等条件不变的情况下，以资本、劳动力、土地、能源、矿产资源等简单生产要素的积累和大量投入为增长动力而实现的产出增加（王薇、任保平，2014）。① 经济增长数量的实现条件在于生产要素的积累，通过低成本的要素（劳动力、能源、资源）供给、大规模投资，以高积累率和高投入便能够产生短期的高速增长效应。由于经济增长数量不关注增长过程中的资源有效配置、技术创新及组织改善等，仅仅以生产要素投入量增加作为实现经济增长的手段，因此，单纯的要素投入增加必然出现要素报酬递减效应。在规模报酬不变或者递减的条件下通过要素增加来扩大产出，必然导致对生产要素需求不断增大，要素投入—产出效率不断降低。这种依赖简单要素数量持续增加带动的总产出规模扩张只具有短期高速增长效应，在边际报酬递减效应的作用下经济数量增长的趋势必将逐渐减弱并最终停滞。

二 经济增长质量的形成机制及实现条件

1. 经济增长质量的内涵界定

要界定经济增长质量的内涵，首先必须明确"经济增长"和"质量"两个概念的含义。现有的经济理论和文献研究中，对"经济增长"内涵的理解已经取得了广泛共识，经济增长被定义为一个国家或地区总产出（或人均产出）的增长。在具有明确的"经济增长"概念的基础上，界定经济增长质量的难点也就落在对"质量"如何定义上。

在哲学中，"质量"并不是作为一个统一概念出现的，而是"质"和"量"两个具有辩证统一关系的概念。其中，"质"是事物本身固有特征，通过属性表现出来，是一个事物区别于其他事物的规定性，质和事物的存在具有同一性；而"量"是事物相对于其他事物

---

① 王薇、任保平：《数量型经济增长与质量型经济增长的比较及转型路径》，《人文杂志》2014 年第 4 期。

可以用数值表示的规定性，量和事物的存在并不是直接同一的，同质的事物可以有不同的量。在此意义上，将"质"和"量"统一在一起形成"质量"的概念时，"质量"则表示事物的属性特征及对其度量。随着"质量"的概念被引入其他学科领域，其原本的哲学意义也逐渐被引申和转化，"质量"概念被赋予了新的内涵。

在物理学中，质量被定义为物体所含物质的数量，用以度量物体在同一地点重力势能和动能大小。[1] 在社会科学领域，"质量"被广泛用于衡量事物、产品优劣程度。对产品质量的界定集中在质量管理学研究中。Shewhart（1931）认为质量既存在客观的产品可测量的物理特性，也存在主观的产品感受、体验等判断。[2] Taguchi（1986）从产品带给社会的损失角度定义质量，认为产品对社会的负面效应越大质量就越差。[3] 国际标准化组织则将"一组固有特性满足要求的程度"定义为质量概念。

从以上这些定义可以看出，哲学角度的"质量"衡量的是事物的本质属性特征，而质量管理角度的"质量"则包含了对客观事物的主观价值判断。从以上的"质量"定义来看，本书认为以哲学意义的质量内涵来界定增长质量体现了经济增长的本质特征，更具客观性，而基于价值判断视角的经济增长质量界定会因为主观评判标准的划分不同而导致概念不规范、不合理或具有较大随意性。

综上，经济增长是实现一国总产出（或人均产出）增加的过程，该过程并不是单纯的生产要素积累、经济总量扩大的简单线性过程，而是伴随着经济结构变化、经济周期波动的非均衡、非线性过程，因此，经济增长除了总量变化这一量变特征外，还包括效率、结构、波动等质变特征。经济增长质量就是对除数量变化以外的这些质变过程的刻画。需要指出，虽然经济增长过程也会引起政治、社会、生态环

---

① 由于这一定义与社会科学领域的定义存在本质区别，因此，我们不再深入讨论。

② W A Shewhart, *Economic Control of Quality of Manufactured Product*, Asq Quality Press, 1931.

③ Taguchi Genichi., "Introduction to Quality Engineering: Designing Quality into Products and Processes", *A Practical Guide to Quality Management in Spinning*, 1986, pp. 1 – 10.

境、制度、文化等其他层面的质变，但这些因素不应纳入经济增长质量的研究范围内。一方面，如果将社会、政治、宗教、教育机会、自然环境等所有因素都直接纳入经济增长质量，我们将无法把握其真实意义（朱方明、贺立龙，2014）；① 另一方面，将这些因素纳入经济增长质量的范畴，也会导致其难以量化分析。因此，从增长过程的"质变"视角出发，本书将经济增长质量界定为：对经济增长过程中所产生的经济系统内部除经济总数量以外的其他属性的刻画及度量。这一定义意味着：①由于经济增长过程是动态、非均衡、非线性的转变过程，其所发生的属性变化包含多层次、多方面的内容，因此，经济增长质量是多维度的评价分析。②在划分经济增长质量的判断属性时要遵循不重复性和完备性，应全面考虑经济增长的静态及动态特征，同时要保证各判断属性之间不会交叉重复，从而以简洁且完备的评价维度对经济增长的质态进行刻画。

基于上述的内涵界定，进一步对其外延做出科学划分和限定。根据经济增长过程的特征我们将经济增长质量划分为以下四个维度的属性：衡量要素投入产出效率特征的经济效率；衡量资源配置和分布特征的经济结构；衡量增长过程周期波动特征的经济运行；以及衡量经济长期持续增长特征的经济潜力。这四个维度的划分，是在紧扣经济增长质量内涵的基础上，对增长过程中经济系统内部最核心属性的全面刻画：

（1）经济效率维度体现经济增长最核心的特征。在生产过程中，经济效率反映要素投入量和产出量之间的对比关系。高效率经济增长意味着以相同要素投入获得更大产出量，或相同产出量消耗更少要素投入。经济效率越高，表明生产技术越高，且对要素的配置越合理有效，达到了充分使用要素、节约生产要素的目的。

（2）经济结构维度反映经济增长中的要素配置和生产分布。作为经济增长过程中发生的最重要的质变，结构变化意味着要素被重新配

---

① 朱方明、贺立龙：《经济增长质量：一个新的诠释及中国现实考量》，《马克思主义研究》2014 年第 1 期。

置。在特定增长阶段，经济结构均衡合理表明在当时的技术水平和要素禀赋基础上生产实现了最优化分布和配置。

（3）经济运行维度反映经济增长动态过程的稳定性特征。虽然经济增长过程本身具有动态波动属性，但过度频繁和过大幅度的经济波动却是导致经济增长动态效率损失的重要原因。因此，最优经济增长路径应该是在保持经济在小幅度的波动中呈稳定上升的趋势，稳定运行的增长过程减少了由波动引起的经济福利和经济效率损失。

（4）经济潜力维度反映经济增长过程蕴含的长期持续性特质。该维度衡量经济系统是否具备长期持续增长的动力机制，以单纯的传统要素投入驱动的经济增长会因报酬递减效应的作用而使增长潜力逐渐减弱；而以人力资本、技术进步、组织管理等创新要素作为经济增长动力，才能保证经济持续增长的潜力。

从经济效率、经济结构、经济运行和经济潜力的关系来看，既相互独立又存在一定的内在关联。首先，其相对独立性表现在这四个方面从不同角度对经济增长的质量属性进行刻画，其间不能互相替代。例如，经济效率反映的是生产过程中的投入产出关系，经济结构反映的是一定的社会经济发展背景下所产生的资源配置、产业层次布局、区域生产分布等组织状态，经济运行从动态时间变化角度反映实际经济增长的周期波动及总体走势，而经济潜力反映现有要素和技术条件下所能达到的产出水平，衡量实际增长与潜在增长之间的差异。由于这四个维度分别反映了增长过程的不同属性，其并不表现出完全一直的变动规律，因而缺少任意维度都不能全面刻画经济增长的优劣。例如，经济体可以在经济结构不变的条件由要素质量改善、技术进步或组织制度优化等带来经济效率提高。又如，在经济效率、经济结构等不变的条件下由于外部冲击而导致经济运行波动。因此，只有综合考虑这些相对独立的因素才能较全面地反映经济增长质量。其次，其内在关联关系体现在任意维度的变化可能会对其他维度或整体经济增长质量产生直接或间接效应。例如，当经济效率维度获得改善时可能会通过要素资源的重新组织和流动带动经济结构发生演变，并且也有可能增强经济抵抗外部冲击的作用而使经济运行更加稳定。又如，经济结构的优化会提高要素的配置效率，合理的结构具有内在稳定的自组织机制，能消除外部冲击对系统内部的影响。综上，这四个维度是相对独立且相互关联的经济增长质量属性。

需要指出的是，许多文献虽提出经济增长质量概念，但其所包含的内容却与经济发展的内容相同。Kindleberger（1958）将经济发展定义为：物质福利的改善；根除民众的贫困、文盲、疾病和过早死亡；改变投入产出结构；保障适龄劳动人口生产性就业而不是少数特权阶级组织经济活动；使具有广泛基础的利益集团参与决策以增进公众福利。[1] Seers（1979）将贫困、失业和不平等三个问题作为发展含义的基本命题。[2] 托达罗等（2014）认为发展不仅仅是一种单纯的经济现象，真正意义上的发展包括人类自由。并认为发展是一个多维过程，其中涉及对整个经济和社会体系的改革与重新定位。除实现收入与产出增长以外，还包括制度、社会、管理结构和社会观念的重大变化以及社会习俗和信仰。[3] Barro（2002）虽然明确提出"经济增长质量"，但其内涵却界定为与经济增长紧密相关的社会、政治及宗教等方面因素，即实质体现的是经济发展的内容。[4] 本书界定的经济增长质量内涵，完全从经济增长角度出发，根据增长的核心属性特征来刻画，其内涵不会与经济发展的内涵相混淆。

2. 经济增长质量的形成机制

根据经济增长质量的内涵和外延界定，将其具体划分为经济效率、经济结构、经济运行和经济潜力四个维度。并且，通过构建以下函数表示经济增长质量：

[1] Charles P. Kindleberger, "The Terms of Trade and Economic Development", *The Review of Economics and Statistics*, Vol. 40, No. 1, Part 2. Problems in International Economics, Feb. 1958, pp. 72 – 85.

[2] Dudley Seers, "The Birth, Life and Death of Development Economics", *View Issue TOC*, Vol. 10, Issue 4, October 1979, pp. 707 – 719.

[3] ［美］迈克尔·P. 托达罗、斯蒂芬·C. 史密斯：《发展经济学》，聂巧平等译，机械工业出版社2014年版，第74页。

[4] Robert Barro, "Quantity and Quality of Economic Growth", *Journal Economia Chilena (The Chilean Economy)*, Vol. 5, Issue 2, 2002, pp. 17 – 36.

$$Q_A = F(E_{effi}, E_{stru}, E_{oper}, E_{pote}) \qquad\qquad (3-3)$$

其中，Q_A 表示经济增长质量，E_{effi} 表示经济效率，E_{stru} 表示经济结构，E_{oper} 表示经济运行，E_{pote} 表示经济潜力。假设函数满足对于所有的 $E_{effi} > 0$、$E_{stru} > 0$、$E_{oper} > 0$ 及 $E_{pote} > 0$，均有函数的一阶倒数大于零，二阶导数倒数小于零，即经济增长质量四个维度中的任一维度的改善均会带来函数值 Q_A 的提高。但这种效应具有边际递减性质，各维度对经济增长质量的正向作用的增加幅度会随着各维度值的增加而逐渐减小。根据经济增长质量函数，经济增长质量的形成机制在于：

（1）从微观视角来看，经济效率的改善会提高经济增长质量。多恩布什、费希尔（1997）将经济增长解释为生产要素积累和资源利用改进或要素生产率增加的结果。[①] 根据新古典增长因素理论，经济增长可被划分为两部分：一部分是由要素积累产生的，即通过劳动力、资本等生产要素投入数量增加引起的增长；另一部分是由要素生产效率提高产生的，即通过技术、组织管理水平的提升使生产要素更加有效利用而引起的增长。而生产要素效率可进一步分为单要素生产率和全要素生产率，前者是产出对单个要素投入之比，用以衡量单种生产要素的使用效率；后者是扣除要素投入增长所带来的产出增长率，用以衡量知识、教育、技术培训、规模经济、组织管理等广义技术进步对经济增长的贡献。无论是单要素生产率还是全要素生产率的提高，都必然导致要素投入保持恒定的条件下获得更多产出，或者在获得相同产出情况下需要更少的要素投入，通过资源的有效利用实现资源节约并提高经济增长质量。

（2）从宏观视角来看，经济结构的优化协调会提高经济增长质量。经济结构是指国民经济各个部门和社会再生产各个方面的组成结构和比例关系，反映生产要素在宏观领域的配置状况。从经济结构与效率的关系来看，合理均衡的结构能够实现资源的有效配置，减少要素的中间投入损失，确保经济效率的发挥；而扭曲失衡的结构导致资

① ［美］鲁迪格·多恩布什、斯坦利·费希尔：《宏观经济学》，中国人民大学出版社1997年版，第239页。

源配置不合理，在经济增长过程中增加中间结构消耗，加大无效投入损失，降低经济效率。因此，经济结构优化升级能够改善资源配置效率进而提高增长质量。从经济结构与经济运行的关系来看，均衡的经济结构能够保证宏观经济稳定运行。由于国民经济各个部门的生产率具有显著差异，而资源具有有限性，因此，当过多的经济资源集中于低效率生产部门时会出现结构失衡，低效生产部门不仅会拉低整体经济增长效率，而且扭曲的结构蕴藏着系统性经济风险，易引发经济波动。而经济结构的优化升级，会促进资源重新配置，当较多的资源逐渐转移至高生产率部门时，整体经济效率提高，资源达到优化配置，经济系统内部良性自我调节机制保证经济系统稳定运行。

（3）从动态视角来看，宏观经济运行的稳定性加强会提高经济增长质量。经济运行衡量经济增长在一个较长时期内所呈现的波动态势，最优状态应是在短期的小幅度波动中呈现长期稳定增长的趋势。如果实际增长率在潜在增长率附近窄幅波动，表明增长过程中生产要素被充分而有效利用，经济增长质量较高。当经济处于稳定运行状态时，其保持在对均衡状态较小的偏离范围内，经济系统所具有的内在调节机制能够发挥作用，此时，经济系统内部结构稳定，供求关系协调，在稳定增长的基础上可以自发实现资源合理配置及要素生产效率提升。而当经济增长出现"大起大落"或剧烈频繁波动时，一方面会造成经济偏离均衡状态，因生产性资源配置效率下降而对经济结构、产出增长造成巨大损失；另一方面也会造成显著的负面社会福利效应。

首先，当经济增长过程大幅度波动时，经济运行的自我协调机制会遭到破坏而失效。当实际经济增长率过高地超出潜在增长率时，会由于需求膨胀而导致经济过热，短缺的出现将会推动价格上涨，并且由于利润增加而引起投资增加，而总需求的扩大会进一步加剧通货膨胀趋势。此时经济增长中出现投资过度和生产能力过剩，生产性资源的大量浪费引致资源配置效率下降。当实际增长率低于潜在增长率时，经济处于紧缩萧条状态。此时大量资源闲置而未被充分利用，经济尚未达到最优产出水平。经济过冷导致价格水平降低，利润减少引起投资缩减，总需求的下降致使经济紧缩的形势进一步加剧。由此带来经济增长投资低迷、生产能力不足，整体资源配置未达到最优化。

其次，经济的过大波动会造成福利损失。经济波动导致产出、价格及就业水平均发生显著变动，价格波动降低了居民福利水平，而就业波动导致一部分居民面临失业风险，其获得收入的机会减小加剧了生存风险，福利水平进一步降低。增长过程中经济运行不可避免地处于不断波动的状态，高质量的经济增长应该保证波动被及时、合理、有效地控制在较小范围之内，使经济处于均衡增长路径附近而不过分偏离。

（4）从长期视角来看，经济潜力提升会提高经济增长质量。高质量的增长不仅仅只有短期高速增长的能力，而且具备长期持续增长的潜力。经济潜力的高低主要体现在经济增长的创新性，而制度创新和技术创新是经济长期持续增长的原动力。

首先，从技术创新的角度来看，技术创新是提高经济效率和优化经济结构的主要推动因素。在经济增长的早期阶段，生产能力较低，生产过程中生产要素的投入需求量远低于可供给量，能源、资源等要素均未构成增长的约束。因此，产出的扩张主要依靠简单的要素投入实现，采取粗放型增长方式。在经济步入现代增长阶段，要素生产效率成为推动增长的动力源泉。通过技术进步的渗透作用，劳动生产率、资本生产率及能源资源利用率均得到提高。另外，持续不断的技术创新推动新兴产业发展，形成新增长点并带动产业结构优化调整，产业技术水平提升推进经济结构的全面转化。

其次，从制度创新的角度来看，制度调整和变迁是经济增长的必要前提条件。新制度经济学的观点认为，资本积累、劳动力质量提高、技术进步都只是经济增长本身，而只有制度变迁才是增长的根本原因。制度创新对经济增长质量的作用机理在于：第一，合理有效的制度可以构建出良好规范的秩序，降低市场交易的不确定性和交易成本；第二，制度能够为经济主体和社会组织提供适当的约束和激励机制，通过制度的强制性规范经济主体的行为向提高生产效率、增加社会产出的方向进行。

3. 经济增长质量的实现条件

经济增长质量的实现，就是伴随经济总量增长的过程，经济效率、经济结构、经济运行及经济潜力四个维度也发生显著的良性质变。其具体的实现条件包括：

（1）经济增长驱动要素的转变。作为推动经济持续增长的要素基础和动力源泉，以物质资本、劳动力、自然资源等有形要素大规模投入为驱动力的粗放式增长必然受到效率低下、物质资源约束的限制，而以技术创新、组织优化、管理革新等无形要素驱动的增长模式能够规避物质资源要素有限性的制约，提高传统要素的使用效率，并改善经济增长的整体效率。另外，经济增长驱动要素的转变也是增强经济潜力的核心。经济增长理论表明，长期经济增长并非是物质资本等要素，而是由技术创新、制度变迁等因素决定的。因此，技术、制度、组织管理等要素关系到经济长期增长的潜力。

（2）通过资源的重新分布和配置改善经济结构。结构主义理论认为，影响经济增长的因素不只是要素及要素效率，要素配置基础上的结构也构成增长约束。当经济结构处于较低级水平和不合理状态时会制约经济增长质量。而改善生产要素的配置能够产生结构增长效应，一方面，要素配置效率提升提高了经济效率；另一方面，合理有效的资源配置以结构优化的方式使经济系统处于良性运行轨道，实现最优增长。

（3）完善的经济体制和市场运行机制。经济体制从制度层面对经济主体提供相应的约束和激励机制。在完善的经济体制下，经济主体具有确定性产权，要素市场、产品市场均在价格机制和供求机制作用下有效运行，要素或产品价格反映了市场供需状况及资源有限性，经济主体通过市场信息收集和处理做出最优决策，一方面以成本—收益分析实现经济效率提升，另一方面以资源的最有效率配置实现经济结构优化。

三 经济增长效益的形成机制及实现条件

1. 经济增长效益的内涵界定

理解经济增长效益，首先要理解"效益"的概念，其从字面理解

包含"效果"和"利益"的意思，将效益概念扩展到经济增长过程
中就形成了经济增长效益，它是指经济增长带来的效果和利益。与经
济增长质量的概念相类似，经济增长效益也是一个包含着多目标在内
的概念。本文将其内涵界定为：经济增长效益是指经济增长过程中，
人与自然物质相互作用所引起的经济、社会、生态整体系统的成果与
耗费之间的关系。

这一定义意味着：①经济增长效益的内涵具有丰富性和复杂性，
表现为效益要充分体现经济增长带来的产出与社会目的需要间的契合
度。②经济增长效益不是微观的企业效益，或是单纯的经济效益，而
是具有宏观视野的"大效益"。经济增长效益建立在增长具有外部性
效应的基础上，以经济、社会和生态环境系统为整体来考察经济活动
的成本耗费和产出效果的关系。其中，成本既包含劳动力、资本、人
力资本等经济要素，也包括资源、能源等自然要素；而产出既包含产
品、服务等经济产出，也包含福利分配、教育、文化、人民生活、社
会保障等社会产出以及资源、环境改变、气候变化等生态产出。③如
果将效益作为一个中性可量化的概念，则由经济增长带来的社会发
展、文明进步、生态和谐可视为正效益，而社会矛盾加剧、资源枯竭
和生态环境退化可视为负效益，正效益和负效益两方面共同构成整体
的经济增长效益。

2. 经济增长效益的形成机制

根据经济增长效益的内涵，效益本质上是对成本耗费和产出效果
关系的衡量，遵循成本—收益分析范式。并且，经济增长效益是将经
济、社会及生态环境作为整体来考察成本和产出关系。基于此，经济
增长效益可以通过以下函数表示：

$$Q_B = F(B_{ecm}, B_{soc}, B_{eco}) \tag{3-4}$$

其中，Q_B 表示经济增长效益，B_{ecm}、B_{soc}、B_{eco} 分别表示经济效
益、社会效益及生态效益。进一步，假设 R_{GE} 表示经济增长总收益，
C_{GE} 表示经济增长总成本，R_{ecm}、R_{soc}、R_{eco} 分别表示经济收益、社会收
益及生态收益，C_{ecm}、C_{soc}、C_{eco} 分别表示经济成本、社会成本及生态
成本，则式（3-4）可以进一步表示为：

$$Q_B = B_{ecm} + B_{soc} + B_{eco}$$
$$= R_{GE} - C_{GE}$$
$$= (R_{ecm} + R_{soc} + R_{eco}) - (C_{ecm} + C_{soc} + C_{eco}) \qquad (3-5)$$

由式（3-5）可以看出，经济成本、社会成本和生态成本与负的经济收益、社会收益及生态收益具有对等性，两者之间是等价转换的。获得最大化的经济增长效益就是要使经济增长效益函数取得最大值，即

$$maxQ_B = max\{R_{GE} - C_{GE}\}$$
$$= max\{(R_{ecm} + R_{soc} + R_{eco}) - (C_{ecm} + C_{soc} + C_{eco})\} \qquad (3-6)$$

经济增长效益函数最大化条件是：

$$MR_{GE} = MC_{GE}, \qquad (3-7)$$

即 $MR_{ecm} + MR_{soc} + MR_{eco} = MC_{ecm} + MC_{soc} + MC_{eco} \qquad (3-8)$

根据经济增长效益函数，其形成机制在于投入产出比最小化，即以最小投入或成本获得最大产出或收益。当效益函数实现最大化，经济增长效益达到最优状态。此时，经济增长的边际总收益与边际总成本相等。具体的经济增长收益与成本是指：

第一，经济增长的收益是指增长带来的经济系统内部的总产量扩大，以及与此相伴的社会、生态系统产生的一系列变化，诸如社会系统的贫困发生率、收入分配、教育、医疗、社会保障等方面的改善，以及生态系统的资源储量和环境状况的优化。

第二，经济增长的成本或负收益是指一个国家或地区获得总产出增长而支付的全部成本，既包括经济成本，也包括社会成本和生态成本。其中，经济成本是指生产过程中消耗或转换的物质和服务的价值量。① 主要由一定时期内的技术水平、生产方式、消费方式及集体生产行为来决定，包括劳动耗费、资金耗费、原材料耗费等。社会成本

---

① 在国民经济核算中，是指本期被生产而又被消耗的产品，如原材料、辅助材料、燃料、动力、工时等不能用于最终消费的产品价值。

是指经济活动对社会系统产生的负面影响。[①] 生态成本是指因生产和生活的消耗以及大自然自身侵蚀所导致的环境资源价值总量的耗减，主要包括生态资源成本和环境保护费用。[②]

3. 经济增长效益的实现条件

经济增长效益是经济效益、社会效益和生态效益的复合结果。经济效益是通过经济系统内部的成本收益相互作用产生的，不具有外部性，是一种显性效益，且通常获得的经济效益均为正效益。而社会效益和生态效益是由经济系统的内部活动外溢到社会、生态环境系统产生的，具有外部性，是一种隐性效益。由于增长过程对社会、生态系统的作用方向具有不确定性，在实现正向经济效益的同时，并不必然带来正向的社会效益和生态效益。由于三种效益的性质不同，因此，其具有不同的实现条件：

第一，经济效益的实现，只需单纯考虑经济收益和经济成本之间的关系，通过经济系统内部的成本—收益分析并进行经济决策即可获得经济效益的最大化。当边际经济成本与边际经济成本相等时，经济效益达到最大化状态。

第二，经济增长的社会效益既包括居民生活水平的提高，如教育、医疗条件改善等正向效益，也包括福利分配不均、物质主义等负向效益。由于经济增长带来的社会成本高度外部化，从而使社会系统价格机制失效。因此，社会效益的实现，要求政府成为作用主体，现

[①] 需要指出，社会成本有广义和狭义之分。庇古（1928）在分析外部性时首先提出社会成本的概念，并将其界定为产品生产的私人成本和生产的外部性给社会带来的额外成本之和。庇古所理解的社会成本是一种广义概念，其所指的"社会"也包括自然环境，因而其提出的社会成本内容实际上包括社会成本和生态环境成本。狭义的社会成本仅包含经济系统的经济活动对社会系统产生的成本，即一定时期由于经济系统生产各种产品和劳务而对整个社会而言所付出的代价或产生各种负面影响。很显然，本书采用的是狭义的社会成本概念。

[②] 马克思主义经济学认为经济增长的本质是人类通过自身的劳动改造自然界、创造产出的过程。在这一过程中，人类劳动的作用对象是自然，生态环境系统作为经济系统的物质基础和能量来源，无时无刻与经济系统发生着物质转移和能量交换，因此，人类的经济活动必然会对生态环境系统产生外部性作用。因此，经济产出总量增加的过程，同时也是自然资源消耗增加以及生态破坏、环境污染发生的过程。

实中除关注经济效益这一显性目标以外，社会效益这一隐性目标也应纳入考虑之中，通过制度确定合理的社会发展目标，以行政、法律、财税等手段调整经济增长自发形成的社会分配结果，并加强在教育、医疗、社会保障等公共服务领域的作用。

第三，生态效益既包括资源节约使用及环境保护治理等正向效益，也包括资源耗费及生态环境退化等负向效益。微观企业从自身的经济利益角度确定资源利用数量及环境污染数量，在环境污染产权没有严格界定的条件下，环境污染的成本通常被企业忽略，而资源也可以通过免费或低价获得，企业个体在不考虑社会总体对资源环境产生的负面影响下单独行事造成生态环境领域的"公地悲剧"。造成私人收益大于社会收益，经济收益大于生态环境收益。因此，生态效益的实现，要以生态系统可持续发展为原则，通过产权制度的界定、财政税收等方式将资源环境的隐性成本显性化，使经济主体进行经济决策时，不仅仅以边际经济收益等于边际经济成本作为决策原则，而是将经济、社会、环境系统的全面收益和成本对比得出经济增长的最优决策。

第二节　经济增长数量、质量和效益的关系阐释

一　经济增长数量和质量的关系

就经济增长本身来说，既包括外在的数量扩张，也包括内在的质量提升，经济增长数量和质量并不是两种完全不同的经济增长，而只是同一个问题的两种表现形式。经济增长过程本质上是非线性、非均衡的动态过程。在不同增长阶段，经济增长所表现出来数量特征和质量特征不同。在经济增长的初级阶段，更多地表现为以要素投入为主要驱动力的规模扩张方式，经济数量增长的特征显著；而在经济增长的高级阶段，单纯的要素投入增长方式将在边际报酬递减效应的作用

下使经济增长放缓甚至停滞，必须通过提高效率、优化结构、增强稳定性和经济潜力才能保证持续增长，因而经济增长更多地表现出质量特征。总体上看，经济增长数量和质量的关系表现在以下几个方面：

第一，经济增长数量和质量是对经济增长过程不同视角的考察。经济增长数量是从总量或增长速度的角度考察经济增长。经济增长数量的目标单一，考察也相对粗糙，仅通过 GDP 来衡量经济增长。经济增长质量是对经济增长过程的全面考察，对经济增长的评价维度也从简单的产出总量扩展到更广泛的效率、结构、运行和潜力等。

第二，经济增长数量和质量的实现路径不同。经济数量增长通过要素投入增加的线性路径就可以实现，虽然单纯依赖要素投入驱动会面临边际报酬递减的约束，但是在实践中，生产主体往往通过不断加大要素投入而增加产出，导致数量型增长模式固化。经济增长质量提升要通过非线性的演化路径实现，通过效率、结构等多维度的优化提升才能最终形成，是相对复杂的过程，因而在实践中，经济主体往往不关注经济增长质量。由于经济数量增长的线性扩张路径具有显著的短期增长效应，而经济增长质量的非线性演化路径只有在长期才能对经济系统产生较明显的效果，因此，现实中经济主体均对经济增长数量产生较强的偏好，导致经济增长数量和质量不一致。

第三，经济增长数量是经济增长的直接目标，而经济增长质量是本质目标。经济增长的最终目标是实现人类经济社会的全面发展，而实现这一过程要建立在一定的物质基础之上，只有物质条件丰厚才能满足人们的生存和发展需要。当人们处于物质生产相对匮乏的阶段时，追求物质产品增长是经济增长的首要目的，在此进程中经济增长的目标被简化为单纯的数量增加并且被不断强调。当物质产品生产达到相对丰富的阶段，人类社会全面发展的目标开始被重视，经济增长逐渐回归追求质量的本质目标。

二　经济增长数量和效益的关系

经济增长数量是经济系统数量变化的表征，重点关注产出总量的增长。而经济增长效益用以衡量经济增长过程引起的经济、社会、生态整个系统的成本与效果、利益的对比关系，重点关注经济增长产出与社会目的需要间的契合度。经济增长数量与经济增长效益之间的关系表现在以下几个方面：

第一，经济增长数量和经济增长效益是具有本质区别的概念。首先，两者的实现目标不同。经济增长数量以总量产出的规模扩大或增速提高为目标，并不注重要素投入质量高低和数量多少。经济增长效益以经济、社会、生态成本最小化、利益效果最大化为目标，目的在于在相同成本投入情况下获得符合社会目的需要的产出增加。其次，两者的衡量方法不同。经济增长数量仅通过单一的总产出指标来衡量，忽略其他方面的细节因素，在实际中可操作性强。经济增长效益的衡量则相对复杂而且困难，其要求以最小的成本耗费获取最大的利益效果，只有通过准确核算增长的成本和收益才能真正把握经济增长效益。并且，由于经济增长效益不仅要实现经济系统运行的成本最小化和收益最大化，而且要实现社会系统和环境系统的成本最小化和收益最大化，因而不仅要考虑物质资本、人力资本、资源等要素投入，还要将环境资本、社会成本等纳入考量之中，在实际中对经济增长效益的测度是相当困难的。

第二，经济增长数量和经济增长效益又具有辩证统一性。首先，经济增长数量是经济增长效益的前提基础。只有在数量增长获得一定程度增加的基础上，才能考虑增长效益。经济增长效益作为对成本耗费和产出效果的测度，只有保证产出为正的条件下，才能获得正向效益。其次，经济增长数量会对经济增长效益产生传导作用。经济增长数量在经济系统产生的效果会通过衍生、传导作用扩散到社会系统和生态环境系统，合理的经济收益能够成功转变为增加社会福利和改善生态环境的物质基础，通过经济增长成果的扩散实现社会全面发展。最后，经济增长效益会对经济增长数量产生相应的反馈作用。在经济增长效益全面提高的条件下，经济系统、社会系统及生态环境系统均处于良好的协调状态，整体经济增长成本达到最小化，经济、社会、生态系统的耦合运行会产生正向作用推动经济数量进一步提高，而经济、社会和生态系统不协调将会产生一系列负面影响，传递到经济系统将构成经济增长的制约因素。

三　经济增长质量和效益的关系

经济增长质量和经济增长效益是紧密相连的两个概念，在文献研究或政府文件中经常同时出现。现有许多文献对两者之间的关系并没有一个清晰的区分。一些研究认为经济增长质量的内涵中包括经济增长效益（单晓娅、陈森良，2001；[1] 彭德芬，2002；[2] 马建新、申世军，2007[3]）；另一些研究则认为经济增长质量是经济增长效益的组成部分（卫兴华、黄桂田，1997[4]）；还有一些研究并未明确经济增长质量和经济增长效益之间的关系，而是将两者作为并列的概念提出（李延军、金浩，2007；[5] 黄铁苗、蒋鑫，2013；[6] 李洪侠，2014[7]）。本书认为，经济增长质量和经济增长效益具有不同的理论内涵，两者是既有区别又相互联系的经济学概念，具体的关系表现在以下几个方面：

第一，经济增长质量和经济增长效益的考察范围不同。虽然经济增长质量和效益都是对经济增长的多维度考察，但两者分别从不同的视角来衡量经济增长的优劣程度。经济增长质量是对经济系统内部的整体运行发展状态的判断，通过识别经济增长核心特征的表现来判断经济是否达到最优增长。经济增长效益注重经济系统的运行对外部社会系统和生态系统造成的影响，考察的范围更加广泛，从对经济系统增长的优劣判断扩展到对经济社会生态环境系统的整体评判，通过对经济、社会和环境系统的综合成本—收益分析来判断经济是否实现了

① 单晓娅、陈森良：《经济增长质量综合评价指标体系设计》，《贵州财经大学学报》2001 年第 6 期。

② 彭德芬：《经济增长质量的研究》，华中师范大学出版社 2002 年版，第 3 页。

③ 马建新、申世军：《中国经济增长质量问题的初步研究》，《财经问题研究》2007 年第 3 期。

④ 卫兴华、黄桂田：《提高经济增长质量和效益的若干理论与实践问题研究》，《学术月刊》1997 年第 1 期。

⑤ 李延军、金浩：《经济增长质量与效益评价研究》，《工业技术经济》2007 年第 2 期。

⑥ 黄铁苗、蒋鑫：《基于管理视角下的经济增长质量和效益问题研究》，《学术研究》2013 年第 12 期。

⑦ 李洪侠：《衡量经济增长质量和效益的指标体系研究》，《经济与管理战略研究》2014 年第 3 期。

最佳效益。

第二，两者的分析视角和核算方法不同。经济增长质量是从效率、结构、运行和潜力角度对经济增长进行分析，在分析过程中使用效率分析、结构分析、经济波动分析等多维的综合分析方法。经济增长效益在分析过程中遵循成本—收益分析范式，通过经济系统、社会系统以及生态系统成本和收益的比较分析来判断整体增长效益。

第三，经济增长质量和效益本质上具有内在的统一性。虽然经济增长质量和效益从不同角度反映了经济增长的优劣程度，但两者之间具有内在的协调一致机制。经济系统的质量提高表现在经济效率提高、经济结构优化、经济运行稳定及增长潜力增强等方面，效率提高会直接产生经济效益，并且经济系统的结构优化和效率提升会通过外溢作用对社会和生态环境产生正向效益，降低社会成本和生态成本，从而带动整体增长效益提高；反过来，经济增长效益的改善也会形成经济、社会和生态环境系统协调发展的良性循环机制，在此基础上产生提高经济增长质量的内在推动力。

四　经济增长数量、质量和效益的关系

经济增长数量、质量以及效益可视为经济增长系统下的三个子系统，各系统包含不同的要素。这三者可以看作是从不同角度衡量经济增长的尺度，其中，经济增长数量和质量是对经济系统本身的刻画，经济增长效益则是对经济、社会、生态环境系统整体进行考察。经济增长数量是从总量、速度等方面判断经济增长；经济增长质量是从增长过程的优劣角度判断经济增长；而经济增长效益则是从成本耗费—产出效果角度衡量经济增长，并且，这里的成本耗费和产出效果不仅考虑经济系统的基本生产要素投入和经济产出，而是将经济、社会、生态系统作为一个整体，考虑实现经济增长过程所需的全面的经济、社会、自然投资以及经济增长对社会、生态的外部性产出。经济增长数量、质量和效益的关系具体表现在以下几个方面：

第一，经济的数量增长作为提高经济增长质量和效益的重要手段，具有基础性地位。但过分强调数量型经济增长会导致经济增长的数量、质量和效益发生分离，各自沿着不同的路径发展，三者的不一致性程度加深。正如刘伟（2013）指出，虽然中国的经济总量和 GDP 增长率处于世界领先水平，但与发达国家和新兴工业化国家在工业发展阶段、科技发展水平、经济均衡发展抑或人民生活等方面均存在显著差距。①

第二，经济增长质量是经济系统优劣程度的表征，是连接经济增长数量和经济增长效益的中间环节，只有提高经济增长质量才能形成从数量增加到经济—社会—环境效益实现的良性传导机制，三者才能在一致的变动轨迹下由低级向高级发展。

第三，经济增长效益是经济增长数量和质量提升的最终目标，是经济增长的本质要求。实现经济系统、社会系统和生态环境系统最佳效益之间的耦合演进是经济增长可持续、社会发展可持续及生态环境可持续的根本路径。经济增长质量和效益从不同的视角反映出经济增长的优劣，两者的同时提高表现经济增长效果的全面优化。

---

① 刘伟：《中国经济增长前景及面临的挑战》，《中国工商管理研究》2013 年第 1 期。

第四章 经济增长数量、质量和效益耦合的逻辑分析框架

经济增长数量、质量和效益作为经济增长产生的结果，一方面，三者各自具有相对独立的变化规律；另一方面，三者之间存在复杂的相互关联关系。对经济增长数量、质量和效益的研究应突破传统的孤立视角，从系统角度展开对三者非线性统一性的研究更具适宜性。本章在前面章节的基础上，进一步尝试从系统耦合视角构建三者关系的理论分析框架，深入阐释经济增长数量、质量和效益耦合的逻辑机理。

第一节 经济增长数量、质量和效益耦合分析框架的构建思路

一 耦合理论在经济学研究中的适用性分析

"耦合"这一概念最初源于物理学，是指两个或多个系统（体系或实体）之间紧密配合并相互影响，通过相互作用传输能量的现象。耦合的基本前提是系统之间存在某种复杂的联系机制，并且，系统的各自属性可以通过这种相互作用机制而发生变化。随着"耦合"被扩展到系统关系的研究后，其已经被广泛用于地理、气象、农业系统、生态系统等自然科学领域并进一步拓展到企业组织管理、产业集群、技术创新系统、经济—社会—生态发展等社会科学领域。

在自然科学领域，系统耦合研究主要集中于生态、经济、地理区

域等方面。王干梅等（1984）首先考察了由农业生态系统和农业经济系统耦合而成的农业生态经济复合系统的循环问题。[1] 任继周（1995）率先在草地农业生态系统的研究中引入系统耦合理论，基于系统的能量流动特征分析了耦合系统的生产潜力的放大机理。并且提出耦合的对立面——系统相悖理念和能量流动模型，将系统耦合（相悖）分为时间耦合（相悖）、空间耦合（相悖）和种间耦合（相悖）三类。[2] 基于这些早期的研究，后期研究逐渐深入耦合机理、耦合效应及耦合度评价等方面，研究领域也逐渐扩展到管理学、技术创新、生态经济等方面。

美国学者 Weick（1976）最早将耦合理论应用于社会经济问题研究中，并利用松散耦合理论来解释彼此独立的学校组织成员之间相互联系的关系。[3] Lam（2004）考察了组织与创新的动态和多层次耦合关系。[4] Guneralp（2012）通过构建耦合效应模型来揭示重要基础设施与国家安全、生态环境以及经济之间的关系。[5] 国内的研究中，创新系统耦合或协同创新是耦合理论应用于经济管理领域的一个重要分支。在宏观层面，曹东勃、秦著（2009）考察了金融危机背景下金融创新与技术创新的耦合。[6] 在中观层面，杨丹萍（2005）初步分析了产业集群与技术创新的耦合机理。[7] 宋伟、闫超（2010）考察了区域

　　① 王干梅、姜学民、时正新、王全新：《试论农业生态经济系统的循环》，《贵州社会科学》1984 年第 6 期。

　　② 任继周：《草地农业生态学》，中国农业出版社 1995 年版，第 14 页。

　　③ Karl E. Weick, "Educational Organization as Loosely Coupled Systems", *Administrative Science Quarterly*, Vol. 21, No. 1, Mar. 1976, pp. 1 – 19.

　　④ Lam Alice, "Organization Innovation", *Handbook of Innovation*, Oxford University Press, 2004.

　　⑤ Burak Guneralp, Michael K. Reilly and Karen Seto, "Capturing Multicolor Feedbacks in Urban Land Change: a Coupled System Dynamics Spatial Logistic Approach", *Environment and Planning B: Planning and Design*, Vol. 39, Issue. 5, January 2012, pp. 858 – 879.

　　⑥ 曹东勃、秦著：《金融创新与技术创新的耦合》，《财经科学》2009 年第 1 期。

　　⑦ 杨丹萍：《产业集群与技术创新的耦合机理分析》，《中国流通经济》2005 年第 8 期。

知识产权保护力度与区域创新能力的耦合。① 单莹洁、苏传华
（2011）考察了区域创新能力与区域经济间的耦合。② 徐玉莲等
（2011）考察了区域科技创新与科技金融的互动耦合。③ 在微观层面，
郝生宾等（2009）④、谢钰敏、魏晓平（2011）⑤ 基于耦合模型对企业
技术能力进行了研究，指出技术能力与网络能力之间是以螺旋形式相
互耦合的。张首魁、党兴华（2009）基于合作节点间的关系结构和关
系质量的耦合，构建了技术创新网络组织绩效的分析模型。⑥ 王玉梅
（2011）通过分析企业技术创新动态发展过程，阐释了知识管理与人
才管理耦合演化的作用机理。⑦ 曹勇等（2011）阐述了开放式创新环
境下企业专利管理与技术创新绩效之间的耦合关系，并测度了二者耦
合效果。⑧ 邱国栋、马巧慧（2013）在对韩国现代与中国吉利的跨案
例研究中，揭示出企业制度创新与技术创新耦合效应的生成机理。⑨

　　在经济学领域，系统耦合理论的应用研究主要包括以下几个
方面：

　　（1）耦合理论在区域经济发展与生态环境问题研究中的应用。张
妍等（2003）运用因子分析方法对城市经济与环境发展的耦合机制进

---

①　宋伟、闫超：《区域知识产权保护力度与创新能力的耦合度分析》，《华东理工大学学报》（社会科学版）2010 年第 1 期。

②　单莹洁、苏传华：《基于耦合协调度的区域创新系统绩效评价研究——以河北省为例》，《科技管理研究》2011 年第 22 期。

③　徐玉莲、王玉冬、林艳：《区域科技创新与科技金融耦合协调度评价研究》，《科学学与科学技术管理》2011 年第 12 期。

④　郝生宾、于渤、吴伟伟：《企业网络能力与技术能力的耦合度评价研究》，《科学学研究》2009 年第 2 期。

⑤　谢钰敏、魏晓平：《基于结构耦合模型的企业技术能力研究》，《科技管理研究》2011 年第 23 期。

⑥　张首魁、党兴华：《技术创新网络组织绩效研究：基于结点耦合关系的视角》，《软科学》2009 年第 9 期。

⑦　王玉梅：《企业技术创新动态发展过程中知识管理与人才管理耦合演化过程分析》，《理论与探索》2011 年第 6 期。

⑧　曹勇、赵莉、苏凤娇：《企业专利管理与技术创新绩效耦合测度模型及评价指标研究》，《科研管理》2011 年第 10 期。

⑨　邱国栋、马巧慧：《企业制度创新与技术创新的内生耦合》，《中国软科学》2013 年第 12 期。

行了探讨。① 刘耀彬等（2005）对城市化与生态环境的交互耦合关系利用耗散结构理论进行了阐述，并实证研究了 1985 年以来二者耦合的时空分布。② 方创琳、杨玉梅（2006）将城市化与生态环境之间的耦合关系看作是一个开放的、非平衡的、具有非线性相互作用和自组织能力的动态涨落系统，并认为城市化与生态环境交互耦合系统满足耦合裂变律、动态层级律、随机涨落律、非线性协同律、阈值律和预警律。③ 吴玉鸣、张燕（2008）基于耦合协调度模型考察了中国省际经济增长与环境耦合的时空分布特征。④ 董会忠等（2008）在考察环境承载力影响因子的基础上，建立了区域经济—环境系统耦合度模型。⑤ 左其亭、陈嘻（2001）建立了社会经济系统与生态环境系统耦合的系统动力学模型。⑥

（2）耦合理论在人口、人力资本与经济发展作用关系中的应用。孙平军等（2012）基于耦合容量系数模型和改进的耦合协调度函数，对人口—经济—空间城镇化的耦合演变规律及作用机理进行了实证分析。⑦ 蒋晓娟等（2015）在对中国人口—经济—空间—社会城市化耦合机理阐释的基础上，对四者的耦合协调度进行了时空演变分析。⑧ 何海林等（2013）通过构建耦合系统评价指标体系，对我国人口结构和经济结构的关联度、耦合度和时空演变特征进行分析，揭示了两大

---

① 张妍、尚金城、于相毅：《城市经济与环境发展耦合机制的研究》，《环境科学学报》2003 年第 1 期。

② 刘耀彬、李仁东、宋学锋：《中国城市化与生态环境耦合度分析》，《自然资源学报》2005 年第 1 期。

③ 方创琳、杨玉梅：《城市化与生态环境交互耦合系统的基本定律》，《干旱区地理》2006 年第 1 期。

④ 吴玉鸣、张燕：《中国区域经济增长与环境的耦合协调发展研究》，《资源科学》2008 年第 1 期。

⑤ 董会忠、薛惠锋、宋红丽：《基于耦合理论的经济—环境系统影响因子协调性分析》，《统计与决策》2008 年第 2 期。

⑥ 左其亭、陈嘻：《社会经济—生态环境耦合系统动力学模型》，《上海环境科学》2001 年第 12 期。

⑦ 孙平军、丁四保、修春亮：《北京市人口—经济—空间城市化耦合协调性分析》，《人口问题研究》2012 年第 5 期。

⑧ 蒋晓娟、王月菊、陈兴鹏等：《中国人口—经济—空间—社会城市化耦合协调的时空演变分析》，《兰州大学学报》（社会科学版）2015 年第 5 期。

系统的耦合机理。[1] 逯进、周惠民（2013）基于系统耦合原理，构建了人力资本与经济增长交互作用的耦合模型，从理论上分析两者的耦合优化原理并实证测算两者的耦合变动。[2] 人力资本结构研究课题组（2012）探讨了人力资本要素与物质资本要素的协调匹配度。[3]

（3）耦合理论在社会保障与经济发展相互关系中的应用。杨亮、丁金宏（2014）基于耦合协调度模型，从时空角度研究了我国社会保障与经济发展的协调状况。[4] 逯进等（2012）借助耦合模型讨论了社会福利与经济增长的耦合关系，并对中国区域发展差异及其演化规律做出新的解释。[5]

（4）耦合理论在产业集群及产业结构升级研究中的应用。吴勤堂（2004）对产业集群与区域经济发展的耦合机理进行了分析。[6] 郭峰（2006）从环境、技术、结构和制度四个方面的耦合机制系统考察了产业集群与区域创新的互动与协同关系。[7] 郭金喜（2007）基于复杂开放系统的路径依赖与蝴蝶效应的耦合构建了传统产业集群的升级模型。[8] 熊勇清、李世才（2010）[9]、方建中（2013）[10] 均从传统产业与新兴产业的耦合发展视角探讨了产业结构升级的机制。刘嘉宁

---

[1] 何海林、涂建军、孙祥龙等：《中国人口结构与经济结构耦合的关联分析》，《西南大学学报》（自然科学版）2013 年第 10 期。

[2] 逯进、周惠民：《中国省域人力资本与经济增长耦合关系的实证分析》，《数量经济技术经济研究》2013 年第 9 期。

[3] 人力资本结构研究课题组：《人力资本与物质资本的匹配及其效率影响》，《统计研究》2012 年第 4 期。

[4] 杨亮、丁金宏：《社会保障、经济发展与区域差异——基于中国省域数据的耦合实证分析》，《经济与管理》2014 年第 1 期。

[5] 逯进、陈阳、郭志仪：《社会福利、经济增长与区域发展差异——基于中国省域数据的耦合实证分析》，《中国人口科学》2012 年第 3 期。

[6] 吴勤堂：《产业集群与区域经济发展耦合机理分析》，《管理世界》2004 年第 2 期。

[7] 郭峰：《产业集群与区域创新耦合机制研究》，《学习论坛》2006 年第 7 期。

[8] 郭金喜：《传统产业集群升级：路径依赖和蝴蝶效应耦合分析》，《经济学家》2007 年第 3 期。

[9] 熊勇清、李世才：《战略性新兴产业与传统产业耦合发展的过程及作用机制探讨》，《科学学与科学技术管理》2010 年第 11 期。

[10] 方建中：《产业转型升级的范式转换：从分立替代到耦合互动》，《江海学刊》2013 年第 6 期。

（2011）认为，战略性新兴产业与区域产业结构之间的耦合关系通过产业内部网络系统实现，并符合循环积累原理。①

此外，其他一些研究也应用到耦合理论。如杨武、杨森（2016）基于耦合模型分析了科技创新与经济发展耦合协调的作用机理。② 颜双波（2015）根据耦合理论构建了教育与经济发展的耦合协调模型。③ 陈继勇、周琪（2011）从经济增长动力耦合视角探讨了实现全球经济再平衡的机制。④ 刘辉煌、李峰峰（2013）从系统耦合视角考察了收入分配与消费需求的关系。⑤ 赵璟、党兴华（2012）基于耦合理论构建了城市群空间结构与经济增长的系统动力学模型，并仿真模拟了几种城市群空间结构研究与经济增长耦合关系模式。⑥

通过以上的文献回顾可以看出，耦合作为对两个或两个以上系统之间以各种相互作用而彼此影响的关系的刻画，用以表征各子系统之间非线性、非均衡，并且相互依赖—反馈—促进的动态关联特征。随着跨学科研究的相互渗透和不断发展完善，系统耦合理论已经非常广泛地应用于经济管理学科领域的研究中。

二 系统耦合在经济增长数量、质量和效益关系研究中的合理性分析

系统论创始人 Bertalanffy 提出应将事物作为一个整体或系统来研究，他认为，应建立数学模型去描述和确定系统的结构和行为。在系统论中，系统被定义为：若干相互依赖、相互作用、相互制约的组成部分结合并形成具有特定功能的有机整体。系统本身又作为组成部分

---

① 刘嘉宁：《战略性新兴产业与区域产业结构升级耦合机制分析》，《求索》2011 年第 7 期。

② 杨武、杨森：《中国科技创新与经济发展耦合协调度模型》，《中国科技论坛》2016 年第 3 期。

③ 颜双波：《我国教育与经济发展耦合协调度研究》，《教育评论》2015 年第 1 期。

④ 陈继勇、周琪：《经济增长动力耦合与全球经济再平衡》，《武汉大学学报》（哲学社会科学版）2011 年第 6 期。

⑤ 刘辉煌、李峰峰：《动态耦合视角下的收入分配、消费需求与经济增长》，《中国软科学》2013 年第 12 期。

⑥ 赵璟、党兴华：《城市群空间结构演进与经济增长耦合关系系统动力学仿真》，《系统管理学报》2012 年第 7 期。

从属于一个更高级系统。Bertalanffy（1968）明确指出复杂事物的功能远大于组成因果链的各环节功能的简单总和，并认为作为系统的有机体能够保持动态稳定是系统充分开放、从外部环境获得物质、信息和能量交换的结果。[1]

由系统的内涵可知，系统具有整体性、层次性、动态性等基本属性。其中，整体性是指由若干要素组成的系统具有各单个要素相加所不具有的性质和功能；层次性是指由于各组成要素差异所导致的其在系统中的作用、结构与功能上的等级秩序性；动态性是指系统不是一直处于恒定不变的静止状态，而是与外界环境不断进行物质、能量和信息交换，并会随着外部环境及系统自身演化而发展变化。系统所具备的这些基本特性也使系统的演变规律呈现非线性、非平衡性，系统之间的相互关系也需要使用更加复杂的"耦合"机制来刻画。从理论上讲，任何系统都存在绝对的非平衡态和相对的平衡态两种基本状态。在自由能积累的条件下系统由一定的平衡态进入非平衡态，加之适当的条件和参量作用使系统势能延伸，不同系统在结构和功能方面结合产生新的高一级系统。据此，系统耦合就是具有相互亲和趋势的两个或两个以上性质相近的系统，在条件成熟时结合为新的结构功能体，即产生新的耦合系统（任继周，1999）。[2] 系统耦合演进机制导致系统的发展进化。

随着"耦合"被引入社会经济生态系统的分析中，其内涵逐渐引申为"协调"和"发展"，用来具体刻画具有复杂的因果联系的系统的相互作用关系。其中，"协调"是指系统之间或系统内部组织要素之间配合得当、和谐一致的良性关联关系（廖重斌，1999）[3]，而"发展"是指系统或系统组成要素各自的演化进程，即系统或系统组成要素自身从简单到复杂、从低级向高级的变化过程构成发展，协调

---

① Ludwig Von Bertalanffy, *General System Theory*, University Press of Colorado, 1968.

② 任继周：《系统耦合在大农业中的战略意义》，《科学》1999 年第 6 期。

③ 廖重斌：《环境与经济协调发展的定律评判及其分类体系——以珠江三角洲城市群为例》，《热带地理》1999 年第 2 期。

与发展的相互交织即为"耦合"（逯进、周惠民，2013）。① 由此可知，耦合是指两个或两个以上的系统，通过各种非线性、非均衡的相对复杂的互动作用而彼此影响以致最终实现协同的现象。系统之间的耦合关系，可以用来衡量各个子系统在互动作用条件下，其相互依赖、相互反馈、相互协调以及相互促进的动态关联关系。在系统内部，系统的相变特征及规律由各个序参量的协同作用而决定，并最终决定系统能否由无序走向有序机理，而耦合度即是对这种协同作用的度量（吴玉鸣、张燕，2008）。②

从经济增长数量、质量和效益三者的关系来看，其分别作为经济增长的三个方面，经济增长数量是指经济增长的总量大小或速度快慢，经济增长质量是增长在效率、结构等方面的质量高低，经济增长效益是指经济增长产生的经济—社会—生态总体成本—收益大小。除经济增长数量以外，经济增长质量和效益均为多维度的复合体系，经济增长质量和效益的多维特性决定了其发展演进过程的非线性、非均衡性及不确定性。因此，对三者之间的关系研究也产生一定的困难，然而，系统科学以及耦合理论为我们研究该问题提供了一个很好的思路。首先，系统耦合的基本条件是各子系统或耦合要素具有相近的性质，但又具有不同功能，各子系统或耦合要素体现了复合体系某一方面的特征或功能。而经济增长的数量、质量和效益分别反映整体经济增长的具体方面特征，三者都与经济增长过程具有密不可分的联系，但又表现出不同的功能和发展规律，因此，经济增长数量、质量和效益符合系统耦合的基本条件。其次，系统耦合的基础是各子系统或耦合要素之间具有相互作用、相互反馈、相互制约的动态关联关系，这种动态演化的匹配程度直接决定了系统耦合的优劣。而经济增长数量、质量和效益在不断的发展变化中三者之间也存在促进、制约、反馈的相互作用关系。最后，系统耦合的表现是各子系统或耦合要素之

---

① 逯进、周惠民：《中国省域人力资本与经济增长耦合关系的实证分析》，《数量经济技术经济研究》2013 年第 9 期。

② 吴玉鸣、张燕：《中国区域经济增长与环境的耦合协调发展研究》，《资源科学》2008 年第 1 期。

间实现结构功能的结合，由此导致其所组成的复合系统发展进化。而经济增长数量、质量和效益耦合的最终目的是保证经济总量扩张的同时，实现经济增长质量提高以及最佳经济—社会—环境效益。因此，经济增长数量、质量和效益之间关系的最终落脚点满足系统耦合的内在要求。

经济增长数量、质量和效益的耦合，从外在表现特征来看，其体现三者具有相互亲和趋势，三者的发展演化在时空、结构、功能方面相匹配，即较低的经济增长数量下经济增长质量和效益也较低，而较高经济增长数量所带动的经济增长质量和效益也相对较高。从内在的运行条件来看，三者的耦合是要素质量优良且组合恰当、组织结构平衡合理、运行机制灵活有效等的综合作用结果。反过来，如果经济增长数量、质量和效益三者不耦合，则从外在的表现特征来看，三者具有逐渐背离的趋势，即经济增长数量、质量和效益的高低不匹配，与经济增长高数量对应的是较低的经济增长质量和效益。从内在的运行条件来看，主要是要素质量低下或配比适当、组织结构失衡导致配置低效、运行机制僵化致使经济增长的本质目标被扭曲所导致的。以上的分析表明，经济增长数量、质量和效益的演进与系统耦合所描述的规律具有内在同一性，因此，从系统耦合的视角来研究经济增长数量、质量和效益之间的关系是适宜的。

三　经济增长数量、质量和效益耦合关系的确立

经济增长数量、质量和效益耦合分析框架的建立要依据三者之间的逻辑关系。根据以上分析可知，从系统论角度，我们可以将经济系统视为具有多个层次、多个功能、多个子系统的复合系统，经济增长是经济系统最核心的动态变化。经济增长数量、质量和效益可分别看作经济系统动态变化所呈现的系统特定功能及特征，经济增长数量体现经济增长的总量规模特征，经济增长质量体现经济增长的结构、稳定性等动态特征，而经济增长效益体现经济增长产生的经济—社会—环境影响特征，虽然经济增长数量、质量和效益三者具有一定的关联关系，但又不必然自发形成高度协调统一的体系，其分别由各自特定的要素构成及相互作用关系反映出来。其中，经济增长数量是由资

本、劳动力等要素相互作用形成的，经济增长质量是由经济效率、经济结构、经济运行及经济潜力四维要素构成并共同决定的整体质量状态，而经济增长效益是由经济效益、社会效益及生态效益三维要素构成的有机整体。在此基础上，经济增长数量、质量和效益三者之间的关系可以引申为系统的耦合关系（如图4-1所示）。

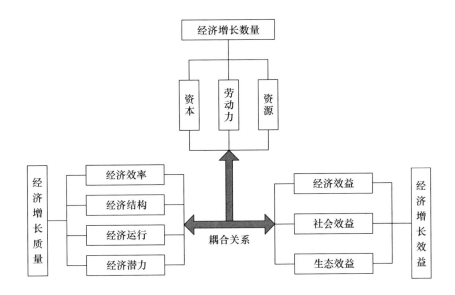

图4-1　经济增长数量、质量和效益的耦合关系

具体来看，经济增长数量、质量和效益之间密切的内在关联性表现在以下几个方面：

首先，持续的经济数量增长是经济增长的质量和效益得以实现的必要前提条件。资本、自然要素的积累及劳动力质量的提高是改善经济增长质量和效益的关键性因素，经济增长质量在经济效率、经济结构、经济运行及经济潜力四个维度的改善都存在对经济正向增长的需求，并且经济增长质量最终在本质上均体现在生产要素质量和结构的改变上，都需要经济数量的增长为其解决物质基础问题。

其次，经济增长最终要实现最佳的经济效益、社会效益和生态效益，均需要以经济增长质量作为支撑。只有经济效率提高、经济结构优化、经济运行稳定并且具有持续增长的潜力，才能将经济增长的终极目标聚焦于追求效益的最大化，经济增长质量为经济增长效益的实现提供了保障性功能。

最后，经济增长质量和效益的提高为经济增长的潜力奠定基础，推动经济数量持续增长。经济、社会、自然作为密切关联的系统，必须共同演进发展。单纯追求片面的经济增长导致社会矛盾积累、自然生态系统破坏，这些负面效应最终将反作用于经济系统，形成经济持续增长的阻力。因此，持续的数量增长的潜力必须建立在经济增长质量和效益的深入改善之上。由此可见，经济增长数量、质量和效益之间在其发展过程中产生共生、互动、匹配与协同的作用成为经济社会发展的客观必然要求。三者之间的动态复杂关系正好与我们所讨论的"耦合关系"相符合，而耦合度的高低反映出耦合关系的强弱。

根据耦合的基本原理可知，系统耦合具有两种作用效果：一是能够改变原来各子系统主体或各要素之间彼此割裂、相互独立的运作模式，通过各要素或各子系统功能团的有效耦合打破要素之间、子系统之间条块分割的局面，形成新的有机整体以弥补原系统的缺陷；二是通过功能、结构与运行机制的耦合形成新结构与新功能，在有效协调和消除彼此之间的矛盾的基础上构筑一种和谐状态，实现协同发展的目标（杨玉珍，2014）。[1] 需要指出的是，与系统耦合相对立的概念是系统相悖。作为系统要素或子系统之间的另一种组合效应，系统相悖是指系统的不协调运行状态，即耦合的对立面。系统相悖具体体现为组成系统的要素或子系统之间彼此对立或背离、相互干扰并破坏的状态，最终导致系统向负发展方向演化。如果不及时规避系统相悖、促进系统耦合潜力释放，整体系统的无序性不断强化、功能性不断弱化并最终趋于系统消亡。

综上，本书在以往关于经济增长数量、质量和效益研究成果的基础上，进一步从系统论的视角构建出三者相统一的耦合分析框架，为

---

[1] 杨玉珍：《中西部地区生态—环境—经济—社会耦合系统协同发展研究》，中国社会科学出版社 2014 年版，第 63 页。

研究和定量测度经济增长数量、质量和效益的关系提供新的思路和方法。借鉴系统耦合的概念，将经济增长数量、质量和效益的内在协调统一关系理解为，在一定时间内经济增长数量、质量和效益之间相互促进、协同发展，构成经济增长数量、质量和效益的各组成要素之间共生、互动、匹配、协同，共同产生生产要素质量提高、要素配置效率改善、经济结构优化升级、经济社会环境和谐发展的正向作用合力，推动经济增长进程实现从单纯的数量增长向质量效益综合提高的转变。

第二节　经济增长数量、质量和效益耦合的一般规律

一　经济增长数量、质量和效益耦合的表现形式

经济增长数量、质量和效益的耦合涉及诸多层次和方面，表现为多元化、多形式、多维度的协调统一，具体体现为三者在结构、功能以及时空方面的耦合。

1. 经济增长数量、质量和效益的结构耦合

结构是指构成系统的各要素之间形成相对稳定的联结方式、秩序及组织表现形式。结构耦合即为各要素在结构方面的有机结合，具体表现为各子系统或耦合元素之间通过相互渗透、制约和促进作用形成关联作用强弱适当、组织结构合理的形态。经济增长数量、质量和效益的结构耦合既包括二元结构耦合，如简单的经济增长数量—质量结构耦合、经济增长质量—效益结构耦合等，也包括多元结构耦合，如经济增长数量—质量—效益结构耦合、经济—社会—环境结构耦合等。从经济增长数量和质量的结构耦合来看，经济增长数量的基本构成要素包括资本、劳动力、资源等生产要素，经济增长质量的基本构成要素包括效率、结构、运行和潜力，如果驱动经济数量增长的基本生产要素投入比例适当、结构合理，则会相应提高生产效率并产生要

素配置效应，引导生产要素向更合理有效的产业或区域方向流动，从而优化经济结构。另外，人力资本、组织管理、技术创新等生产要素投入比例增加也会增加经济增长的稳定性及潜力。经济增长数量和质量在基本构成上形成适当的有机联系能够促使两者产生结构耦合效应。

需要指出的是，结构耦合的各子系统或耦合元素之间通常具有较大差异性，一般需要依靠系统的自我调节机制或借助外力来克服这种差异性以促进复合系统的协调有效运行，这个过程不可避免会产生资源消耗或能量耗散。如果在促进系统协同的过程中人为干扰产生的能量损耗过大，导致系统耦合的负效应大于正效应，则子系统耦合不能实现，复合系统的协调统一性出现退化。

2. 经济增长数量、质量和效益的功能耦合

功能是系统结构的外在表现形式，指系统在与外部环境发生相互联系作用时所展现出来的性质、能力和功效。功能耦合是经济增长系统真正实现耦合的终极表现，其主要通过各子系统的优化组合和协同作用使系统耦合的负效应最小、整体功能最优。

从经济增长数量、质量和效益的功能耦合来看，经济增长数量、质量和效益包括不同的维度，每个维度的功能各不相同。对于经济增长质量而言，经济效率的功能是提高资源利用率，经济结构的功能是改善资源配置，经济运行的功能是保证增长过程稳定性，经济潜力的功能是经济长期可持续增长。对于经济增长效益而言，经济效益的功能是减少经济成本、增加资金积累，社会效益的功能是改善民生及社会福利水平，生态效益的功能是人与自然协调发展。这些耦合要素间通过复杂的交叉互动及关联制约作用发挥而达到预期目标。因此，只依靠某单一要素的功能实现并不能使各子系统达到最优状态，更难以实现社会经济的全面发展。

经济增长数量、质量和效益的功能耦合主要依赖于各维度或耦合要素之间的功能互补。如增长质量和效益功能的发挥能够有效地支撑经济数量的持续增长，而经济数量的功能在于为经济增长质量和效益的提升提供基本的物质条件基础。各耦合元素功能的协同发挥，使经

济社会系统在信息、物质和能量耗散尽量减少的情况下，通过经济运行、社会保障、环境保护等维度的功能互补耦合成为一个更高级的复合系统。然而，经济增长数量、质量和效益的耦合发展过程中，一般不可能保证经济的高速增长功能、稳定运行功能、社会保障及服务功能、生态环境保护功能等各项功能同时分别达到最佳程度。当受到外部因素干扰或产生系统结构变化时，可能会出现各耦合元素功能不一致甚至相互抵触的情况，进而使因各耦合元素之间因相互负面作用而削弱整体复合系统功能。在此限制下，经济增长数量、质量和效益功能耦合的实现就是尽量减少各耦合要素功能不协调产生的负效应，促使复合系统总体功能达到最优化。

3. 经济增长数量、质量和效益的时空耦合

根据经济增长或社会经济发展的历史与现实来看，经济增长数量、质量和效益三者的演进发展过程并不是沿着毫不相关的孤立轨迹进行的，而是表现为在一定时期和区域内，三者存在时空、结构等方面的多维联系，并且内在的产生相互之间协同耦合发展的基本要求。

任何系统都是在一定的时空环境中生存并发展变化的。就经济增长数量、质量和效益而言，其内部各耦合元素或各维度也不能脱离时空环境而单独存在，而是通过不同时空背景下各耦合元素或各维度的耦合直接影响到系统的总体功能。经济增长数量、质量和效益的耦合在时间上主要表现为不同时期经济增长状态与经济增长效果之间的耦合。如前期高增长数量与当期增长质量和效益之间的耦合，当期增长质量和效益的改善与未来增长潜力及持续性之间的耦合。从空间上看，经济增长数量、质量和效益三者的耦合关系主要体现在耦合区域上。当耦合区域被限定在一个较小的区域时，则该地区在增长中实现经济结构优化、经济运行稳定、增长潜力强大以及最佳的经济、社会和生态效益，表明该区域经济增长数量、质量和效益实现空间耦合。当其范围扩大到一个国家时，经济结构关系、经济运行维度、社会和生态效益作用范围等基本耦合要素均发生显著变化。在该过程中随着空间的转变，耦合对象、耦合关系和耦合过程也随之发生变化。因此，需要对该国的经济增长数量、质量和效益之间的耦合关系进行重

新认识和评价。

二 经济增长数量、质量和效益耦合的基本特征

1. 经济增长数量、质量和效益耦合的共生互动性

共生的传统意义是指密切接触的两种生物之间形成紧密的互利关系。在系统耦合中，共生性是指系统之间的生存与发展要互为依托条件。互动是指子系统在系统变动中产生的相互促进作用。共生互动是耦合系统的普遍特性，系统组成要素和各子系统的共生互动保证了系统功能的实现。经济增长数量、质量和效益的共生互动规律是指三者相继产生、自然发展并在发展过程中相互影响，三者之间存在时间和空间上的先后继起及协调性。例如，经济增长首先必须建立在以要素投入驱动的经济增长方式基础上，随着生产过程的进行，生产要素的质量和组织结构发生变化，要素以质量提高、效率改善、组织优化等方式促进资源的合理有效配置、产出最大化及结构最优化，即实现经济增长质量的提高。而经济效率、结构、运行稳定性及增长潜力的优化等增长质量特征构成实现最佳经济—社会—环境效益的基础条件，在经济、社会、环境协调发展、总效益最大化及经济社会结构均衡稳定中进一步形成经济数量增长的外部环境及内部原动力。经济增长数量、质量和效益之间理想的共生互动循环，推动社会经济自然实现和谐发展。耦合的共生互动性要求三者之间具有目标一致性，否则，任何一个子系统的超前或滞后发展均会对其他子系统产生负面影响，并且进一步因各子系统之间的不协同而限制整个经济社会系统的发展。

2. 经济增长数量、质量和效益耦合的动态演化性

系统最基本的特征就是在不断的动态变化过程中演化发展。在系统耦合中，动态演化具体表现在两个方面：第一，均衡状态和非均衡状态是系统的两个基本形态，某一阶段的系统耦合本质上就是从一个均衡状态经过非均衡状态的过渡而跃迁至另一个均衡状态，耦合发展的目标就是不断追求新均衡状态；第二，系统耦合总是通过要素动态调整而实现，体现在各系统要素或各子系统相互之间通过适应、依赖、协调、制约等调整过程不断向新的均衡状态逼近。系统耦合的演化路径是：处于某一均衡状态的系统，在系统内部或外部扰动因子或

刺激条件的作用下转变为非均衡状态，在协同作用下逐渐调整与环境适应，并再次向新稳定均衡状态跃迁。耦合系统就是经历这样的动态螺旋上升过程向高级阶段演化。经济增长数量、质量和效益的耦合，是在社会经济和生产力发展到特定的阶段，由于经济系统外部环境、内部动力及经济基础、社会服务、自然资源间供需矛盾相互作用而形成的必然结果。

3. 经济增长数量、质量和效益耦合的不确定性

由于系统是多层次、多方面复杂因素共同组成的有机整体，其影响因素多样化和作用形式多样化导致系统具有多维复杂性，并进而使系统耦合的演化行为存在诸多不确定性，具体体现为：首先，构成系统耦合的系统内部各要素之间、各系统之间及耦合系统与外界环境之间均存在线性与非线性、单向与多项、稳定与不稳定的组织关系，这些难以确定的作用关系导致耦合系统的发展极其复杂；其次，系统外界的随机、模糊及非线性扰动也无时无刻不在强化系统的不确定性；最后，耦合系统多个层次之间不可避免地存在广泛的物质、能量和信息流通，复杂多变的非线性作用会使耦合系统出现无序、混沌与模糊状态，并在某种程度上刺激或约束系统发展。经济增长数量、质量和效益耦合的不确定性使三者的演化速度、演化方向、演化效果出现差异，从而导致复合系统不能总是朝着和谐统一的目标演化，而是发生三者之间发展方向相背离，相互之间不协调的低耦合状态。

4. 经济增长数量、质量和效益耦合的自组织性

自组织性是指系统内部各子系统或各组成要素之间通过组织结构、相互关联、能量循环等作用而形成自我调控能力，并结成相对稳定的状态。耦合系统所具有的自组织能力，使系统在受到较小的外部干扰或非预期冲击时能够正常运行，保证系统的性质和发展方向不发生改变。

经济增长数量、质量和效益之间的耦合也遵循自组织性规律。生产要素的组成结构、结合方式以及作用速度和程度等共同决定着经济增长数量、质量和效益耦合度的高低以及经济社会发展水平。从经济发展历史来看，经济增长总是沿着阻力最小的方向扩展、生产要素朝

向边际效用最大的地方流动，这种自组织机制引导资源、技术、人力资本等在企业间、产业间、区域间、代际间不断进行重组。在不同发展时期，系统要素的集聚和扩散所表现的功能形态和推动力度各不相同，自身的调控能力高低直接对数量、质量和效益的耦合度产生影响。具体表现在：在经济增长的初始阶段，增长方式主要以要素投入为驱动力，单纯以要素投入规模来调整经济状态的自组织过程必然导致三者的耦合度不高；在经济增长的高级阶段，驱动经济增长的动力转变为结构、技术、人力资本及创新等，这些要素的相互作用能够形成更稳定的自组织机制，经济增长数量、质量和效益的耦合范围扩大、耦合度提高。当这种耦合发展到一定程度时，自身的空间、要素、环境、资源等又可能构成约束条件，如劳动力成本上升、技术瓶颈、生态环境危机等发生，生产的边际成本增加将抵销边际产出，迫使系统进一步向纵向和横向延伸，资源、要素、技术等发生变化并重新组织，经济向更高级阶段跃迁。耦合的自组织性具有一定的作用范围，当系统受到外部干扰或冲击过大，超越系统自调控和自组织能力限制时，系统功能将难以恢复。

5. 经济增长数量、质量和效益耦合的协同性

协同是指两个或两个以上的系统之间，相互协调、共同一致地完成某一目标的过程或能力，体现系统或系统要素在发展过程中的相干能力与合作性质。系统之间通过相互增强的相干性形成拉动效应即为正协同性，其作用结果可以使各子系统或各组成要素在时间、空间及功能结构上由无序转变为有序，各种力量的聚合形成综合能力更强的高一级复合系统，系统的整体功能加强。相反，若各子系统或各要素之间不能进行协同合作会使系统陷入无序状态，整体功能难以发挥而趋于系统瓦解。

经济增长数量、质量和效益耦合的非线性，决定了三者互动过程中各自的功能之和与关联系统的整体功能不具有完全代替性。因而在决策过程中，必须尽量保证各子系统、各耦合要素之间及时沟通配合以致衔接得当、和谐共生，减少矛盾摩擦。如针对经济结构调整，必须考虑要素供给能力以及经济平稳运行能力；针对社会、环境效益的

实现，需要平衡私人物质财富增长与社会公共产品提供的矛盾。此外，经济增长数量、质量和效益之间的协同还包括三者内部不同维度以及各维度不同组成要素之间的协同效应，这种协同耦合并不是简单地彼此完全一致，而是各主体之间通过相互作用产生同步、同向的发展效应。

三　经济增长数量、质量和效益的耦合演进机制

经济增长数量、质量和效益作为经济系统增长过程中产生的三个相互联系又相对独立的体系，分别从不同角度反映和刻画经济增长的特征。一方面，三者各自具有相对独立的演变规律和变动轨迹；另一方面，三者之间也存在相互依赖、相互影响、相互协调的动态关联关系，两个方面共同决定一个国家或地区的经济增长状态。由于经济增长数量、质量及效益的关系符合耦合原理所假定的状态，因此，我们进一步构建耦合模型来定量测度经济增长数量、质量和效益之间的协调一致性关系。

本书以经济增长数量和经济增长质量的耦合为例来说明两者的共同演进机制。假设经济增长数量和质量各自的发展水平由综合指数 Q_U（X）、Q_A（Y）来表示。T_1 测度经济增长数量与经济增长质量的整体发展度。C_1 测度经济增长数量和质量的协调度，D_1 衡量两者构成的复合系统的耦合度（协调发展度），由经济增长数量和质量的发展度和协调度共同决定。经济增长数量和质量的耦合机制可以通过图 4 - 2 表示。

首先，"协调"是指系统或要素之间具有相同的演进趋势，各因素之间正相关性越强，协调度越高。在图 4 - 2 中，Q_U（X）、Q_A（Y）的离差越小，表明经济增长数量和质量的协调度 C_1 值越高；当 Q_U（X）＝Q_A（Y）时，协调度 C_1 达到最大值 1。以 Q_U（X）、Q_A（Y）分别为坐标系的横轴和纵轴，可用斜率为 1 的 45°线表示协调度为 1 的所有点的集合。以 45°线为中心，向两方偏离得越远，表示协调度越低。其次，借鉴无差异曲线的构造思路，将一簇向右下方倾斜的曲线视为经济增长发展度无差异曲线。每条曲线上的各点发展度相同，距离原点越远的曲线代表的发展度越高。最后，耦合是"协

调"和"发展"的复合结果，耦合度用协调度和发展度的交集表示，即图4-2中任一点表示一个相应的耦合度。如图4-2所示，图中b、e、d三点处于同一条发展度无差异曲线，故发展度相同，但是三点与45°线的偏离程度不同，因而具有不同的协调度，b、e、d距45°线依次偏离更远，因此b点、较e点、较d点的协调度更高。图中a、b、c三点均处于45°线上，这些点上经济增长数量和质量处于最优协调状态，协调度均为1，但c点较b点、较a点处于更高的发展度无差异曲线，因而由a点向c点发展度由低级向高级演进。

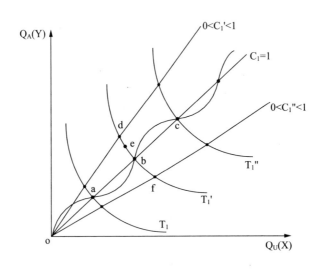

图4-2　经济增长数量和质量耦合演进机制示意图一

图4-3进一步揭示了耦合度的概略含义，并明确了协调、发展、耦合的内在关系及演进过程：假设在时间t内，Q_U（X）、Q_A（Y）均呈上升趋势。那么，协调度的发展趋势可由图4-3中的C_1曲线表示。按照前文定义，协调度与Q_U（X）、Q_A（Y）之间的离差（即相应曲线的间距）呈现反向变动关系。因此，曲线交点M、N处的协调度C_{1M}、C_{1N}相等（均为1）；在M点之前协调度不断上升而在N点之后逐渐下降；M和N点之间则为先递减后递增的趋势。另外，耦合度的发展趋势可由图中的D_1曲线表示，由图4-3可知N点的耦合度高

于 M 点，则耦合度必定从 D_{1M} 上升至 D_{1N}。需要指出的是，由于耦合度由协调度和发展度的相对变化来决定，因而难以确定 M 和 N 点之间的耦合变动趋势，因此随机设定 M、N 之间的 D_1 曲线。根据经济增长数量和质量的耦合演进机制可以看出，在图 4 - 2 中经济增长的最优路径为 Oabc 曲线，在此曲线上，经济增长数量和经济增长质量的协调度处于 45°线附近，即两者始终保持良好协调状态，并且发展度从低级向高级演化。

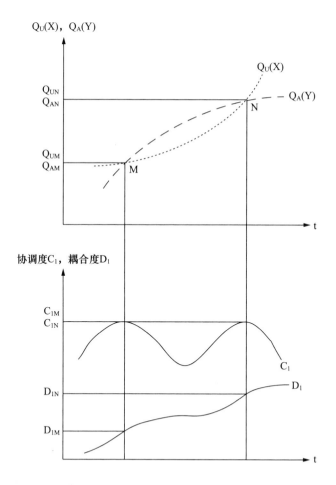

图 4 - 3　经济增长数量和质量耦合演进机制示意图二

进一步将研究扩展到经济增长数量、质量和效益三者的共同演进机制。假设经济增长数量、经济增长质量和经济增长效益分别由 $Q_U(X)$、$Q_A(Y)$、$Q_B(Z)$ 来表示，经济增长系统的耦合度函数可表示为 $D = f(Q_U, Q_A, Q_B)$，经济增长系统的演进是由 $Q_U(X)$、$Q_A(Y)$、$Q_B(Z)$ 三者共同决定的，其边界条件为：①若不考虑其他要素的影响，某个单一子系统本身与本身的耦合度最高且为 1；②若各子系统之间没有任何联系，则耦合度最低为 0；③其他情况下的耦合度为 0—1 之间的数值。如图 4 – 4 所示，假设曲线 $g(Q_U)$、$g(Q_A)$、$g(Q_B)$ 分别代表 $Q_U(X)$、$Q_A(Y)$、$Q_B(Z)$ 的演化运动轨迹，且 $g(Q_U)$、$g(Q_A)$、$g(Q_B)$ 分别同时作用于 $Q_U(X)$、$Q_A(Y)$、$Q_B(Z)$ 轴，则作用在 $Q_U(X)$ 轴上的切点 $D_{(Q_A, Q_B)}$ 为 $g(Q_A)$、$g(Q_B)$ 的合力点，作用在 $Q_A(Y)$ 轴的切点 $D_{(Q_U, Q_B)}$ 为 $g(Q_U)$、$g(Q_B)$ 的合力点，作用在 $Q_B(Z)$ 轴上的切点 $D_{(Q_U, Q_A)}$ 为 $g(Q_U)$、$g(Q_A)$ 的合力点。基于此，经济增长演进的耦合路径存在于切点 $D_{(Q_U, Q_A, Q_B)}$。当 $Q_U(X)$、$Q_A(Y)$、$Q_B(Z)$ 发生变化时，$g(Q_U)$、$g(Q_A)$、$g(Q_B)$ 也将随之改变，引起 $D_{(Q_U, Q_A, Q_B)}$ 的动态演化，即

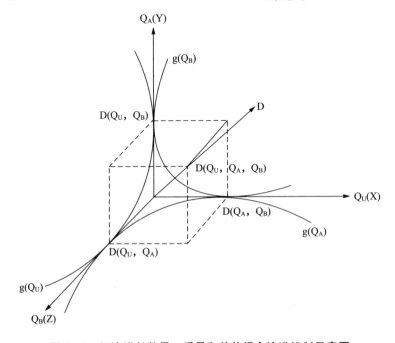

图 4 – 4　经济增长数量、质量和效益耦合演进机制示意图

经济增长数量、质量和效益复合系统耦合度的提高或降低，反映了经济增长进程的变动。而经济增长系统的最佳演化路径是经济增长数量、质量和效益的耦合度沿着 D 轴附近不断从低级（原点）向更高级阶段演化。

第三节　经济增长数量、质量和效益耦合的逻辑机理

本书对于经济增长数量、质量和效益耦合的逻辑分析按照"耦合目标—耦合影响因素—耦合动因—耦合机制"的思路展开。其中，耦合目标是实现经济增长数量、质量和效益相耦合的目标导向；耦合影响因素是影响经济增长数量、质量和效益相耦合的约束条件，如何规避和克服制约经济增长数量、质量和效益相耦合的约束条件是实现三者协调发展的基础；耦合动因是经济增长数量、质量和效益在各自发展演进过程中产生的内在的需要三者协调耦合发展的倾向；耦合机制是实现三者协调统一的具体机制，即通过何种方式或者在哪些层面的作用能够促使三者协同耦合发展。

一　经济增长数量、质量和效益相耦合的目标

John E. Deley 等（2001）[①] 在阐释人力资源管理措施之间的关系时将耦合效应分为四类：一是加总效应。即要素之间相对独立，各单项措施作用的简单加总之和构成措施的总结果。二是替代效应。即是不同措施产生完全相同的结果，多种措施之间互相替代不影响最终的措施结果。三是正协同效应。即措施综合运用产生的结果超过各自效果的加总。四是负协同效应。与正协同效应相反，负协同效应是指综合运用多种措施比只用其中之一的效果更差。

① John E. Deley and Jason D. Shaw, "The Strategic Management of People in Word Organizations: Review, Synthesis, and Extension", Research in Personnel and Human Resources Marage-ment, Emerald Group Publishing Limited, 2001.

根据经济增长数量、质量和效益的内涵可知，经济增长数量和质量反映的是经济增长过程的目标，而效益则反映经济增长结果的目标。三者的耦合发展，就是在经济总量规模扩大的同时，经济效率提高、经济结构优化、经济运行稳定和经济潜力增强。并且在经济系统增长的同时，社会及生态环境系统的成本代价最小化、收益最大化也一并实现。按照耦合效应分析，很明显经济增长数量、质量和效益的耦合目标不是替代效应或负协同效应，并且三者之间并不完全相对独立，而是存在互为条件、相互共生、匹配、互动的非线性动态关联关系。因而三者的耦合也不是简单的加总效应，而是实现三者的正协同效应。经济增长数量、质量和效益的耦合统一本质上体现了增长目标从一元向多元的转变，即从如何以最小的经济成本生产最大的经济产出，向如何以最低的资源或能量损失、最低的社会成本实现经济增长数量、质量和效益三者的协同耦合发展，最终实现经济—社会—自然复合系统从低级向高级演化。

二 经济增长数量、质量和效益耦合的影响因素

从耦合的基本原理可知，耦合元素之间的相互作用是复杂多样的。经济增长数量、质量和效益的统一反映的是三者之间存在的共生、匹配、互动、促进的正向协同耦合关系。经济增长数量是由多个要素共同驱动的，而经济增长质量和效益同样有着丰富的内涵，涵盖了许多领域。由于各种因素在耦合过程中所发挥的作用不尽一致，因而要实现三者的有效耦合必然涉及诸多因素。本书研究主要针对在三者的耦合过程中具有典型性、代表性意义的影响因素展开，这些因素在三者的耦合发展中具有支柱作用，既是构成三者出现耦合效应的关键因素，也是影响耦合效率的基本因素。

影响经济增长数量、质量和效益相耦合的因素包含诸多方面，从一般意义上讲，一个国家的经济体制模式、发展战略、发展阶段、要素禀赋条件、地理环境等均会对三者的耦合程度产生正面或负面影响。但是深入分析可以发现，这些因素最终可以归结为制度、要素和技术三个层面。例如，不同的经济发展阶段本质上体现在制度基础、要素禀赋基础及技术水平基础上的差异，这些因素导致驱动经济增长

的要素条件、资源配置方式及经济组织结构的不同；发展战略不同也体现在不同制度框架下增长目标的差异性及要素禀赋条件的约束。因此，本书从"制度因素—要素因素—技术因素"三维框架来阐释其对经济增长数量、质量和效益耦合效应的影响作用。

1. 制度因素

19 世纪末，凡勃仑（1997）首先将制度纳入经济学研究，指出制度的实质就是个人或社会对有关的某些关系或作用的一般思想习惯，人们在制度指导下生活。[①] 20 世纪 70 年代以来，以诺斯为代表的新制度经济学家进一步对制度变迁与经济增长的关系进行系统的深入研究，认为制度是影响经济效率的重要因素。诺斯（1994）将制度定义为主要包括一系列规则、守法程序以及行为的道德伦理规范，制定制度的目的在于通过约束人们之间的关系、约束追求主体福利或效用最大化的个人行为，从而实现降低交易费用、保护产权。[②] 与经济增长相关的具体制度可划分为以下三个方面：

（1）经济发展战略。经济发展战略是一个国家在经济发展过程中政府所选定的发展目标，以及为实现目标所执行的配套政策和制度安排（林毅夫，2005）。[③] 经济发展战略规定了经济主体在经济增长过程中所要实现的目标以及经济增长所采取的具体手段方式。经济发展战略可大致分为赶超战略、比较优势战略以及竞争优势战略。其中，赶超战略是建立在计划体制替代市场机制的制度安排下，辅以通过扭曲产品和要素价格达到提高资金动员的能力，在突破资金稀缺比较劣势制约的基础上，实现在极低的起点上资金密集型产业在短期内飞跃，产业结构不断向先行发达国家的水平靠近。相比而言，比较优势战略是建立在对外开放基础上，通过市场竞争机制和价格调节机制来显示要素和商品的相对稀缺性及市场供求关系，依靠相对价格的信号作用引导比较优势部门发展并推进经济增长。竞争优势战略是基于波

---

① ［美］凡勃仑：《有闲阶级论》，蔡受百译，商务印书馆 1997 年版，第 86 页。

② ［美］道格拉斯·C. 诺斯：《经济史中的结构与变迁》，陈郁、罗华平译，上海人民出版社 1994 年版。

③ 林毅夫：《论经济发展战略》，北京大学出版社 2005 年版，第 4—5 页。

特对企业战略和企业竞争力的分析提出的。通过将微观企业竞争力理论扩展到中观产业层面和宏观国家层面形成国家竞争优势理论（波特，2012）。① 波特指出，企业可以在成本竞争和产品差异型竞争两个不同层次上建立竞争优势。其中，低成本竞争优势主要来源于特殊的资源优势（较低的劳动力和原材料成本）、先进的生产技术和生产方法（其他竞争者也能够使用较低的成本获得）以及规模经济。而产品差异型竞争优势则需要对设备、技术、管理和营销等方面持续投资和创新，并创造出更加符合客户需求的差异型产品来建立。相比之下，产品差异型竞争优势比低成本竞争优势更难被竞争对手模仿，进而能够为企业带来更高的收益并且保持的时间更长。

（2）经济体制机制。按照资源配置方式的不同，经济体制可分为计划经济体制和市场经济体制。计划经济体制是通过国家的指令性计划来有规划、有目的地发展经济，供求关系不受市场调节，以行政手段安排生产和销售。而市场经济体制是由自由市场的自由价格机制调节供求关系，进而指导产品和服务的生产和销售。无论是计划经济体制还是市场经济体制，在实际经济运行过程均存在固有的缺陷。计划经济体制能够避免市场经济发展的盲目性、不确定性等问题，但由于国家在收集和处理市场信息方面的有限性导致计划经济体制下生产活动单一、生产效率低下。市场经济具有更高的灵活性、竞争性和高效性，但是缺少必要的政府干预会产生过度竞争、失业、经济发展不平衡等问题，尤其在产权制度难以界定的社会、环境领域会产生市场失灵。

（3）产权激励。产权是由于物品稀缺性而存在的对物品的排他性权力集合，包括使用权、收益权、所有权等。由于产权具有排他性，因此，在产权制度下产权所有者通过成本和收益决定所拥有资源的用途，为了获得最大收益或支出最小成本，产权所有者具有寻找资源最高价值使用方法的自发动力。产权对要素所有者提供激励引导生产要素重新配置、经济结构重新调整，经济资源向最有利的方向流动。正

---

① ［美］迈克尔·波特：《国家竞争优势》（下），中信出版社 2012 年版，第 65 页。

如诺斯等（2009）指出，"工业的增益如同农业的增益一样，归因于在要素和产品市场建立了比较有效的所有权"。[①]

2. 要素因素

经济增长过程本质上是人类对生产要素的作用过程，根据生产要素的性质，可以分为自然要素和社会要素两大类。其中，自然要素是所有自然资源环境因素的统称，是指具有有用价值的未被加工过的自然状态的物质，包括土地、矿产、能源、森林、生物等自然界物质的广泛内容。社会要素是指参与生产活动的社会经济因素，包括资本要素、劳动力要素、人力资本要素等。自然要素和社会要素的数量和质量构成经济增长的必要基础，要素禀赋决定了经济增长的条件和结构。要素禀赋结构不仅指资本、劳动力、土地、能源、资源等生产要素的数量和质量，更重要的是不同生产要素之间的相对比例关系。要素禀赋作为生产过程的最基本条件，决定了经济增长中能够以何种方式生产何种产品，进一步决定了经济发展所能采取的最优战略。例如，在自然资源要素相对丰裕的国家，出口初级产品的相对成本较低，因此，发展资源开发型产业具有成本优势。对社会要素而言，如果一个经济体的劳动力相对于资本和技术更为充裕，则生产劳动密集型产品能够实现成本最小化，而如果资本或技术要素相对劳动力更为充裕，则生产资本、技术密集的高新技术产业是最优选择。

3. 技术因素

技术是另一个影响经济增长数量、质量和效益相耦合的因素。辞海中的"技术"概念泛指根据经验和自然科学原理而发展成的各种工艺操作方法与技能。世界知识产权组织（WIPO）出版的《发展中国家许可证贸易手册》中，技术被定义为制造一种产品的系统知识、所采用的一种工艺或提供的一种服务。而在《大英百科全书》中，技术是"人类借以改造或者控制周围环境的手段和活动"。从广义上看，技术是人类在生产活动、社会实践、科学实验中形成的各种知识、方

[①] ［美］道格拉斯·诺斯、罗伯特·托马斯：《西方世界的兴起》，厉以平、蔡磊译，华夏出版社 2009 年版，第 28 页。

法、工艺、技能和手段等的总和。技术在本质上体现了人类利用自然、改造自然的能力，一定的技术水平决定了生产过程中要素的组合方式。

技术进步是指技术所涵盖的各种形式的知识、技能的积累与改进。开放经济条件下的技术进步主要有两种途径，即技术创新和技术扩散。其中，技术创新是指针对生产技术的创新，具体包括开发新技术，或对已有技术的应用创新，在经济增长理论中表现为生产函数的移动；而技术扩散或转移是技术通过一定渠道在潜在使用者之间的传播采用过程，是技术能够在更广泛的社会范围内传播的主要形式。技术进步对于经济增长的决定性作用，源于科学技术知识的积累效应。新增长理论认为，理论知识和实际经济的混合是技术的存在形式，因而技术进步具有积累性。当技术存量增加时，由于这种可积累的生产要素边际收益不变，从而克服了物资资本投入面临的收益递减问题，推动经济持续增长。

4. 制度、要素、技术影响经济增长数量、质量和效益耦合的机理分析

制度、要素和技术从不同的角度对经济增长数量、质量和效益的耦合产生影响。

首先，制度对经济增长数量、质量和效益耦合的决定性作用体现在两个方面：第一，作为宏观层面制度框架的经济发展战略和经济体制本身就决定了经济增长的目标，进而决定了经济增长所采取的具体形式，而其直接决定了经济增长数量、质量和效益之间能否产生耦合效应。例如，如果宏观制度框架确定在中央集权制度下实施重工业优先发展的赶超战略，则以牺牲整体经济进步为代价支撑少数重工业产业的规模扩张就成为经济增长的核心目标。在此发展战略下，为了筹集资本密集型重工业发展所需的资本、资源等生产要素，国家通常采取保护政策和扭曲的市场价格来扶持。这种资源配置的扭曲在短期内能够实现资本密集的重工业超前发展，但经济结构畸形发展，资源错配导致生产要素的边际生产率降低，各种要素不能实现最有效利用，单纯资本积累的增长效应会在边际报酬递减的作用下逐渐减弱并最终

停止，经济增长的长期可持续性受到严重影响。并且，以"寻租"为主的非生产性活动浪费了大量经济资源，严重影响社会公平（林毅夫、刘培林，2002）。①此外，重化工业优先发展不但造成对能源资源的过度需求，而且会产生大量的污染排放，显著降低生态效益。因此，在赶超型经济发展战略的指导下经济增长数量、质量和效益的耦合效应必然较差。而如果经济发展战略被确定为以增强国家竞争优势或经济社会全面发展为总体框架，则技术创新、产业结构升级、改善民生福利、生态环境保护等内容将成为经济增长的核心目标。在此战略下，为了提升产业在国际竞争中的优势地位，必然要从原来的模仿创新、粗放增长的模式中解放出来，以要素重新配置、自主研发、技术创新来支撑长期经济增长。这种经济发展方式能够规避单纯依靠要素投资而产生的规模报酬递减效应，增强经济增长的效率和潜力。并且通过产业结构的优化升级带动其他层面的结构做出相应调整，缓解经济结构失衡状态。而为了改善社会民生、减轻生态退化成本，必然要加强教育、医疗等公共服务领域发展，同时要改善要素投入质量、提高要素使用效率和配置效率，减少污染性能源、资源的过度需求以降低污染排放，提高社会和生态效益。总体上，发展战略的改变能够通过宏观增长目标的引导催生出经济增长数量、质量和效益相耦合的内在动力。第二，作为微观层面的产权制度等，通过一系列的规则组合形成对微观经济主体行为的激励和约束作用，以限制经济主体行为方式而影响经济增长数量、质量和效益的耦合。例如，从产权的角度看，产权规定了产权所有者的排他性收益权，产权所有者根据成本和预期收益进行生产决策，将经济资源用于最高收益的经济活动，因此，宏观经济增长质量和效益状态特征根本上是微观经济主体在确定的制度约束下进行决策的结果。产权明确的制度引导商品生产最终都会按最低的成本生产。如果产权缺失或产权界定不清，则不能对经济主体形成约束或产生错误的激励，导致经济资源的配置出现偏差。例

---

① 林毅夫、刘培林：《经济发展战略与公平、效率的关系》，《中外管理导报》2002年第8期。

如，生态产权的界定不清导致环境成为经济主体只污染不治理"公地"，分配制度不完善导致过度追求效率和经济收益成为社会福利分配不均的根源。因此，只有在完善的微观制度框架下，才能规范经济主体的行为向提高生产效率、改善要素配置、优化经济结构以及重视社会公共利益、保护生态环境等经济、社会、自然协调耦合发展的方向进行。

其次，要素因素对经济增长数量、质量和效益耦合效应的影响在于：第一，要素禀赋结构决定了生产主体投入和产出的选择，在遵循要素禀赋比较优势基础上的发展战略能够实现生产成本最小化，并且生产要素供给结构与产业发展结构相匹配不会造成经济结构的过度失衡。比如在不具有资源优势的条件下加大技术密集型产品、减少资源开发型产品的生产和出口，能够避免资源开发所引起资源数量显著下降，避免生态环境退化，产生巨大的生态效益。而在不遵循要素禀赋比较优势的基础上通过人为干预产业发展会导致要素配置失当、经济结构扭曲，制约经济增长质量和效益的提高。如在不具有资本要素比较优势的条件下大量发展资本密集的传统工业产业，一方面，要通过扭曲要素价格方式筹措大量资金，产生投资消费结构的失衡，影响经济增长质量；另一方面，大量的劳动力供给不能被有效的就业需求吸收，导致失业和社会不稳定，影响经济增长的社会效益。因此，遵循要素禀赋特征的经济增长方式会促进经济增长数量、质量和效益的耦合。第二，要素质量是经济增长数量、质量和效益的耦合能否实现的基本条件。要素质量是从供给层面影响经济增长质量和效益的首要因素。如果经济增长中能够投入质量较高的基本要素，则经济增长的质量和效益也会相应提高。例如，当经济中以高水平的人力资本为主要的劳动供给，则能够实现产业内部层次结构逐渐向高级演化，改善经济结构和经济潜力，并且，高水平人力资本也可以以较高的劳动要素贡献参与经济增长的成果分配，扭转收入分配向资本要素倾斜的局面，改善居民福利水平并提高经济增长的社会效益。第三，要素配置效率和使用效率直接决定经济增长质量和效益的高低。由于各产业部门的生产率水平及增长率不同，因而当投入要素从低生产率水平或增长率的部门向高生产率水平或增长率的部门流动时会产生总生产率增长效应(Peneder,2002)。[①]这种基于要素流动而产生的结构变化对生产率增长的贡献也被称为"结构红利"。生产要素的合理配置、提高了要素配置效率,并改善了经济结构和经济运行效率,进而促进经济增长的数量和质量发生耦合。从要素使用效率对经济增长数量、质量和效益耦合的影响来看,资本生产率、劳动生产率及综合要素生产率的提高均能对经济增长质量的效率维度产生正向影响作用。从要素使用效率对经济增长效益的影响来看,不同性质要素的使用效率变化,对经济效益、社会效益和生态效益具有不同程度的影响作用。例如,社会生产要素中的劳动力要素的使用效率变动对经济增长的经济效益和社会效益变化具有关键作用:一方面,劳动生产率的提高改善了生产的投入产出率,节约生产成本并提高了经济效益;另一方面促使广大居民能以更低的成本获得产品,提高了社会效益。而自然要素使用效率的变动会直接影响经济效率和生态效益。从间接作用来看,自然要素使用效率的提高会减少人类生产活动对自然要素的使用量,自然要素的节约使用能够避免对资源的过度攫取和生态环境破坏,良好的生态条件改善了人类生存环境质量,提升了增长的社会效益。总体来看,要素配置效率和使用效率的改善能够促进经济增长数量、质量和效益向协调耦合方向演进。

最后,技术对经济增长数量、质量和效益耦合效应的影响在于:第一,在宏观层面,一个经济体的技术水平决定了经济总量增长是采取规模扩张路径还是效率提升路径,不同的增长路径决定了经济增长数量、质量和效益能发生耦合效应的程度。由于科技进步可以扩展人们利用自然要素的能力和改变自然要素的使用效果,并且会改进劳动力质量,提高劳动力要素的边际生产率,因此,技术进步会改变经济增长过程产业间生产要素的流动格局,进而决定产业结构所能达到的高度层次,并最终客观地决定了宏观经济结构和增长潜力。当经济体

---

① M Peneder, "Structural Change and Aggregate Growth", *Structural Change and Economic Dynamics*, Vol. 14, 2002, pp. 427 – 448.

技术创新水平较低时，其产业结构只能停留在低端层次，生产的产品附加值低、技术密集度低等，为了获得总收益的提高，必然要增加投资以扩大生产规模，这样就形成了低端产业规模过剩的结构形态，经济增长也表现出较低潜力，这导致建立在规模扩张基础上的经济数量增长本质上起因于经济效率或效益较差而产生。而当经济技术创新水平提升，其产业层次能够向更高级演进，产品的技术密集度和附加值显著提高，这样在原有的生产规模上也能获得较高的收益率，而不需要无限地扩大生产规模就能实现经济效益或效率提升。因此，在较高技术水平下，经济总量增长与经济质量改善和效益提高是同时发生的，三者自发地产生耦合效应。第二，在微观层面，企业的生产技术决定了其在生产过程中所能采取的要素组合方式及要素使用效率。例如，当企业所掌握的生产技术水平较低时，一方面，其只能以低效率重复生产的方式扩大产出，如此会带来生产要素的过度需求而产生资源浪费，降低经济效益；另一方面，较低的生产技术也会加大生产过程中的社会和生态效益损害，如过度的原材料索取以及环境污染排放。而当企业的生产技术水平较高时，一方面，企业能够以不断地提高生产效率、节约成本的方式改进生产过程，这样会以相同的要素投入获得较高质量、较大数量的产出，降低资源浪费，提高经济效率和效益；另一方面，较高的生产技术会减少生产过程对外部系统的损害，如企业在废弃物回收利用及减排方面的技术突破均会产生显著的经济、社会、生态效益。因此，微观层面的技术是促进经济增长数量、质量和效益发生耦合效应的元要素。

三 经济增长数量、质量和效益相耦合的动因

经济增长数量、质量和效益正协同耦合效应的形成和发展，既有内因也有外因。内因在于源源不断地追求经济利益最大化是经济主体的目标，而持续增长的动力建立在潜在增长因素的开发上，而经济增长数量、质量和效益耦合的外因则在于规避经济波动风险、协调经济社会主体矛盾等。

1. 耦合的内因

按照经济学的基本原理可知，生产要素禀赋是经济增长的前提条

件，不同发展阶段下的要素丰裕程度和禀赋结构的差异决定了经济增长方式和路径的差异，进而形成特定的经济增长潜力及动力机制。在经济增长的早期阶段，具有比较丰裕的资源、劳动力等要素支持，这一时期仅仅依靠要素规模扩张的增长路径就能够提供较大的增长潜力。而当经济增长进程逐渐趋于成熟的高级发展阶段，原有的增长方式或增长路径就需要转换。因为伴随着经济规模的扩大以及经济进程的跃迁，资源禀赋条件发生了根本性变化，原有的廉价劳动力、自然资源、生态环境等都对经济增长构成了强约束，而无形的如人力资本、技术创新、组织管理、要素配置结构等构成新的潜在增长要素。然而，这些潜在要素的形成及释放需要经济增长数量、质量和效益之间形成相互统一的良性耦合效应。

例如，经济的单纯数量增长引起结构失衡，经济结构从失衡向均衡的再转化即为潜在的增长要素，因为生产要素从较低生产率向较高生产率部门转移的非均衡过程将产生增长效应。在此基础上，即使投入要素的总量不变，也会由于原来生产要素配置效率的提高而增加生产效率。通过生产要素的转移，实现了要素重新配置，原有不协调的生产要素分布趋于协调。而结构转化效应产生的增长潜力要求经济增长数量、质量和效益协同发展，因为生产要素的重新分配与产业升级、需求演进、城乡格局等形成联动性变化，如果需求结构扭曲、城乡分割的状态不能与之同步改变，则生产要素的重新分布受阻，结构效应难以释放。再如，经济数量增长引起资源的大量消耗以及生态环境退化，资源和环境成本显著上升，延续原来的增长方式必然面临生态环境资源约束以及增长的不可持续性。在此背景下，只有生态效益的实现才能够保证增长潜力，因为生态产出收益大于生态成本投入、对自然资源的消耗不能超过其临界值及再生能力，也不能损害地球上维系生命的大气、水、土壤、生物等自然生态系统是保持生态系统可再生性、处于地球自然承载能力之内的基本条件，只有经济增长建立在自然环境的容纳范围之内，才具有持续增长的能源、资源物质基础。因此，只有在经济增长数量、质量和效益三者的耦合中，才能转变经济增长方式和路径，释放新的经济增长潜力。

2. 耦合的外因

（1）规避经济风险。从各国的经济增长实践来看，增长总是与危机相伴，对经济增长的追求，其根本特征是不确定性和风险性。对于数量型经济增长方式而言，从供给角度来看，主要依靠大规模的资本投入、劳动力投入以及资源能源要素投入驱动，而从需求角度来看，则主要依靠投资需求和出口需求拉动，在出口产品中，又以低附加值、低加工度、低知识技术密集度的制造业为主。这种数量型经济增长方式最大的隐忧就在于经济增长的创新性不强、经济结构合理化和高级化程度低，在遭受国外经济危机冲击而导致外部需求锐减的情况下，经济系统面临的不确定性必然加强而蕴含失败的风险。因此，要实现经济社会的稳定发展，不仅需要经济数量增长提供的物质支持，更应注重经济增长的质量和效益。

在经济增长过程中，结构变动和经济波动都蕴含着风险和收益，因此，在经济增长中必然要识别风险、评估风险以及建立完善的风险处理体系，而这套风险管理体系的建立，就意味着以经济效率和结构优化提高经济运行稳定性，建立健全社会保障机制以减少居民的福利损失，即经济系统具有良好的自我调控和自组织能力，能够发挥经济增长质量和效益改善对经济增长的风险规避功能。例如，当国家整体具有较高的创新性并且收入分配结构协调、需求结构合理时，在国际经济危机的冲击下，该经济体就能通过技术创新、市场创新、产品创新等方式开发出新的增长潜力并与国内的消费需求结合形成现实生产力，即创新性强、结构均衡的较高的经济增长质量分散了出口受阻、产能过剩所引起的潜在风险。除此之外，经济增长质量和效益还为经济增长数量提供了人力资本保障、社会福利保障、环境保障等规避、防范和化解风险的机制。因此，只有经济增长建立在质量和效益提高的基础之上，才能有效地规避单纯数量型经济增长方式中所蕴藏的过大经济风险。

（2）促进"社会和谐"。经济增长的最终目的是经济社会全面发展。伴随着经济增长阶段不断向高级演化，人们的发展理念也会产生本质的变化。在传统的物质产品匮乏的初级增长阶段，如何增加产出以满足人们的基本生存需求是首要问题，因而单纯的经济数量迅速增长符合社会发展需要。而当经济步入物质产品丰裕度较高的增长阶段时，一方面传统增长方式产生的利益分配矛盾、社会分化矛盾、资源环境矛盾等的积累为重新审视经济增长的意义提出了需求；另一方面物质产出的积累也为经济增长奠定了基础，在此基础上发展理念发生根本性转变，从传统的以追求"量"的扩张转变为以追求"质"的提升。在这一阶段，经济增长的目的从物本主义转向人本主义，强调人作为经济主体的作用，注重经济增长过程中人的发展，并关注增长成果共享性所带来的社会稳定和谐。经济增长数量、质量和效益的协同耦合，一方面能够保证在增长的同时发挥经济增长对社会稳定的正向溢出效应，另一方面能够更合理有效地分配增长成果促进再生产过程的物质积累。此外，传统的数量型经济增长方式所产生的贫富分化、环境污染对人们的心理和身体健康都构成威胁，这些刺激因素的影响导致人们的非理性行为对社会系统稳定形成干扰，而在追求质量和效益优先的增长模式下，经济增长过程中的冲突和矛盾能够自发地被化解或减弱，进而建立和谐的社会运行机制。综上，只有实现经济增长数量、质量和效益三者的耦合发展，才能建立稳定和谐的社会经济体。

四　经济增长数量、质量和效益的耦合机理

虽然从根本上讲，经济增长数量、质量和效益之间具有内在的辩证统一性，三者具有在协同发展演进中实现耦合的内在需求。但由于现实的经济发展机制存在缺陷，导致经济增长数量、质量和效益之间的耦合不理想，出现系统相悖的局面。实现经济增长数量、质量和效益的统一，就是将耦合影响因素从负面制约作用转化为正向促进作用，总体上体现在以下几个方面：第一，经济增长的目标导向从单一的数量目标转变为多元化的质量效益目标；第二，经济增长要以生产要素的数量、质量和结构的改善作为基本条件；第三，经济增长过程中要注重经济结构的优化升级，改善生产要素配置；第四，经济增长要在有效的制度激励和约束下进行，减少经济增长过程对社会和生态环境的负外部效应。要形成经济增长数量、质量和效益良性互动的正

协同耦合效应，不仅依赖于三者各自的发展完善，更需要探究三者相互耦合的基本原理。经济增长数量、质量和效益的耦合机理具体包括以下几个方面：

1. 经济增长数量、质量和效益耦合的要素互动机制

经济增长数量、质量和效益的构成要素及结构组成是客观的。在经济增长的进程中，存在资本、人力资本、技术、信息、自然资源等微观层次的系统要素，也存在企业、政府、产业结构、区域结构、要素结构、生态环境等中观层次的系统要素，更存在制度、体制、经济周期、社会福利、法律政策等宏观层次的外部环境。在经济增长数量、质量和效益的系统发展过程中，各层级要素之间、要素与系统之间、系统与环境之间都广泛进行着信息、能量、资源、要素的流动和互换。

首先，制度环境、经济体制、人文历史、地理气候以及自然禀赋等为主的外部环境直接影响着经济增长数量、质量和效益耦合发展的程度和广度，而反过来，经济增长状态及效果也对这些外部环境构成正向激励或负面制约作用。其次，生产要素层面的结构形态、组织方式、相互作用为经济增长数量、质量和效益的耦合提供基本物质条件。例如，各种生产要素的相对丰裕程度变化引起要素禀赋结构的变动，要素禀赋结构升级就是从有限的自然资源、低质量劳动力等要素、相对丰裕程度较高、相对价格较低的要素禀赋结构转向以高质量的人力资本、技术创新、组织管理等要素相对丰裕程度较高、相对价格较低的要素禀赋结构。按照比较优势理论，要素禀赋结构的升级与产业结构升级形成互动的螺旋上升过程，在要素禀赋结构升级的基础上，以资本投入、技术创新、组织管理为基本投入要素的高新技术产业生产成本降低，高技术产品的生产获得比较优势，在国际竞争中获得利益。要素禀赋结构的升级一方面带动经济结构优化，另一方面引起要素投入需求结构的改变，减少传统有形要素尤其是有限的资源要素需求，减少了资源损耗和生态退化的成本，进而实现了经济增长质量和效益的提高。再如，无论是自然要素还是社会要素，其要素使用效率的提高均会实现要素的节约利用，即在相同要素投入条件下获得

产出增加，或者相同产出条件下要素投入减少。资本、劳动力、综合要素的使用效率提高会通过效率和效益维度影响经济增长质量和经济增长效益。例如，人力资本的效率功能体现在其作为技术进步的载体，会通过"干中学"和知识外溢诱发技术创新以及技术引进与吸收（冉茂盛、毛战宾，2008）。[①] 并且，人力资本作为"能够创造个人、社会和经济福祉的个人知识、技能、能力和素质"，既是经济增长的核心要素也是产业结构转化升级的重要基础（张国强等，2011）。[②] 在要素互动中形成的效率提升和结构升级对经济增长质量和经济增长效益产生显著的正向作用。

总体上，体现经济发展的生产力水平、结构转变、就业扩大、知识积累、技术创新等最终都直接反映在资本、劳动力、人力资本、技术、信息、资源等要素流动和配置上，这些要素的互动作用为经济增长数量、质量和效益系统的耦合提供了内在动力。

2. 经济增长数量、质量和效益耦合的协同发展机制

协同的基本含义是通过系统各部分要素或各系统之间的协作引导系统由时空、功能维度上的无序状态转变为有序状态。协同原理主要表现为协同效用原理和自组织原理。经济增长数量、质量和效益耦合的协同机制反映通过系统要素间的协同作用而使三者形成结构有序性的内部作用力。

在经济增长数量、质量和效益的演进发展过程中，经济增长数量、质量和效益的协同效用反映三者在产业结构、空间结构、组织结构、制度环境等发展条件下，依靠资本、劳动、资源、技术、企业、政府、个人等系统构成要素的物质、能量、信息流动、转移和耗散及其非线性作用，使构成的复合系统由原来的混沌无序状态转变为有序状态。经济增长数量、质量和效益的自组织效应反映系统受到较小的外部环境冲击时，其仍旧能够延续已有的组织规律演化发展，内生自

---

① 冉茂盛、毛战宾：《人力资本对经济增长的作用机理分析》，《重庆大学学报》（社会科学版）2008 年第 1 期。

② 张国强、温军、汤向俊：《中国人力资本、人力资本结构与产业结构升级》，《中国人口资源与环境》2011 年第 10 期。

发的形成一定的结构和功能。当外部环境发生较大变化时，在系统涨落和协同效应作用下，经济增长数量、质量和效益形成新的时空结构，向新的耦合效果发展。经济增长数量、质量和效益的耦合是一定时间与空间内要素的特定组合状态，是经济机制作用下系统的自组织活动，三者的协同机制体现在：一是经过经济增长数量、质量和效益在耦合过程中的调整形成了一套有效的自我循环体系；二是复合系统的总体发展规律是从简单向复杂、从低组织度向高组织度演进；三是系统耦合过程中各层级要素、系统及环境的相互作用是耦合的根本动力。

3. 经济增长数量、质量和效益耦合的微观决策机制

宏观经济增长数量、质量的效益的耦合最终要决定于微观家庭和企业的决策之上。微观经济体总是根据成本—收益分析确定经济决策。微观决策机制是指企业、家庭等微观经济主体在一定的要素、制度及目标的约束下，以自身获得的信息为参考估算成本和收益并进行经济决策的过程。要实现经济增长数量、质量和效益的耦合，必须引导微观经济主体在做出决策时不仅考虑经济系统内部的成本和收益，而且要充分考虑经济增长的外部性所带来的社会和生态影响。

企业是提供产品和服务的基本单位，企业通过内部组织分工与协作，将分散的生产要素组合起来形成系统的生产力，以产品和服务价值实现获得相应的利润收益。家庭是提供生产要素的基本单位，通过向市场提供资本、劳动力、人力资本等要素获得要素报酬，提高个体福利水平。因此，实现经济增长数量、质量和效益的耦合的关键在于企业如何组织生产，家庭提供何种生产要素，而这又归因于经济主体面临的激励和约束。从企业的角度来看，当社会对创新产品、高质量产品或者新的经营模式提供较高的回报时，企业会通过对改变原有生产方式的成本与收益进行对比做出决策，如果新的生产方式获得的收益更高，则企业将采取提高自主创新能力、改善商业经营模式的途径实现生产组织的有效运行，又或者，当现实经济条件是资源、要素等因为短缺而成本上升，企业在面临新的约束时会对原有的经济决策进行调整，当新的要素约束所产生的成本导致企业的利润收益显著压缩

或变为负值时，企业将放弃原有的生产模式而采用新的要素组合方式或转向新的产品和服务而重新组织生产。所有微观企业生产活动的变化会导致产品质量、产出效率、外部效益的变化，进而使整体经济过程发生变动。从家庭的角度来看，当社会对高质量的要素提供较高的收益回报率时，家庭会对增加投资以提高要素质量的成本和提供高质量要素获得的收益回报进行核算比较，如果后者更高，则家庭会做出投资决策来提高要素质量。家庭层面提供的要素经过企业生产活动对经济增长数量、质量和效益的耦合发生作用。总体上，要使企业、家庭等微观经济主体的决策最终形成宏观经济增长数量、质量和效益的耦合效应，必须降低信息获取成本、将经济增长产生的外部成本和收益内部化以引导微观经济主体做出科学合理的经济决策。

4. 经济增长数量、质量和效益耦合的制度保障机制

经济增长数量、质量和效益系统的要素互动机制、发展协同机制及微观决策机制都离不开制度、体制、法律等的保障，因为经济增长数量、质量和效益的耦合演进总是在一定的制度背景、经济体制及法律环境等供给约束下构建和运行的。反过来，它们也会对相关的制度环境、体制条件、法律法规等提出反向需求。由于不同的制度、体制环境将会产生不同的耦合效果，因而保障机制对三者的耦合具有重要作用。经济增长数量、质量和效益的系统耦合保障机制的具体内容包括：

第一，制度层面以经济增长数量、质量和效益的耦合为目标导向规定经济增长的宏观目标激励和经济主体的行为方式约束。具体地说，如果将经济增长质量和效益作为宏观经济目标在制定经济发展战略时引入，则经济主体在考核经济增长绩效时就会扭转将实现经济总量增长看作经济增长的唯一目标的观念，将经济增长质量的优劣及经济增长效益的高低作为评价标准，并以此来调整经济生产活动。

第二，有效的经济体制为经济主体的生产活动构建一个理想的发展环境。市场机制决定了要素配置效率，要素市场扭曲会对经济主体产生错误激励而导致要素配置失误。因此，市场化进程的差异会直接导致要素配置效率的差异，进而导致增长效果的差异。有效的经济体

制能够通过灵活的价格机制、供求机制、竞争机制等市场机制引导经济主体在市场上通过自由竞争和自由交换来实现资源有效配置。在市场机制的作用下，资源朝向收益更高的方向流动带来经济效益的提高和经济运行效率的改善。

第三，以完善的产权制度保障私人及公共利益。产权在经济增长中的作用体现在增加获利的可能性和减少交易费用，体制正是通过定义和保护产权、降低交易费用及市场的不确定性来促进经济增长的。价格调节只有在完全的市场经济条件下才是具有充分弹性的，在此基础上，产权独立、行为自主的微观经济主体按市场供求关系和价格信号，依据契约化的行为方式追求微观效益最大化。实现经济增长质量和效益目标，核心的保障机制在于如何对各类要素及各种产品的权益进行界定。只有在明确界定产权的条件下，才能在减少经济运行成本的条件下建立经济系统的自组织机制，微观经济主体根据成本—收益规则在生产中竞争，促使生产要素不断从低收益、低效率、低效益的企业向高收益、高效率、高效益的企业转移，经济结构不断调整和优化，经济社会获得最佳效益。

第五章 中国经济增长数量、质量和效益耦合的历史考察

　　对经济增长数量、质量和效益的耦合研究，最终要落脚在对三者耦合的量化分析上。然而，由于经济增长数量、质量和效益涉及的内容非常广泛，其多维性和多层次性导致对其仅从总体上进行定量考察并不能获得各基础指标的历史演进轨迹。基于此，本章在前文理论研究的基础上，从统计描述的角度对1978—2014年中国经济增长数量、质量和效益的演进轨迹进行细致的考察，并对三者的耦合历程进行初步判断，以期为下一章关于经济增长数量、质量和效益的综合测度及耦合测度奠定基础。

第一节 中国经济增长数量的演进轨迹

一 经济增长速度的变动趋势

　　高速经济增长具有两方面的特征：一是增长速度高，一般在起步期会保持在10%左右甚至更高；二是持续时间长，并且具有均衡性（刘伟、李绍荣，2005）。[①] 根据国家统计局数据计算，1978—2014年中国的GDP长期年均增长率为9.78%，其GDP增长率最低点也在4%左右（1990年），而增长率最高达到15.2%（1984年），2000—2010年平均增长率达10.5%。表5-1给出中国和世界主要国家长期

---

　　① 刘伟、李绍荣：《转轨中的经济增长与经济结构》，中国发展出版社2005年版，第5—8页。

（30 年）和近期（10 年）的实际经济增长情况（即不包含价格变动和汇率因素影响）。无论相比于成熟发达国家还是成长中的发展中国家，我国经济增速都大幅度领先。1980—2010 年我国经济增长率全球最高，2000—2010 年居世界第二，仅低于缅甸。相比较而言，作为后

表 5 - 1　　　　1980—2010 年中国与其他国家经济增长率比较

国家	世界排序	2010 年经济总量相对于 1980 年的倍数	1980—2010 年年均增长率（%）	2010 年经济总量相对于 2000 年的倍数	2000—2010 年年均增长率（%）
中国	1	17.74	10.06	2.71	10.48
新加坡	2	7.26	6.83	1.72	5.59
缅甸	3	7.06	6.73	3.12	12.05
韩国	4	6.26	6.30	1.50	4.15
印度	5	6.13	6.23	2.09	7.67
马来西亚	6	5.57	5.89	1.57	4.61
泰国	7	5.03	5.53	1.53	4.32
印度尼西亚	8	4.66	5.26	1.66	5.21
土耳其	26	3.48	4.25	1.46	3.88
美国	53	2.26	2.75	1.17	1.60
巴西	60	2.13	2.56	1.42	3.59
加拿大	61	2.11	2.53	1.20	1.87
墨西哥	65	2.01	2.35	1.19	1.78
南非	68	1.96	2.27	1.41	3.49
荷兰	69	1.95	2.25	1.14	1.36
英国	70	1.94	2.24	1.15	1.42
日本	78	1.78	1.94	1.07	0.70
法国	82	1.72	1.82	1.12	1.13
沙特阿拉伯	87	1.69	1.76	1.37	3.23
德国	89	1.68	1.74	1.10	0.94
瑞士	91	1.63	1.65	1.18	1.65

资料来源：刘伟等：《经济增长与结构演进：中国新时期以来的经验》，中国人民大学出版社 2016 年版。其中，GDP 以现价美元计。

起的发展中国家，缅甸是在小规模、低起点的经济基础上通过基础设施建设实现的高速增长，而中国却是在已经高速增长 20 年的较大经济规模基础上继续增长，其难度更大。

从其他各国的经济增长来看，1980—2010 年世界经济整体增长并不太快，年均增长率超过 5% 的国家仅有 7 个且全部为亚洲国家。其中，印度和印度尼西亚作为人口过亿的发展中国家，其在 1980—2010 年经济增长率保持在 5% 以上实属不易，且印度在 2000—2010 年更达到 7.67% 的水平，表明其已经步入加速增长阶段，经济保持上升势头。相比之下，世界主要发达国家的经济增长速度明显放缓，增长率较高的美国、加拿大分别仅有 2.75%、2.53% 的长期增长率，而日本、法国、德国的长期增长率均不超过 2%。尤其在 2000 年以来，这些国家的实际增长率相比于 1980—2000 年的数据更下降了 2 个百分点左右，如日本和德国几乎为零增长。从长期和近期的经济增长率比较可知，中国是世界上经济增速最快的国家，经济数量增长已使中国发展成为新的世界制造业中心，中国的综合实力和国际地位迅速提升。

表 5 - 2　　中国、日本及亚洲"四小龙"的经济增长率比较　　单位：%

国家或地区	高速增长时期	GDP 增长率
中国	1978—2014 年	9.78
日本	1955—1973 年	9.22
新加坡	1965—1984 年	9.86
韩国	1962—1991 年	8.48
中国香港	1968—1988 年	8.69
中国台湾	1962—1987 年	9.48

资料来源：中国的数据根据《中国统计年鉴（2015）》中数据计算获得，其他国家的数据来源于刘伟、李绍荣《转轨中的经济增长与经济结构》，中国发展出版社 2005 年版。

即使与日本和亚洲"四小龙"在经济赶超时期的经济增长历程相比，中国的经济增长速度和持续时间也相对较高。从表 5 - 2 中可以看出，日本和亚洲"四小龙"在高速增长时期的 GDP 年均增长率处于 8.48%—9.86%，除新加坡以外，其他国家的 GDP 平均增长率均低于中国的数值。从高速增长的持续时间来看，韩国大约持续了 30 年，而日本、新加坡、中国香港和中国台湾均持续了 20 年左右，其持续时间均不及中国。

二　经济总量的变动趋势

在经历了近 40 年的高速增长以后，中国的总量 GDP 与人均 GDP 均获得了同步提高。根据国家统计局的资料（见图 5 - 1），我国 GDP 总量从 1978 年的 2141.6 亿美元增加到 2013 年的 92402.7 亿美元，并于 2014 年突破十万亿美元，达到 10.4 万亿美元（按可比价格计算为 60262.5 亿美元）。按可比价格计算的 GDP 增长了 28 倍，年均增长率达 9.78%。我国人均 GDP 从 381.2 元增加到 43030 元（按可比价格计算为 7543 元），按可比价格计算增长了 19.8 倍，年均增长率为 8.68%。人均 GDP 换算为现价美元后处于世界银行所规定的中等收入标准（3856—11905 美元）的中间位置。与发达国家的经济增长历程相比，中国经济总量的扩张速度也相当显著。如美国、英国和德国在 1870—1913 年 GDP 总量分别增长 5.26 倍、2.24 倍及 3.32 倍，而日本在 1950—1973 年 GDP 总量增长 7.7 倍，年均增长速度为 9.3%，中国无一例外地打破了这些国家的增长纪录，成功实现从低收入国家向中等收入国家的跨越。

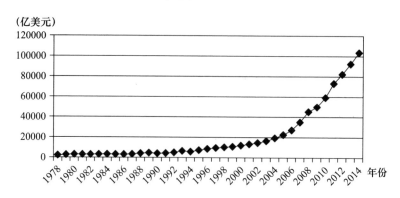

图 5 - 1　1978—2014 年中国 GDP 总量趋势

资料来源：根据世界银行数据绘制。

　　长期经济高速增长使中国占世界经济总量比重也显著提高，且进入 21 世纪以后这一表现更为突出（见表 5 - 3）。1978 年中国占世界经济总量比重仅为 1.8% ，在世界各经济体中排名第十位，加之中国作为世界上人口最多的国家，人均水平就更低。而同期美国、日本和德国的经济总量占比分别为 27.1% 、11.7% 和 8.5% 。此后 20 多年的高速增长提高了中国占世界 GDP 总量的份额，但 2000 年仅以 3.7% 排名第 6 位，仍落后于传统的发达国家如日本、德国、英国、法国等。进入 21 世纪以后，经济的强劲增长使情况发生了显著变化，中国先后于 2006 年超过德国、2010 年超过日本，最终跃升为仅次于美国的世界第二大经济体。2014 年中国占世界经济总量比重继续提高至 13.4% ，相比 1978 年增长了 11 个百分点。从对其他国家的 GDP 总量和比重考察来看，在代表发达国家的七国集团中，美国、日本和英国在前 20 余年所占比重上升，近 10 余年比重下降；加拿大在前 20 余年比重下降，最近 10 余年比重略微上升；而德国、法国、意大利则持续下降。从 30 多年的变化来看，所有七国集团国家占世界经济份额均下降，其中美国、日本和德国分别下降了 4.6 个、5.7 个和 3.5 个百分点。而中国的份额却在这一时期显著提高了 11.6 个百分点，超过了与其经贸关系最密切的美国和日本的份额变化之和。新兴国家所占份额因发达国家所占份额的减少而相对提升。虽然除中国以外的其他新兴国家 GDP 比重提高幅度都不算大，如排第二名的印度在过去 30 多年中仅提升了 1.1 个百分点，但由于这些国家人口众多、资源丰富、比较优势明显，在近年来纷纷步入经济增长快车道的背景下引起世界经济格局发生显著变化。

表 5 - 3　　1978—2014 年部分国家经济总量占世界经济总量比重

国家	2014 年			2000 年			1978 年		
	排名	GDP（万亿美元）	份额（%）	排名	GDP（万亿美元）	份额（%）	排名	GDP（万亿美元）	份额（%）
美国	1	17.42	22.5	1	9.90	30.7	1	2.28	27.1
中国	2	10.38	13.4	6	1.20	3.7	10	0.15	1.8

续表

国家	2014 年			2000 年			1978 年		
	排名	GDP（万亿美元）	份额（%）	排名	GDP（万亿美元）	份额（%）	排名	GDP（万亿美元）	份额（%）
日本	3	4.62	6.0	2	4.67	14.5	2	0.98	11.7
德国	4	3.86	5.0	3	1.89	5.9	3	0.72	8.5
英国	5	2.95	3.8	4	1.48	4.6	5	0.33	3.9
法国	6	2.85	3.7	5	1.33	4.1	4	0.50	5.9
巴西	7	2.35	3.0	9	0.64	2.0	8	0.20	2.4
意大利	8	2.15	2.8	7	1.10	3.4	6	0.30	3.6
印度	9	2.05	2.7	13	0.46	1.4	13	0.14	1.6
俄罗斯	10	1.86	2.4	19	0.26	0.8		—	—
加拿大	11	1.79	2.3	8	0.72	2.2	7	0.21	2.6
澳大利亚	12	1.44	1.9	17	0.37	1.1	14	0.12	1.4
韩国	13	1.42	1.8	12	0.53	1.7	27	0.05	0.6
西班牙	14	1.41	1.8	11	0.58	1.8	9	0.16	1.9
墨西哥	15	1.28	1.7	10	0.58	1.8	15	0.10	1.2
印度尼西亚	16	0.89	1.2	28	0.17	0.5	26	0.05	0.6
荷兰	17	0.87	1.1	16	0.39	1.2	11	0.15	1.7
土耳其	18	0.81	1.0	18	0.27	0.8	22	0.07	0.8
沙特阿拉伯	19	0.75	1.0	24	0.18	0.6		—	—
瑞士	20	0.71	0.9	20	0.25	0.8		—	—
以上合计		61.86	80.0		26.97	83.6		6.51	77.3
世界		77.3	100.0		32.24	100.0		8.42	100.0

资料来源：根据世界银行数据库提供的各国 GDP 数据计算获得，GDP 以现价美元计。

第二节 中国经济增长质量的演进轨迹

一 经济效率维度的演进

1. 全要素生产率

全要素生产率（TFP）是指除了资本和劳动力要素投入之外，其他诸如技术、制度、管理创新等因素带来的经济增长，衡量总体经济效率状况。因此，全要素生产率的提高通常被认为是经济增长质量提高的一个重要表现（胡鞍钢、郑京海，2004）。[1]

（1）全要素生产率的测算。现有关于全要素生产率的测算大体上可以分为增长核算法和经济计量法。增长核算法的基本思想是：基于新古典经济增长理论，在假定宏观总量生产函数的基础上，通过对产出增长率剔除掉劳动和资本投入要素的贡献而得到 TFP 增长率估算值。由于增长核算法原理简单且计算方便，是目前应用最广泛的 TFP 测算方法。但该方法会由于存在以下问题而导致测算结果偏误：第一，在劳动力要素投入的度量中通常假设各年的劳动力同质，未考虑由于经济社会发展所带来的劳动力素质、受教育程度及工作努力程度等方面发生的变化；第二，该方法暗含了技术外生、非体现性特征，但现实中发生的技术进步往往以一定规模的资本积累为前提，忽略技术进步与要素投入的交互影响的假设很难成立；第三，通常假定规模报酬不变，但改革开放以后中国在技术进步、制度改革等对资源配置的影响下，很可能存在规模报酬递增的现象；第四，对资本、劳动力产出弹性的参数估计存在偏差（段文斌、尹向飞，2009）。[2]

考虑到以上限制，Jorgenson 和 Grilliches（1972）创建了扩展的索洛模型测度 TFP。[3] 他们认为 TFP 实际是一种计算误差，而误差的产生原因在于不准确的要素投入度量，以及生产函数中的必需变量未完全考虑。以此为理论基础，许多学者在索洛模型中引入新变量对中国的 TFP 进行测度。如李静等（2006）[4]、彭国华（2007）[5] 将人力资本引入模型以强化劳动对经济增长的贡献，但仅以普通教育来度量人力

---

[1]　胡鞍钢、郑京海：《中国全要素生产率为何明显下降》，《中国经济时报》2004 年 3 月 26 日。

[2]　段文斌、尹向飞：《中国全要素生产率研究述评》，《南开经济研究》2009 年第 2 期。

[3]　Dale W. Jorgenson and ZVI Grilliches，"Issues in Growth Accounting：A Reply to Edward F. Denison"，*Survey of Current Business*，Vol. 52，No. 5，May 1972，pp. 65 – 94.

[4]　李静、孟令杰、吴福象：《中国地区发展差异的再检验：要素积累抑或 TFP》，《世界经济》2006 年第 1 期。

[5]　彭国华：《中国地区全要素生产率与人力资本构成》，《中国工业经济》2007 年第 2 期。

资本并不完善，因为蕴含在劳动者身上的生产知识、管理技能、健康素质等均未体现。Benhabib 和 Spiegel（1994）[1]、Pritchett（2001）[2] 的研究均表明，产出与人力资本或受教育程度之间并未有显著关系。另外，李小平、朱钟棣（2006）[3]，王玲等（2008）[4] 将 R&D 因素引入模型，但很多学者对此提出了批评，认为 R&D 中用于购置科研固定资产的部分应归于资本投入，而用于支付科研津贴的部分应归于劳动力投入，由于 R&D 不能独立于资本或劳动力投入，因而是一个伪变量（何锦义等，2006）。[5]

另一类研究通过经济计量模型来估算 TFP，常用的方法可分为参数随机边界分析（SFA）和非参数数据包络分析（DEA）。在 SFA 理论中，总生产函数包括前沿生产函数项和非效率项，随机前沿模型通常构造为 $y = f(x) \exp(v - u)$，其中，$f(x)$ 为确定性生产函数，v 为随机扰动项，u 为剔除随机扰动项影响的技术有效程度。该方法的优点在于：第一，TFP 可以进一步被分解为技术进步和技术效率改善等；第二，通过干中学、管理改善、政策变革等因素对非效率项的影响可以讨论政策对全要素生产率的作用。目前 SFA 方法的研究进展主要集中在随机扰动项的分布研究以及根据模型设定的估计方法两个方面。

DEA 方法不使用生产函数，而是用处于最前沿位置的样本数据包络线来确定前沿面。运用 DEA 方法测算 TFP 可追溯到 Charnes 等

① Jess Benhabib and Mark M. Spiegel, "The Role of Human Capital in Economic Development Evidence from Aggregate Cross – Country Data", *Journal of Monetary Economics*, Vol. 34, Issue 2, October 1994, pp. 143 – 173.

② Lant Pritchett, "Where Has All the Education Gone?", *The World Bank Economic Review*, Vol. 15, Issue 3, October 2001, pp. 367 – 391.

③ 李小平、朱钟棣：《国际贸易、R&D 溢出和生产率增长》，《经济研究》2006 年第 2 期。

④ 王玲、Adam Szirmai：《高技术产业技术投入和生产率增长之间关系的研究》，《经济学季刊》2008 年第 3 期。

⑤ 何锦义、刘晓静、刘树梅：《当前技术进步贡献率测算中的几个问题》，《统计研究》2006 年第 5 期。

（1978）构建的 CCR 模型①，Caves 等（1982）在此基础上结合 Malmquist 指数构造的方法来测度 TFP 逐渐成为研究热点。② 该方法的步骤是，先从投入角度或产出角度利用 DEA 方法定义距离函数，在此基础上构造 Malmquist 指数度量 TFP。Banker 等（1984）提出了规模报酬可变的 BCC 模型。③ Fare 等（1994）基于此，并进一步将效率变化指数分解为规模效率、要素可处置度和纯技术效率三种变化指数。④ 该方法的优点在于：无须考虑投入和产出的生产函数形式，对多投入、多产出的 TFP 问题可以进行研究，并且，模型中投入产出变量的权重由数学规划模型产生而不受主观因素影响。但该模型也存在如下缺陷，一方面，"最高"样本的随机性会直接影响确定性前沿面，进而导致技术进步和技术效率测算的稳定性差。另一方面，该方法往往测算得到技术进步增长率和技术效率增长率变化方向相反的结果，研究结论难以令人信服。目前 DEA 方法的研究进展集中在参考前沿的设定方面。除以上这些常用的方法外，近年来又出现了一些新的测算方法，如沿袭增长核算思路的对偶法（徐现祥、舒元，2009）⑤，基于投入冗余的 ISP 生产率指数（张少华、蒋伟杰，2014）⑥ 等。

　　总体上看，SFA 和 DEA 方法虽然能将 TFP 的内涵作进一步的分解，但在实际测算中也存在明显缺陷，在放松了宏观经济理论假设的

　　① A. Charnes, W. W. Cooper and E. Rhodes. "Measuring the Efficiency of Decision Making Units", *European Journal of Operational Research*, Vol. 2, Issue 6, November 1978, pp. 429 – 444.

　　② Douglas W. Caves, Laurits R. Christensen, W. Erwin Diewert, "The Economic Theory of Index Numbers and the Measurement of Input, Output, and Productivity", *Econometricay*, Vol. 50, No. 6, Nov. 1982, pp. 1393 – 1414.

　　③ R. D. Banker, A. Charnes and W. W. Cooper. "Some Models for Estimating Technical and Scale Inefficiencies in Data Envelopment Analysis", *Management Science*, Vol. 30, Issue 9, September 1984, pp. 1078 – 1092.

　　④ R. Fare, C. A. K. Lovell and S. Grosskopf. *Production Frontiers*, Cambridge University Press, 1994.

　　⑤ 徐现祥、舒元：《基于对偶法的中国全要素生产率核算》，《统计研究》2009 年第 7 期。

　　⑥ 张少华、蒋伟杰：《中国全要素生产率的再测度与分解》，《统计研究》2014 年第 3 期。

同时，却又引入了微观经济体的假设特征。这两种方法都必须借助大样本面板数据来增加可靠性，样本数据点越少，测算结果的误差越大。从研究对象来看，这类方法更适合于研究产业层面的微观企业的技术和效率特征，不适合于分析全国层面的宏观时间序列数据。

考虑到经济计量法只适合于面板数据，不能对单个国家或地区的时序数据进行 TFP 测算（赵志耘、杨朝峰，2011）[1]，并且，经济计量法具有非外生要素增长率、要素数量测量误差导致回归结果不满足一致性以及系数项可能随时间变化等缺点。因而本书选择较为传统的增长核算法来测算 TFP，这也与现有关于全国层面的时序研究具有较强的可比性。对于我国这样的转型经济体，允许生产函数的系数项随时间可变更易接受（李宾、曾志雄，2009）。[2] 因此，我们借鉴李宾、曾志雄（2009）的研究方法，采用要素收入份额可变的增长核算法来估计 TFP。

本书借助超越对数生产函数捕捉系数项的可变性（孙琳琳、任若恩，2005）[3]，具体的生产函数设定如下：

$$\log Y = \alpha_0 + \alpha_L \log L + \alpha_K \log K + \alpha_t t + \frac{1}{2}\beta_{KK}[\log K]^2 + \frac{1}{2}\beta_{LL}[\log L]^2 +$$

$$\frac{1}{2}\beta_{tt}t^2 + \beta_{KL}[\log K][\log L] + \beta_{Kt}[\log K]t + \beta_{Lt}[\log L]t \qquad (5-1)$$

在规模报酬不变等假设下[4]，希克斯中性的 TFP 增长率可近似表示为：

$$\frac{\Delta A}{A} = \frac{\Delta Y}{Y} - (1 - \overline{\alpha}_L(t))\frac{\Delta K}{K} - \overline{\alpha}_L(t)\frac{\Delta L}{L} \qquad (5-2)$$

其中：$\overline{\alpha}_L(t) = \frac{1}{2}[\alpha_L(t-1) + \alpha_L(t)]$，$\alpha_L(t)$ 表示 t 时期

---

① 赵志耘、杨朝峰：《中国全要素生产率的测算与解释：1979—2009 年》，《财经问题研究》2011 年第 9 期。

② 李宾、曾志雄：《中国全要素生产率变动的再测算：1978—2007 年》，《数量经济技术经济研究》2009 年第 3 期。

③ 孙琳琳、任若恩：《中国资本投入和全要素生产率的估算》，《世界经济》2005 年第 12 期。

④ 这个要求限制了式（5-1）的系数，即 $\beta_{KK} + \beta_{KL} = \beta_{LL} + \beta_{KL} = \beta_{Kt} + \beta_{Lt} = 0$。

的劳动收入份额。

由式（5－1）可知，TFP 的估计需要产出 Y（t）、资本存量 K（t）、劳动力 L（t）及劳动收入份额 α_L（t）的数据序列，其中，Y（t）、L（t）、α_L（t）[1] 的计算相对简单，而 K（t）的估算较为复杂，因此，我们对资本存量 K（t）的估算方法进行详细说明。

目前国际上通用的资本存量测度方法是 Goldsmith（1951）开创的永续盘存法（PIM）[2]，本书也沿用此法对 1978—2014 年中国资本存量进行估算。PIM 法假设资本品的相对效率服从几何递减模式（此模式下折旧率和重置率相同），具体的计算公式为：$K_t = K_{t-1} - D_t + \dfrac{I_t}{P_t} = K_{t-1}(1-\delta) + \dfrac{I_t}{P_t}$。其中，$K_t$ 为 t 期资本存量，δ 为折旧率，I_t 为 t 期投资额（按当期价格计），P_t 为 t 期的投资品价格指数。PIM 法估算资本存量涉及四个核心步骤，即基期资本存量 K_0 的确定、当期投资额 I_t 的选取、投资品价格指数 P_t 的构造以及经济折旧率 δ 的确定。

第一，基期资本存量的确定。考虑到数据可得性及研究可比性，已有研究通常选择 1952 年或 1978 年为基年。由于本书研究的时间跨度为 1978—2014 年，因而将 1978 年设定为基期。基期资本存量的估算大体可分为两种方法：一种是利用资本产出比和国民收入倒推出资本存量。例如，Chow（1993）[3]、Perkins（1988）[4] 分别根据 1953 年中国资本产出比为 2.58 和 3.48 的假设估算了 1952 年的资本存量。

---

[1]　在收入法国民经济核算中，GDP 被分解为四部分，即劳动者报酬、营业盈余、固定资产折旧和生产税净额，劳动收入份额可直接根据"劳动者报酬"在收入法 GDP 中的占比获得。

[2]　Raymond W. Goldsmith, "A Perpetual Inventory of National Wealth", *Studies in Income and Wealth*, Vol. 14, 1951, pp. 5 – 73.

[3]　Gregory C. Chow, "Capital Formation and Economic Growth in China", *The Quarterly Journal of Economics*, Vol. 108, Issue 3, August 1993, pp. 809 – 842.

[4]　Dwight Heald Perkins, "Reforming China's Economic System", *Journal of Economic Literature*, Vol. 26, No. 2, Jun. 1988, pp. 601 – 645.

一些研究直接采用此研究结果（张军扩，1991；① 何枫等，2003；②
李治国、唐国兴，2003③）。另一种国际通用的方法是，采用基年的
投资比上考察期内经济体投资的几何平均增长率加上折旧率后的比值
（Hall & Jones，1999；④ Young，2000；⑤ 张军等，2004；⑥ 单豪杰，
2008；⑦ 陶长琪、齐亚伟，2010⑧）。使用这一方法的基本原理是假定
经济稳态的情况下存量资本的增长率与投资增长率是相等的。考虑到
用此方法进行估算与大多数研究结果具有可比性，并且计算简便。因
此，本书关于1978年的初始资本存量，采用1978年实际固定资本形
成总额比上平均折旧率（平均折旧率的计算结果见后文）与1978—
2014年投资增长率的年均增长率之和。⑨ 值得注意的是，我们通过对
比现有的资本存量测算研究发现，虽然不同研究对基期资本存量的估
算结果差距较大，但后续年份的资本存量估算结果差距越来越小。表
明如果研究选取的时间跨度足够长，则基期资本存量估算误差对后续
年份的资本存量估算结果的影响将不太显著。

① 张军扩：《"七五"期间经济效益的综合分析——各要素对经济增长贡献率的测算》，《经济研究》1991年第4期。
② 何枫、陈荣、何林：《我国资本存量的估算及其相关分析》，《经济学家》2003年第5期。
③ 李治国、唐国兴：《资本形成路径与资本存量调整模型——基于中国转型时期的分析》，《经济研究》2003年第2期。
④ Robert E. Hall, Charles I. Jones, "Why Do Some Countries Produce So Much More Output Per Worker than Others?", *The Quarterly Journal of Economics*, Vol. 114, Issue 1, February 1999, pp. 83 – 116.
⑤ Alwyn Young, "Gold into Base Metals: Productivity Growth in the People's Republic of China During the Reform Period", *Journal of Political Economy*, Vol. 111, No. 6, December 2000, pp. 1220 – 1261.
⑥ 张军、吴桂英、张吉鹏：《中国省际物质资本存量估算：1952—2000》，《经济研究》2004年第10期。
⑦ 单豪杰：《中国资本存量K的再估算：1952—2006》，《数量经济技术经济研究》2008年第10期。
⑧ 陶长琪、齐亚伟：《中国全要素生产率的空间差异及其成因分析》，《数量经济技术经济研究》2010年第1期。
⑨ 通过《中国国内生产总值核算——历史资料1952—2004》以及历年《中国统计年鉴》中的固定资本形成总额以及固定资本形成总额指数测算的年均投资增长率为11%，原始数据调整为以1978年为基期。

　　第二，当期投资额的选取。目前文献中对当期投资额的选取主要有"生产性积累"指标①（张军、章元，2003）②、全社会固定资产投资③（王小鲁等，2000）④ 以及资本形成总额⑤或固定资本形成总额⑥（何枫等，2003；⑦ 张军等，2004⑧）。将"积累额"作为投资替代指标的优点是无须考虑折旧，但缺陷在于其中包括土地和存货投资。并且，1993 年以后 SNA 体系不再公布积累数据和相应价格指数，该指标无法继续沿用。相比于全社会固定资产投资额数据，固定资本形成总额数据是经过一定的调整计算获得的，其在资本形成总额的基础上扣除了存货增加。一方面由于发展中国家的"存货变动"通常是一个为平衡巨大的产出和支出账户差异而人为捏造的残余项；另一方面的原因在于，存货投资因未形成可再生资本而不具有固定资产的特点（单豪杰，2008）。⑨ 因此，本书认为选取固定资本形成总额时间序列作为当期投资额指标更合理，这也是 OECD 国家衡量投资数据通用的指标。

　　第三，投资品价格指数的构造。早期的研究通常根据经济学原理

　　① 积累额是指用于扩大再生产和非生产性建设以及增加社会储备的物质产品价值，具体包括新增固定资产（扣除固定资产磨损）和流动资产两方面。生产性积累是指由社会产品中的生产资料组成，包括物质生产部门新增加的生产用固定资产以及各生产企业的原材料、燃料、半成品和属于生产资料的产成品库存、商品库存、物资储备库存等流动资产的增加额。

　　② 张军、章元：《对中国资本存量 K 的再估计》，《经济研究》2003 年第 7 期。

　　③ 全社会固定资产投资额是指一定时期内货币形式表现的建造和购置固定资产活动的工作量与有关费用总称。

　　④ 王小鲁等：《中国经济增长的可持续性——跨世纪的回顾与展望》，经济科学出版社2000 年版，第 35 页。

　　⑤ 资本形成总额是指一定时期内获得的减去处置的固定资产存货净额，包括固定资本形成总额和存货增加。

　　⑥ 固定资本形成总额是指生产者在一定时期内所获得的固定资产处置的固定资产价值总额。

　　⑦ 何枫、陈荣、何林：《我国资本存量的估算及其相关分析》，《经济学家》2003 年第5 期。

　　⑧ 张军、吴桂英、张吉鹏：《中国省际物质资本存量估算：1952—2000》，《经济研究》2004 年第 10 期。

　　⑨ 单豪杰：《中国资本存量 K 的再估算：1952—2006》，《数量经济技术经济研究》2008 年第 10 期。

的假设构造相应指数，常用的解决方法是利用固定资产投资价格指数
进行缩减。由于只能获得《中国统计年鉴》中1993年以后公布的固
定资产投资价格指数。因而对于1991年以前的数据，学者分别采用
全国建筑材料价格指数（Hu & Khan，1997；① 宋海岩等，2003②）、
零售物价指数（黄勇峰等，2002）③、建筑安装平减指数和设备安装
购置平减指数的加权平均值（Jefferson etc.，1992；④ 白重恩等，
2007⑤）来替代。另外一些研究则直接利用地区固定资产投资价格指
数拟合出或直接替代全国的指数（张军、章元，2003⑥）。张军等
（2004）通过假定的等式构造出"投资隐含平减指数"，并证明了其
替代的合理性。⑦ 幸运的是，伴随中国统计体系的完善，许多历史数
据都进行了重大调整和补充，《中国国内生产总值历史核算资料
（1952—2004）》提供了较全面的全国和各省固定资本形成总额及指
数数据，据此，我们可以直接获得1978—2004年的固定资本形成总
额指数，我们借鉴张军等（2004）的计算方法计算出投资隐含平减指
数作为固定资本形成总额价格指数的替代⑧，而2004年以后的数据则

① ZuLiu Hu, Mohsin S. Khan, "Why is China Growing so Fast?", *Staff Papers*, Vol. 44, Issue 1, March 1997, pp. 103 – 131.

② 宋海岩等：《改革时期中国总投资决定因素的分析》，《世界经济文汇》2003年第1期。

③ 黄勇峰、任若恩、刘晓生：《中国制造业资本存量永续盘存法估计》，《经济学》（季刊）2002年第2期。

④ Gary H. Jefferson Thomas G. Rawski and Yuxin Zheng. "Growth, Efficiency, and Convergence in China's State and Collective Industry", *Economic Development and Cultural Change*, Vol. 40, No. 2, Jan. 1992, pp. 239 – 266.

⑤ 白重恩、谢长泰、钱颖一：《中国的资本回报率》，载《比较》第28期，中信出版社2007年版。

⑥ 张军、章元：《对中国资本存量K的再估计》，《经济研究》2003年第7期。

⑦ 张军、吴桂英、张吉鹏：《中国省际物质资本存量估算：1952—2000》，《经济研究》2004年第10期。

⑧ 假设《中国国内生产总值核算历史资料（1952—2004）》提供的以1978年不变价格衡量的固定资本形成总额指数的计算方法如下（以1990年的固定资本形成总额指数为例）：1990年固定资本形成总额指数（1978 = 100）＝［1990年固定资本形成总额（当年价）/1990年投资隐含平减指数（1978 = 100）］/1978年固定资本形成总额（当年价），据此，根据年鉴中提供的各年的固定资本形成总额（当年价）和以1978 = 100的固定资本形成总额指数序列，就可以计算出各年份以1978 = 100的投资隐含平减指数。

直接采用固定资产投资价格指数来替代并平减各年投资。

第四，经济折旧率的确定。固定资产折旧反映固定资产在当期生产中转移的价值，一般采用以下两种处理方法：一是寻找折旧额序列或通过国民收入核算等式计算出折旧额，以当期投资额扣除折旧额而获得当期实际净投资。已有研究中对未公布各省固定资产折旧序列的1994年以前数据利用国民收入核算公式（折旧额＝GDP－国民收入＋补贴－间接税）进行间接核算（Chow，1993）[1]，而1994年之后的数据通过各省的折旧额序列加总得到（李治国、唐国兴，2003）[2]。第二种方法是通过设定折旧率而估算出折旧额，这也是多数研究采取的方法。然而，由于依据的统计资料和方法不同，因而不同学者对设定的经济折旧率也不尽相同。其中有代表性的研究包括：Perkins（1988）[3]，王小鲁、樊纲等（2000）[4] 将经济折旧率设定为5%，Hall和Jones（1999）[5]、Young（2003）[6] 假设为6%。近年来的大多数研究根据分类的固定资本寿命期和残值率分别估算出各类资本品的折旧率，然后通过加权平均获得总体经济折旧率。使用这种方法的理论基础在于：首先，在利用PIM法估算资本存量时，公式中的 δ 应该是重置率而非折旧率，因为重置反映的是过去购买的资本品相对效率在当期的递减，体现生产能力的维持或恢复；而折旧反映的是资本品未来效率递减的贴现值。其次，使用PIM法需要确定资本品效率下降的方

---

[1]　Gregory C. Chow，"Capital Formation and Economic Growth in China"，*The Quarterly Journal of Economics*，Vol. 108，Issue 3，August 1993，pp. 809 – 842.

[2]　李治国、唐国兴：《资本形成路径与资本存量调整模型——基于中国转型时期的分析》，《经济研究》2003年第2期。

[3]　Dwight Heald Perkins，"Reforming China's Economic System"，*Journal of Economic Literature*，Vol. 26，No. 2，Jun. 1988，pp. 601 – 645.

[4]　王小鲁、樊纲等：《中国经济增长的可持续性——跨世纪的回顾与展望》，经济科学出版社2000年版。

[5]　Robert E. Hall，Charles I. Jones，"Why Do Some Countries Produce So Much More Output Per Worker than Others?"，The Quarterly Journal of Economics，Vol. 114，Issue 1，February 1999，pp. 83 – 116.

[6]　Alwyn Young，"Gold into Base Metals: Productivity Growth in the People's Republic of China During the Reform Period"，*Journal of Political Economy*，Vol. 111，No. 6，December 2003，pp. 1220 – 1261.

式，常用的方法是假设资本品服从以下三种相对效率模式，即单驾马车法、直线型法和几何模式递减法，其分别代表资本品的相对效率在寿命期内不变、直线下降和几何下降。而只有资本品的相对效率按照几何模式递减，重置率才和折旧率相等（孙琳琳、任若恩，2005）。[1] 基于此，多数研究采用服从几何效率递减假设的余额折旧法 $d_T = (1-\delta)^T$ 估算固定资本的折旧率。[2] 由于不同学者对建筑、设备等固定资产的寿命期及投资构成结构设定不同，因而固定资本总折旧率的估算结果具有差异，代表性研究结果分别为 9.6%（张军等，2004）[3]、10.96%（单豪杰，2008）[4]、10.47%—12.06%（白重恩等，2007）。[5] 考虑到这些研究的测算方法相一致，本书取这些测算结果的平均值 10.6% 作为折旧率以克服不同研究选取不同固定资产使用寿命造成的结果偏差。

本书通过 PIM 法对中国 1978—2014 年的资本存量进行估算，获得式（5-1）中的 K（t）值，并基于前文所述的要素收入份额可变的增长核算法［式（5-2）］对全要素生产率进行测度。原始数据来源如下：固定资本形成总额及指数来源于《中国国内生产总值历史核算资料（1952—2004）》和《中国统计年鉴》；固定资产投资价格指数、国内生产总值及价格指数、劳动力数据来源于《新中国六十年统计资料汇编》和历年《中国统计年鉴》；劳动收入份额数据根据《中国国内生产总值历史核算资料 1952—2004》及历年《中国统计年鉴》

---

[1] 孙琳琳、任若恩：《中国资本投入和全要素生产率的估算》，《世界经济》2005 年第 12 期。

[2] 式中，d_T 表示资本品的相对效率，即旧资本品相对于新资本品的边际生产效率；δ 表示重置率（或折旧率），T 表示时期。在资本品相对效率的几何递减模式下，各年份的重置率不变。在黄勇峰等（2002）、张军等（2004）的研究中，都采用我国法定残值率代替资本品的相对效率 d_T，并取 3%—5% 的中间值 4%，表示寿命终了时资本品的相对效率为新资本品的 4%。

[3] 张军、吴桂英、张吉鹏：《中国省际物质资本存量估算：1952—2000》，《经济研究》2004 年第 10 期。

[4] 单豪杰：《中国资本存量 K 的再估算：1952—2006》，《数量经济技术经济研究》2008 年第 10 期。

[5] 白重恩、谢长泰、钱颖一：《中国的资本回报率》，载《比较》第 28 期，中信出版社 2007 年版。

中的省际收入法 GDP 构成项目数据加总获得全国总体的数据。最终的 TFP 测算结果见表 5 - 4。

表 5 - 4　　　　　　　　　1978—2014 年中国全要素生产率　　　　　单位 : %

年份	资本 增长率	劳动力 增长率	TPF 增长率	年份	资本 增长率	劳动力 增长率	TFP 增长率
1978	8.26	1.97	6.25	1997	11.51	1.26	2.51
1979	8.00	2.17	2.25	1998	11.26	1.17	1.21
1980	8.57	3.26	1.70	1999	10.48	1.07	1.41
1981	6.73	3.22	0.16	2000	10.32	0.97	2.26
1982	7.21	3.59	3.59	2001	10.47	1.30	1.81
1983	7.99	2.52	5.51	2002	11.40	0.98	2.16
1984	10.01	3.79	8.18	2003	13.09	0.94	2.03
1985	11.15	3.48	6.02	2004	13.55	1.03	1.40
1986	11.01	2.83	1.75	2005	13.26	0.83	2.58
1987	11.78	2.93	4.00	2006	13.99	0.76	3.45
1988	11.23	2.94	3.94	2007	13.94	0.77	4.85
1989	6.40	1.83	- 0.20	2008	13.76	0.64	0.43
1990	5.95	17.03	- 7.37	2009	16.24	0.34	- 0.95
1991	7.34	1.15	4.80	2010	15.52	0.36	1.12
1992	9.73	1.01	8.58	2011	14.31	0.40	0.54
1993	12.28	0.99	6.80	2012	13.56	0.36	- 0.59
1994	13.41	0.97	5.26	2013	12.76	0.35	- 0.05
1995	13.51	0.90	3.20	2014	11.97	0.52	0.36
1996	12.92	1.30	2.47				

　　资料来源 : 笔者自己测算。计算过程中国内生产总值、资本存量等基础数据均按 1978 年不变价格进行调整。

　　(2) 全要素生产率的变动趋势。1978—2014 年，我国全要素生产率增长率的总体变化趋势与宏观经济运行相吻合 (见图 5 - 2)，这也与现有多数研究的结论相一致（郑京海、胡鞍钢，2005；① 郑世林等，2015②）。当经济处于繁荣扩张时期，相应的 TFP 增长率达到阶段性高点；当经济处于低迷收缩时期，相应的 TFP 增长率也呈现显著下降。造成这一现象的原因在于：一方面，我们测算 TFP 时只简单地利用资本存量及劳动力数量来代表要素投入，并没有考虑资本利用率及工作强度或时间在不同经济周期中的变化；另一方面，TFP 的不稳定性与我国特有的增长模式密切相关，TFP 作为经济体系内生且难以直接施加控制的变量，一旦受到系统内部或外部的负面影响而减缓或枯竭，中国政府将选择更为可靠的增长源泉，以资本积累等要素投入驱动经济增长成为必然选择（刘瑞翔，2013）。③

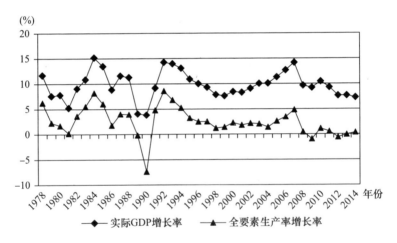

图 5 - 2 1978—2014 年中国全要素生产率变动趋势

根据 TFP 的变动周期，我们可将其大致分为三个阶段，即 1978—1993 年、1993—2007 年及 2007 年以后。1978—1993 年既是 TFP 频

① 郑京海、胡鞍钢：《中国改革时期省际生产率增长变化的实证分析（1979—2001年）》，《经济学》（季刊）2005 年第 1 期。

② 郑世林、张宇、曹晓：《中国经济增长源泉再估计：1953—2013》，《人文杂志》2015 年第 11 期。

③ 刘瑞翔：《探寻中国经济增长源泉：要素投入、生产率与环境消耗》，《世界经济》2013 年第 10 期。

繁剧烈波动的时期，也是 TFP 迅速增长的时期。其中，1984 年、1992 年分别达到 8.18% 和 8.58% 的阶段性峰值，这也是考察期内 TFP 所达到的最高点。究其原因，1993 年以前是我国经济体制转轨的重要时期，随着体制转型和市场条件转变，TFP 也发生剧烈变动。一系列如家庭联产承包责任制、国有企业放权让利、乡镇企业大规模兴起等制度红利的释放使要素生产率极大提高，TFP 快速增长。1989—1991 年由于改革进入僵持阶段，TFP 出现严重衰退，1990 年达到 -7.34% 的历史最低点，1992 年邓小平南方谈话后 TFP 又跃升至最高点。

　　1993—2007 年我国 TFP 经历了平稳的"下降—上升"过程。1993—2000 年是 TFP 平稳下降的阶段，从 6.8% 下降到 2.26%。这一阶段 TFP 下降的原因在于，一方面，改革开放初期所释放的制度红利消失殆尽，改革的深入导致深层次的制度矛盾逐渐凸显；另一方面，投资过度造成产能利用率下降，宏观经济出现全面的产能过剩，加之长期低水平的公共教育与科研支出以及社会矛盾的进一步加剧，不可避免地导致 TFP 持续下降（胡鞍钢、郑京海，2004）。[①] 另外，20 世纪 90 年代中后期东南亚金融危机也对中国宏观经济造成冲击，制约 TFP 增加。2000—2007 年 TFP 开始显著回升，一方面，我国在 2001 年加入 WTO 后全面深入参与全球经济分工显著提高了生产率；另一方面，国家实施积极的财政政策使宏观经济转好，基础设施建设与公共教育支出的经济效应也逐渐显现，促使 TFP 开始稳定增长。

　　2007 年以后，TFP 增长周期进入第三阶段。这一阶段的 TFP 较前期显著下降并一直处于较低水平，从 2007 年的 4.86% 直接下降到 2008 年的 0.43%，2009 年进一步下降到 -0.95% 的最低点，这一阶段 TFP 增长率最高仅为 1.12%。出现这一现象的原因是，2008 年的国际金融危机致使全球经济增长乏力，国际需求锐减使国内企业订单大幅减少，产能利用率明显下滑，企业开工严重不足，生产资源大量

---

　　① 胡鞍钢、郑京海：《中国全要素生产率为何明显下降》，《中国经济时报》2004 年 3 月 26 日。

闲置，最终导致生产率以及 TFP 大幅下降低至负值（董敏杰、梁泳梅，2013）。① 对外经济受阻暴露出中国经济结构失衡的深层次矛盾，政府通过大规模投资计划才得以避免经济增速大幅度下滑，但这一措施进一步导致 TFP 下降。

从经济增长的源泉来看（见表 5 - 5），过去 30 多年中，要素投入对经济增长的贡献高达 77.35%。其中，资本贡献份额达到 67.9%，分阶段的贡献份额也不低于 40%，劳动和 TFP 的贡献份额分别只占 13.09% 和 19.01%。并且，劳动贡献份额呈逐年下降的趋势。② 1978—1980 年劳动贡献份额为 13.27%，而 2011—2014 年仅为 1.86%。虽然个别年份出现 TFP 贡献较高的现象，但绝大多数时期资本贡献是第一位的，资本贡献份额远高于其他要素的贡献份额。由此表明，我国的经济增长仍然是一种典型的资本投入型增长方式（李平等，2013）③，全要素生产率对我国经济增长的贡献还有很大的提升空间（郭庆旺、贾俊雪，2005；④ 张建华、王鹏，2012⑤）。

表 5 - 5　　　　　　　1978—2014 年各生产要素贡献份额　　　　　　单位:%

时期	GDP 增长率	资本贡献份额	劳动贡献份额	TFP 贡献份额
1978—1980 年	9.04	51.80	13.27	34.93
1981—1985 年	10.76	44.85	16.74	38.41
1986—1990 年	7.92	67.35	54.20	− 21.54
1991—1995 年	12.28	49.93	3.92	46.15
1996—2000 年	8.64	71.40	6.12	22.47

① 董敏杰、梁泳梅：《1978—2010 年的中国经济增长来源：一个非参数分解框架》，《经济研究》2013 年第 5 期。

② 由于 1990 年统计口径的变化，全社会就业人数大幅增加，导致这一年劳动对经济增长率的贡献率激增至 210.5%，考虑到这一特殊情况，在分析中剔除这一年的数据。

③ 李平、钟学义、王宏伟等：《中国生产率变化与经济增长源泉：1978—2010 年》，《数量经济技术经济研究》2013 年第 1 期。

④ 郭庆旺、贾俊雪：《中国全要素生产率的估算：1979—2004》，《经济研究》2005 年第 6 期。

⑤ 张建华、王鹏：《中国全要素生产率：基于分省份资本折旧率的再估计》，《管理世界》2012 年第 10 期。

续表

时期	GDP 增长率	资本贡献份额	劳动贡献份额	TFP 贡献份额
2001—2005 年	9.76	75.06	4.41	20.53
2006—2010 年	11.23	84.90	1.83	13.26
2011—2014 年	8.47	97.70	1.86	0.44
1978—2014 年	9.78	67.90	13.09	19.01

资料来源：表中第 2 列数据根据《中国统计年鉴》数据计算获得，第 3—5 列数据根据本表第 2 列及表 5-4 中数据计算获得。

由表 5-6 全要素生产率贡献的国际比较可知，中国的 TFP 对经济增长贡献明显低于发达国家。所考察的几个 OECD 国家在 1985—2011 年 TFP 增长贡献率均不低于 35%。其中，美国、英国等老牌工业化国家的 TFP 平均贡献率分别为 38.46% 和 36%，德国在 1995 年以后 TFP 贡献率一直不低于 50%，法国在 1985—2005 年 TFP 贡献率在 40% 以上。日本、韩国等后起的东亚国家 TFP 贡献率分别达到 70.59% 和 65%。

表 5-6　　　　　　　全要素生产率贡献的国际比较　　　　　　单位：%

时期\国家	1985—2011 年	1985—1990 年	1990—1995 年	1995—2000 年	2000—2005 年	2005—2011 年
美国	38.46	21.88	28.00	34.88	70.83	77.78
英国	36.00	12.12	84.21	40.00	48.28	-166.67
德国	—	—	—	61.11	116.67	50.00
日本	70.59	63.27	50	87.50	83.33	300.00
韩国	65.00	60.61	50	70.59	63.64	91.89
法国	47.37	53.16	91.67	48.15	43.75	11.11

资料来源：根据 OECD 数据库提供的 TFP 增长率及 GDP 增长率数据计算获得。

2. 资本生产率

（1）资本—产出比率。根据经济增长理论，人均产出增长率可分解为资本—产出比增长率和 TFP 增长率之和。在 TFP 增长不变的条件下，资本形成速度最终受制于边际报酬递减规律，在原有资本投资规模下将导致产出增长不可持续。因此，只有不断加速资本积累，提高资本存量，强化"资本深化"过程，才能维持产出增长。从生产率角度来看，资本—产出比越小，资本边际产出越大，资本生产率越高。资本—产出比率上升是衡量"粗放型"经济增长的一个重要总量特征（张军，2002）。[①]

由图 5 - 3 可知，1978—2014 年中国资本—产出比率可以 1994 年为分界点划分为两个阶段。1978—1994 年改革启动阶段，资本—产出比率呈波动下降态势，从 1.83 下降至 1.61，年均下降速度为 0.8%。1994 年以后改革全面深入阶段，资本—产出比率一直处于上升趋势，2014 年资本—产出比率达到 2.759。1994—2014 年资本—产出比率平均增长率为 0.89%。其中，2004 年以后为 1.53%。在经济转轨初期，增量改革引起的配置效率改善带动资本—产出比率显著下降。但是，随着工业化进程推进，资本积累速度明显快于产出增长速度，资本—产出比率不断上升。从国际视角看，其他新兴工业化国家在经济高速增长期也经历了资本—产出比率的上升。1960—1980 年，中国台湾的投资占 GDP 比率上升了 1 倍，韩国上升了两倍，而新加坡则上升了 3 倍（Young，1995）。[②]

（2）增量资本产出比（ICOR）。增量资本产出比（Incremental Capital – Out – put Ratio，ICOR）是国际通行的衡量宏观投资效率的指标，反映资本的边际效率。[③] ICOR 以资本增量和产出增量之比获得，即 $ICOR = \Delta K / \Delta Y = I / \Delta Y$。由于 ICOR 是资本边际生产率（dY/dK）

---

① 张军：《资本形成、工业化与经济增长：中国的转轨特征》，《经济研究》2002 年第 6 期。

② Alwyn Young, "The Tyranny of Numbers: Confronting the Statistical Realities of the East Asian Growth Experience", *The Quarterly Journal of Economics*, Vol. 110, Issue 3, August 1995, pp. 641 – 680.

③ 虽然学者对使用"边际资本—产出比率"（ICOR）来评价投资效率存在异议（Kaldor，1966；樊潇彦、袁志刚，2006），但国际上普遍都将 ICOR 作为衡量一国投资效率的指标（Young，1993；Toh & Ng，2002）。

的倒数，因而其数值越大表明投资效率越低。

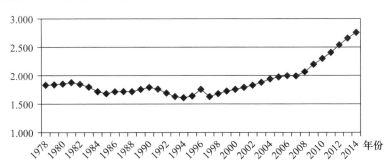

图 5 - 3　1978—2014 年中国资本—产出比率变动趋势

资料来源：根据前文计算的资本存量以及实际 GDP 数据计算并绘制，并经调整为 1978 年不变价格计。原始数据来源于历年《中国统计年鉴》《新中国六十年统计资料汇编》以及《中国国内生产总值历史核算资料 1952—2004》。

中国的 ICOR 总体较高（见图 5 - 4），且出现个别年份激增的情况。改革开放之初虽然 ICOR 波动性较强，但相对水平较低，平均仅为 3.46。1989—1990 年 ICOR 出现激增，但很快回落至最低点 2.29 并缓慢上升。从 1997 年开始，国家积极财政政策的刺激作用导致短期内基础设施投资大量增加，ICOR 不断升高，一直保持在 4.3 以上。2005—2007 年稍有回落，但 2008 年金融危机后国家强劲的经济刺激计划又引致 ICOR 大幅增加。2010 年以后经济增长率放缓导致宏观投资效率显著下降，ICOR 达到 7.59 的历史高位。数据表明，1978—2014 年每增加 1 元 GDP 所需投资额从 3.58 元提高到 7.21 元，宏观投资效率下降 50% 以上。

虽然经济高速增长时期 ICOR 值相对升高是各国经济增长的普遍规律，但日本、韩国及中国台湾在经济高速增长时期的 ICOR 值也不及中国（见表 5 - 7）。[①] 日本在 1961—1970 年、韩国在 1981—1990 年的 ICOR 值为 3.2，中国台湾在 1981—1990 年的 ICOR 值只有 2.7。

---

　① ICOR 是增量资本与增量产出的比值，计算中使用公式 ICOR = $\Delta K/\Delta Y$ = $I/\Delta Y$，对等式两边同除以 Y，得到 ICOR 的变形计算方法，即 ICOR =（I/Y）/（$\Delta Y/Y$）= s/g。其中，s 为投资率，g 为 GDP 增长率。

而中国在 1978—1990 年、1991—2000 年、2001—2010 年的 ICOR 值分别为 3.8、3.6 和 4.0。1961—1970 年日本的投资率为 32.6%，经济增长率达到 10.2%。而中国在 1978—2014 年 39.2% 的平均投资率下，经济增长率为 9.8%。中国台湾的宏观投资效率更高，1981—1990 年以 21.9% 的投资率支撑了 8.0% 的经济增长率。而中国在 2010—2014 年以 47.5% 的投资率支撑了 8.0% 的产出增长率。不难看出，中国的投资效率远低于日本、中国台湾等东亚经济体，经济增长的投资驱动特征明显。

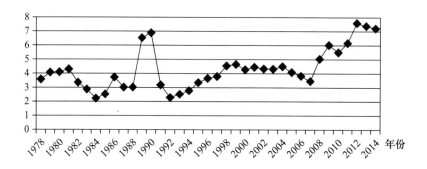

图 5 - 4 1978—2014 年中国 ICOR 趋势

资料来源：根据历年《中国统计年鉴》《中国国内生产总值历史核算资料（1952—2004）》及《新中国六十年统计资料汇编》数据计算并绘制。采用 1978 年定期固定资本形成总额指数及 GDP 平减指数调整各年的固定资本形成总额及 GDP 数据，依此计算出 ICOR 值。资本增量（投资）指标选取固定资本形成总额。

3. 劳动生产率

全社会劳动生产率是反映一个国家或地区劳动要素投入和总产出关系的重要指标，不仅衡量地区社会生产力水平，也体现产业资源配置效率。1978—2014 年，中国劳动生产率呈稳定加速上升趋势，从 907.85 元/人增加到 13277.45 元/人，35 年间增长 14.6 倍，年均增长长率达 7.76%。[①] 其中，1978—1994 年全社会劳动生产率增速相对

---

① 需要指出，1989—1990 年劳动生产率略微下降是由于《中国统计年鉴》对全社会就业人员统计数据进行调整，就业人数异常增加，而非实际劳动生产率出现下降。

缓慢，仅为 6.39%，1994 年以后增长加速，年均增长率达 8.84%。然而，不同产业的劳动生产率增长轨迹并不相同（见图 5 - 5）。第一、第二、第三次产业的劳动生产率增长率分别为 12.19%、11.05% 及 11.45%。由于三次产业劳动生产率基础值差距较大，因而上升幅度差异显著。第二产业劳动生产率从 1978 年的 2512.89 元/人增长到 2014 年的 117652.1 元/人，增长幅度最大；第三产业次之，从 1784.22 元/人增长到 97576.27 元/人；第一产业增幅最小，从 362.86 元/人增长到 23564.19 元/人。

表 5 - 7　　　　　　　　ICOR 值的国际比较　　　　　　　单位:%

国家（地区）	时期	投资率	GDP 增长率	ICOR
中国	1978—1990 年	35.5	9.3	3.8
	1991—2000 年	37.8	10.5	3.6
	2000—2010 年	42.2	10.5	4.0
	2010—2013 年	48.0	8.2	5.8
	1978—2013 年	39.0	9.9	4.0
日本	1961—1970 年	32.6	10.2	3.2
韩国	1981—1990 年	29.6	9.2	3.2
中国台湾	1981—1990 年	21.9	8.0	2.7

资料来源：中国的数据根据《中国统计年鉴》数据整理计算得到，其他国家的数据来源于 Kwan C H. Why China's Investment Efficiency is Low：Financial Reforms are Lagging Behind [J]. China in Transition，2004，18。

虽然中国的劳动生产率不断提高，但更多表现为低绝对水平上的纵向增长。从横向国际比较来看仍相对偏低（见表 5 - 8）。1980 年我国劳动生产率仅为 476.11 美元/人，而同期印度、印度尼西亚等国的劳动生产率是中国的 2—3 倍，韩国、墨西哥、巴西等国均为中国的

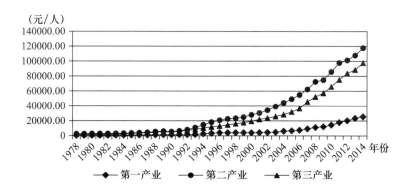

图 5 – 5　1978—2014 年中国三次产业劳动生产率变动趋势

资料来源：根据《中国统计年鉴》数据整理计算并绘制。

表 5 – 8　　　　　　　　全社会劳动生产率的国际比较　　　　单位：美元/人

国家(地区)	1980 年	1985 年	1990 年	1995 年	2000 年	2005 年	2010 年
中国	476.11	474.38	558.45	1071.43	1662.62	2995.30	7791.87
印度	835.65	962.60	1204.79	1309.89	1393.70	2178.01	4488.49
印度尼西亚	—	1398.39	1508.22	2463.88	1836.60	3042.78	6543.08
日本	19133.92	24927.75	51976.92	82546.07	72407.69	71618.94	87755.75
韩国	4563.18	6452.52	14626.30	25377.53	25207.94	36959.76	42383.55
加拿大	24841.52	31699.85	46349.03	43722.57	49112.47	70117.50	92723.00
墨西哥	4326.55	5153.38	6271.88	8461.91	14718.99	20764.89	23706.41
美国	27280.14	39010.73	48825.42	58767.01	72219.51	87321.67	103911.98
巴西	5503.20	4903.62	7439.61	11043.55	9823.25	10118.13	—
德国	35647.90	26656.79	60187.46	69906.79	52318.28	76771.18	84150.75
俄罗斯联邦	—	—	4135.36	6165.77	3991.09	11214.61	21349.76
英国	21509.09	18919.60	36626.09	44661.76	52952.55	78357.17	77747.06
澳大利亚	25491.00	27190.80	38872.63	45136.06	45262.57	67683.05	100444.44

资料来源：根据历年《国际统计年鉴》中相关数据整理计算获得。

10 倍以上。中国与发达工业化国家的差距更大，加拿大、澳大利亚的劳动生产率是中国的 52 倍、美国是中国的 57 倍，而德国则是中国的 74 倍以上。改革开放以后中国的全社会劳动生产率增速明显快于其他国家，绝对水平已超过印度等国。然而，中国与先进工业化国家的劳动生产率绝对差距仍相当显著。2010 年中国还不及这些国家在 20 世纪 80 年代水平的 1/3，中国的劳动生产率尚未达到 1 万美元/人，而美国、澳大利亚等均已超过 10 万美元/人，如此巨大的差距在短期内是无法逾越的。

二　经济结构维度的演进

1. 产业结构

产业结构是指各产业部门之间以及各产业部门内部的构成比例和相互作用关系，反映资源在整个国民经济中的配置状况。产业结构转型升级是经济增长过程中最重要的结构性变化之一，指各产业部门所占比重、重要程度、发挥作用等交替变更的过程。

中国的工业化肇始于新中国成立之初，经过近 30 年的发展，到 1978 年第二产业已具有相当大的规模，占国内生产总值比重为 47.9%，而第一、第三产业比重分别为 28.2% 和 23.9%。1978 年以后，我国产业结构变动主要体现为第一产业比重大幅度下降而第三产业比重大幅度上升，第二产业比重在平稳波动中略微下降。总体上，第一产业比重下降至 10.1%，第三产业比重在 2013 年首次超过第二产业达到 46.1%，第二产业比重略微下降至 43.9%。与此相适应，三次产业就业结构也显著变化（见图 5 - 6）。第一产业就业比重从 1978 年的 70.5% 急剧下降至 2014 年的 29.5%，下降幅度超过产值比重下降幅度。第二、第三产业就业比重分别从 17.3% 和 12.2% 上升至 30.1% 和 38.5%。

虽然考察期内我国产业结构发生了重大转变，但相比于产业结构标准模式，依然存在第二产业比重偏高、第三产业比重偏低的不平衡状态（钱纳里、赛尔奎因，1988）。[①] 具体来看，第一产业基础薄弱且劳动生产率偏低，占就业比重 30% 的农业劳动力仅提供了 10% 的总产出；第二产业内部轻重工业比例失调，带有明显资源密集型特征

---

① ［美］霍利斯·钱纳里、莫伊思·赛尔奎因：《发展的型式：1950—1970》，李新华等译，经济科学出版社 1988 年版，第 118—126 页。

的重化工业比重较大，而高新技术产业发展不足；第三产业中低附加值的商业、运输业等传统产业发展较快，而高附加值的金融保险、信息咨询、物流等新兴产业发展滞后。

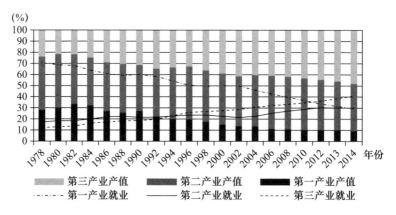

图5-6　1978—2014年三次产业产值及就业比重变动趋势

资料来源：根据《中国统计年鉴》数据整理计算并绘制。

从国际比较来看（见表5-9），2000年以后，高收入国家的农业增加值比重在2%以下，工业增加值比重在30%以下，服务业增加值比重则在70%以上。2014年，中等收入国家的三次产业比重分别为9.8%、34.7%和55.5%。中国虽然已经进入中等收入国家之列，但是产业结构并未达到中等收入国家的平均水平。2014年中国服务业比重低于中等收入国家近10个百分点。具体来看，2014年美国、日本等发达国家的农业比重仅为1%左右，服务业比重达到78%以上，南非、墨西哥等金砖国家的农业比重也降至5%以下，服务业比重在60%以上。无论从何角度进行对比，中国的产业结构高级化程度都显著偏低，表现在工业发展较快而服务业发展明显滞后。

表5-9　　　　　　　　　产业结构的国际比较　　　　　　　　单位：%

国家（地区）	农业增加值比重		工业增加值比重		服务业增加值比重	
	2000年	2014年	2000年	2014年	2000年	2014年
高收入国家	1.9	1.5	27.8	24.4	70.3	73.9
中等收入国家	12.7	9.8	36.8	34.7	50.6	55.5

国家（地区）	农业增加值比重		工业增加值比重		服务业增加值比重	
	2000 年	2014 年	2000 年	2014 年	2000 年	2014 年
中低收入国家	13.2	10.1	36.4	34.6	50.4	55.3
低收入国家	33.2	30.5ᵃ	20.7	21.3ᵃ	45.7	47.9ᵃ
中国	15.1	9.2	45.9	42.6	39.0	48.2
美国	1.2	1.5	23.4	20.7	75.4	77.8
英国	0.9	0.6	26.8	19.8	72.3	79.6
日本	1.6	1.2	31.0	26.9	67.4	71.9
德国	1.1	0.8	30.5	30.7	68.4	68.5
巴西	5.6	5.6	27.7	25.0	66.7	69.4
印度	23.0	17.0	26.0	30.1	51.0	52.9
南非	3.3	2.5	31.8	29.5	64.9	68.0
韩国	4.4	2.3	38.1	38.2	57.5	59.5
印度尼西亚	15.6	13.7	45.9	43.0	38.5	43.3
澳大利亚	3.4	2.4	26.8	27.1	69.9	70.5
墨西哥	3.5	3.5	34.9	33.8	61.6	62.7
俄罗斯	6.4	4.6ᵃ	37.9	32.6ᵃ	55.6	62.8ᵃ

资料来源：2015 年《国际统计年鉴》，其中，带字母 a 上标的数据为 2015 年的数据。本表中增加值来源根据《国际标准行业分类》（ISIC）修订本第三版确定。数据按 2005 年不变价美元计。其中，农业包括林业、狩猎和渔业、作物耕种和畜牧生产（ISIC 第 1—5 项）；工业包括采矿业、制造业、建筑业、电力、水和天然气行业（ISIC 第 10—45 项）；服务业包括批发和零售贸易，运输、政府、金融、专业和个人服务（ISIC 第 50—99 项）。此外，还包括设算银行利息，进口税以及国家编纂机构发现的统计偏差和指标调整。增加值是总产出相加再减去中间投入的部门净产出，其中未扣除装配式资产折旧或自然资源的损耗和退化。

2. 需求结构

（1）投资消费率。投资、消费和净出口三大需求构成拉动经济增长的"三驾马车"，三者比例关系构成总需求结构，并在很大程度上影响产业结构。如图 5 - 7 所示，1978—2014 年我国投资率呈波动上升态势，从 38.2% 上升到 47.2%。消费率在波动中逐渐下降，从 62.1% 下降到 49.8%。两者的变动导致投资消费比从 1978 年的 0.61 上升至 2010 年的 0.99，并在此后一直稳定在 0.95 以上。从投资率的波动周期来看，投资率与经济体制改革具有较大相关性。在改革的关键性年份（1978 年、1985 年及 1993 年），投资率都迅速上升至极高点。2001 年中国加入 WTO 以后，投资率一直处于波动上升趋势，总体投资率不低于 40%。在 2008 年金融危机后国家大规模投资刺激计划下一直处于 47% 以上的高位。如此高的投资率在 20 世纪 60—80 年代东南亚新兴工业化国家（NIEs）高速增长时期也是少见的（刘立峰，2004）。[①] 从消费率来看，改革开放初期补偿性需求带动消费率稳步回升，但随后便保持走低态势。2001 年以后迅速下降至 2014 年的 50.4%。

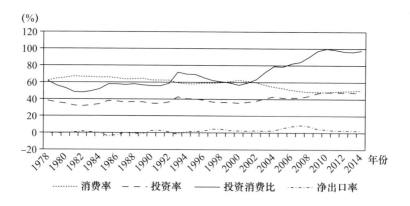

图 5 - 7　1978—2014 年中国需求结构演进趋势

资料来源：根据《中国统计年鉴》相关数据整理计算获得。

钱纳里和赛尔奎因（1989）的研究表明，伴随人均收入的增长，投资率呈现先快速提高而后变动速度趋稳的"S"形曲线；消费率则

---

① 刘立峰：《消费与投资关系的国际经验比较》，《经济研究参考》2004 年第 72 期。

呈先较快下降而后降速逐步减慢的反向 S 形曲线。[①] 乔为国（2007）
对 208 个经济体 1970—2005 年的研究验证了这一结论，并认为需求
结构演变中投资率一般不超过 29% 便由升转降，消费率一般不低于
71% 便由降转升。[②] 虽然需求结构可能存在国别特征或阶段特征（李
永友，2012）[③]，但从平均维度来看，G20 国家 1980—2012 年的平均
总消费与总投资之比约为 5，而中国的数据为 2.05。2000 年以后，中
国表现为国内消费率的急剧下降和投资率的显著上升，预示着中国面
临较严重的需求结构失衡（张连城、李方正，2014）。[④]

　　（2）外贸依存度。外贸依存度是指一个国家或地区对外贸易总额
与国内生产总值的比重。外贸依存度越高，表明经济开放程度越高，
也反映对国际市场依赖程度越高，受世界经济冲击的风险越大。根据
表 5 - 10 数据可知，得益于对外开放政策及经济强劲增长，我国进出
口贸易显著增加。1980 年外贸依存度仅为 9.74%，1990 年增长到
30%，之后的 10 年在 30%—43% 波动上升。随着 1999 年我国进一步
降低出口关税及 2001 年加入 WTO 组织，对外贸易壁垒的全面拆除成
为外贸激增的决定性条件。2006 年外贸依存度达到 65.17% 的最高
点。2008 年全球金融危机冲击下国际需求收缩，致使我国外贸依存度
从 57.29% 骤降至 44.19%，然而 2010 年以后又开始回升并一直保持
在 45% 以上。由此可见，我国高速经济增长很大程度上依靠外需拉
动，较高的外贸依存度加重了我国对外部经济的依赖性，世界经济冲
击必然会对我国经济稳定性造成巨大威胁。

　　① ［美］H. 钱纳里、S. 鲁宾逊、M. 赛尔奎因：《工业化和经济增长的比较研究》，吴
奇、王松宝等译，上海三联书店 1989 年版，第 215—324 页。
　　② 乔为国：《中国高投资率、低消费率研究》，社会科学文献出版社 2007 年版，第 54—60
页。
　　③ 李永友：《我国需求结构失衡及其程度评估》，《经济学家》2012 年第 1 期。
　　④ 张连城、李方正：《中国需求结构失衡判定的国际比较》，《首都经济贸易大学学
报》2014 年第 4 期。

表 5 – 10　　　　　　　1978—2014 年中国贸易依存度　　　　单位:%

年份	外贸依存度	年份	外贸依存度	年份	外贸依存度
1978	9.740	1991	33.17	2004	59.76
1979	11.19	1992	33.87	2005	63.22
1980	12.54	1993	31.90	2006	65.17
1981	15.03	1994	42.29	2007	62.78
1982	14.50	1995	38.66	2008	57.29
1983	14.43	1996	33.91	2009	44.19
1984	16.66	1997	34.15	2010	50.24
1985	22.92	1998	31.81	2011	49.97
1986	25.11	1999	33.34	2012	47.00
1987	25.58	2000	39.58	2013	45.38
1988	25.41	2001	38.47	2014	41.59
1989	24.46	2002	42.70		
1990	29.78	2003	51.89		

资料来源:《中国统计年鉴》。外贸依存度的计算方法是进出口总额占国内生产总值比重。

　　从对外贸易结构来看（见图 5 – 8），货物贸易中工业制成品贸易的扩张构成中国外贸依存度上升的主要方面。1980 年工业制成品贸易总额比重仅为 7.2%，1994 年上升至 34.4%。在经历 1995—2001 年

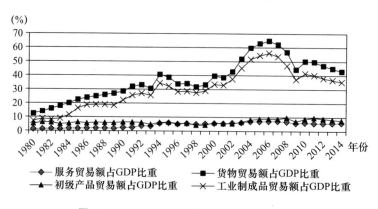

图 5 – 8　1980—2014 年中国对外贸易结构

资料来源:根据《中国统计年鉴》数据整理并绘制。

的稳定阶段后大幅度增长，2006 年增长到 56.04% 的最高点。2007 年以后，工业制成品贸易额比重出现下降趋势，到 2014 年下降至 35.4%。与此同时，初级产品贸易额及服务贸易额比重增长缓慢。1980—2014 年年初级产品贸易额占 GDP 比重仅从 5.24% 上升至 8.28%，服务贸易额比重仅从 1.2% 增加到 5.84%。

从国际比较来看（见表 5 - 11），2012 年中国外贸依存度高出美国、日本 20 个百分点。相比于"金砖"国家，中国的数据与印度、俄罗斯相当，显著高于巴西。2012 年巴西的外贸依存度仅为 26.6%，而中国高达 51.8%，低于南非的 61.7% 的水平。按照经济学理论，中小国家因受资源总量限制以及国内市场狭小，一般采取外向型经济发展战略，通过产品和原材料进出口实现对国内市场和资源需求的补充，具有较高的外贸依存度。而对于大国来说，丰富的自然资源及较大容量的潜在国内市场能够创造出相当大的内需，其外贸依赖程度较小。按照理论推论，作为人口和资源大国，中国的外贸依存度应该较低，但事实上，自对外开放以后我国的外贸依存度不断攀升，加入世贸组织后增幅更加显著。我国目前的外贸依存度无论是绝对数值还是变化幅度，都远远超过世界发达国家和发展中大国的水平。

表 5 - 11　　　　　　　　　外贸依存度的国际比较　　　　　　　单位:%

年份	进口依存度			出口依存度			外贸依存度		
	2000	2010	2012	2000	2010	2012	2000	2010	2012
世界	25.8	28.6	30.3	26.0	28.8	30.3	51.8	57.4	60.6
中国	20.9	25.6	24.5	23.3	29.4	27.3	44.2	55.0	51.8
美国	14.9	15.8	16.9	11.0	12.3	13.5	25.9	28.1	30.4
英国	29.6	32.3	33.9	27.7	30.1	31.8	57.3	62.4	65.7
日本	9.4	14.0	16.7	10.9	15.2	14.7	20.3	29.2	31.4
德国	33.1	42.0	45.9	33.4	47.6	51.8	66.5	89.6	97.7
巴西	11.7	11.9	14.0	10.0	10.9	12.6	21.7	22.8	26.6
印度	13.7	26.3	30.7	12.8	22.0	24.0	26.5	48.3	54.7
南非	24.9	27.8	31.8	27.9	28.4	29.9	52.8	56.2	61.7

续表

年份	进口依存度			出口依存度			外贸依存度		
	2000	2010	2012	2000	2010	2012	2000	2010	2012
韩国	35.7	46.2	53.6	38.6	49.4	56.3	74.3	95.6	109.9
印度尼西亚	30.5	22.9	25.9	41.0	24.6	24.3	71.5	47.5	50.2
澳大利亚	21.4	20.4	21.5	19.4	19.5	21.2	40.8	39.9	42.7
墨西哥	32.9	31.1	33.8	30.9	29.9	32.7	63.8	61.0	66.5
俄罗斯	24.0	21.1	22.3	44.1	29.2	29.6	68.1	50.3	51.9

资料来源：根据《国际统计年鉴》中各国进口总额、出口总额、进出口总额与国民生产总值数据整理计算获得。

3. 收入分配结构

劳动者报酬占比是收入分配的核心问题，其与宏观经济运行存在两方面的重要联系：一是资本收入份额相对劳动收入份额提高是造成收入分配不平等的主要力量；二是劳动收入份额下降使消费率被限制在较低水平上，引起投资消费结构失衡。

改革开放以来，我国劳动者报酬占比在经历短暂上升后便逐年下降（见图 5 - 9）。1978 年劳动者报酬占比为 49.67%，1983 年达到顶峰后便呈长期下滑趋势（吕冰洋、郭庆旺，2012）。[1] 1999 年以后特别是 2004 年开始加速下降[2]，到 2008 年下降至最低点 39.72%。2009 年以后劳动者报酬占比有所上升，2014 年上升至 46%。长期以来，我国的资源禀赋特征表现为劳动力丰富而资本相对稀缺。在改革开放的政策推动下，我国凭借劳动力成本比较优势大力发展加工制造业，广泛进行对外贸易，并且积极引进发达国家先进技术，推动了经济高速增长。但是，技术进步、农村剩余劳动力、对外贸易以及 FDI

---

① 吕冰洋、郭庆旺：《中国要素收入分配的测算》，《经济研究》2012 年第 10 期。

② 2004 年统计口径的变动造成当年劳动报酬占比突然下滑，其具体的调整为：一是将个体经营户的收入由劳动者报酬改为营业盈余；二是将国有和集体农场的营业盈余改为劳动者报酬。前者减少劳动报酬份额，而后者则加了劳动报酬份额，然而，总体上新统计方法使劳动报酬份额显著下降（白重恩、钱震杰，2009）。

等都对劳动收入占比提高具有抑制作用（陈宗胜、宗振利，2014）。[①]

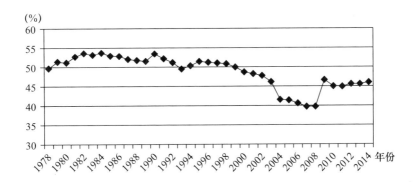

图 5 - 9　1978—2014 年中国劳动报酬占比变动趋势

资料来源：根据《中国国内生产总值核算历史资料 1952—2004》及《中国统计年鉴》（2005—2015 年）的省际收入法 GDP 构成项目计算得出。

具体的计算方法是：劳动报酬占比 = 劳动报酬/收入法国内生产总值。

　　1970—2010 年，发达国家的劳动报酬占 GDP 份额明显高于发展中国家的水平（见表 5 - 12），其数值均在 50% 以上。其中，美国最高平均达 59.1%。英国、日本、德国、澳大利亚等国略低。发展中国家中，南非的劳动报酬份额相对较高，平均为 50.0%，俄罗斯次之，平均为 45.7%。而中国和墨西哥的数据显著低于这些国家，中国在 1980—2010 年平均劳动报酬份额不足 40%，墨西哥仅为 31.2%。一些研究指出，劳动报酬份额会出现"U"形变动规律（李稻葵等，2009）[②]，但是无论是先行工业化国家还是新兴工业化国家均未出现劳动报酬份额先下降后上升的过程，其要么长期稳定在较高水平上，要么快速上升。而中国的劳动报酬份额表现出长期低水平的稳定性，

　　① 陈宗胜、宗振利：《二元经济条件下中国劳动收入占比影响因素研究——基于中国省际面板数据的实证分析》，《财经研究》2014 年第 2 期。
　　② 李稻葵、刘霖林、王红领：《GDP 中劳动份额演变的 U 型规律》，《经济研究》2009 年第 1 期。

展现出与成熟工业化国家不同的"非典型"特征（张车伟、张士斌，2012）。[①]

表 5–12　　　　　1970—2010 年劳动报酬份额的国际比较　　　　单位:%

年份 国家(地区)	1970	1980	1985	1990	1995	2000	2005	2010	平均
中国	—	35.8	37.3	40.6	42.3	42.7	35.8	34.2	38.4
美国	61.3	61.0	59.6	60.4	60.2	58.5	56.3	55.3	59.1
英国	59.3	59.7	55.4	57.5	54.4	54.5	54.0	54.4	56.2
日本	43.5	54.3	54.3	53.6	57.0	53.9	51.5	50.6	52.3
德国	53.2	58.5	56.0	54.4	54.3	54.4	51.2	51.2	54.2
南非	54.9	47.5	53.0	53.5	53.3	48.0	44.5	45.2	50.0
韩国	33.8	35.6	39.5	45.5	46.8	42.9	45.8	44.9	41.8
澳大利亚	53.8	52.8	51.0	50.2	49.1	49.9	48.7	47.5	50.4
墨西哥	35.6	36.0	28.7	29.5	31.1	31.0	29.6	28.2	31.2
俄罗斯	—	—	—	48.9	38.2	40.2	43.8	50.1	45.7
加拿大	55.3	55.7	54.3	56.1	54.9	50.6	50.6	52.3	53.7

资料来源：根据《国际统计年鉴》中收入法国内生产总值数据整理计算得出。考虑到数据可比性，在计算中对中国雇员的劳动者报酬数据扣除了城乡个体劳动者报酬收入。

4. 城乡二元经济结构

（1）二元对比系数和二元反差指数。Lewis（1954）[②]、Ranis 和 Fei（1961）[③] 等发展经济学家认为发展中国家具有典型的城乡二元经济结构特征。二元经济结构反映产值和劳动力在高生产率的现代工业部门和低生产率的传统农业部门之间的配置，部门的扩展和资源要素在部门间的优化配置将产生经济增长效应。

---

① 张车伟、张士斌：《中国劳动报酬份额变动的"非典型"特征及其解释》，《人口与发展》2012 年第 4 期。

② W. Arthur Lewis, "Economic Development With Unlimited Supplies of Labour", *The Manchester School*, Vol. 22, Issue 2, May 1954, pp. 139–191.

③ Gustav Ranis and John C. H. Fei, "A Theory of Economic Development", *The American Economic Review*, Vol. 51, No. 4, Sep. 1961, pp. 533–565.

1978 年以来，我国二元对比系数和二元反差指数总体呈较大波动态势（见表 5－13），二元经济结构转化出现"弱化—强化—弱化—强化"的周期性。究其原因：在 1978—1984 年改革初期，以实施家庭联产承包责任制为核心的农村改革极大地调动了农民生产积极性，农业生产率提高加速推进二元经济结构转化（高帆，2007）。① 然而，由于制度创新具有"边际收益先递增后递减"的特征（黄少安，2000）②，因此，1984—1993 年制度创新的增长效应逐渐减弱并导致二元经济结构的转化又开始恶化。1992 年邓小平南方谈话及随后党的十四届三中全会重大政策的出台，使乡镇企业异军突起，促进农村劳动力向城镇转移，二元经济结构强度又进一步减弱。而在 1996—2003 年，乡镇企业对农村剩余劳动力的吸纳作用下降，并且城市化滞后于工业化产生的城镇职工对农村剩余劳动力的"挤出效应"又抑制农村剩余劳动力的削减，二元经济结构转化出现停滞和倒退。2003 年以后，归因于中国市场经济体制的完善及资本、劳动力等要素市场的逐渐完备，劳动力流动限制减弱及转移成本降低，二元结构强度一直处于稳步减弱态势。

表 5－13　　1978—2014 年中国二元对比系数和二元反差指数

年份	二元对比系数	二元反差指数	年份	二元对比系数	二元反差指数
1978	0.164	0.423	1985	0.240	0.340
1979	0.197	0.385	1986	0.239	0.338
1980	0.197	0.385	1987	0.244	0.332
1981	0.219	0.362	1988	0.237	0.336
1982	0.235	0.347	1989	0.223	0.350
1983	0.243	0.339	1990	0.247	0.330
1984	0.266	0.319	1991	0.219	0.352

---

① 高帆：《中国二元经济结构转化：轨迹、特征与效应》，《学习与探索》2007 年第 6 期。

② 黄少安：《关于制度变迁的三个假说及其验证》，《中国社会科学》2000 年第 4 期。

年份	二元对比系数	二元反差指数	年份	二元对比系数	二元反差指数
1992	0.198	0.367	2004	0.175	0.335
1993	0.190	0.367	2005	0.170	0.327
1994	0.209	0.344	2006	0.168	0.315
1995	0.228	0.322	2007	0.175	0.300
1996	0.240	0.308	2008	0.183	0.289
1997	0.225	0.316	2009	0.187	0.278
1998	0.215	0.322	2010	0.194	0.266
1999	0.196	0.336	2011	0.209	0.248
2000	0.177	0.349	2012	0.222	0.235
2001	0.168	0.356	2013	0.243	0.214
2002	0.159	0.363	2014	0.242	0.203
2003	0.152	0.363			

资料来源：计算中使用的总产值、总劳动力及各部门产值、各部门劳动力原始数据来源于《中国统计年鉴》。二元对比系数 = 第一产业比较劳动生产率/第二、三产业比较劳动生产率；二元反差指数 = │非农产业产值比重 – 非农产业劳动力比重│。

从国际视角来看，发达国家的二元对比系数一般处于 0.5—0.9，而发展中国家一般处于 0.3—0.5。显然，中国的二元对比系数不但显著低于发达国家，而且低于发展中国家的最低水平，表明我国城乡二元经济结构形势严峻，如何促进二元经济结构转化是提高经济增长质量亟待解决的重要问题。

（2）工业化率与城市化率比较。一个国家的现代化表现为工业化与城市化互动发展过程，工业化通过产业集聚效应扩展城市边界，推进城市化进程，而城市化通过市场需求效应增加工业产出，促进工业化进程。虽然改革开放以后我国城市化进程加速，1978—2014 年城市化率从 17.92% 上升至 54.77%（见图 5 - 10），但总体上城市化仍滞后于工业化。

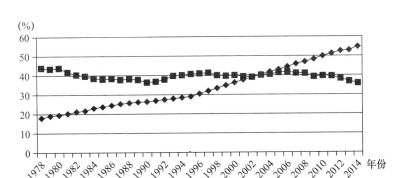

图 5 - 10　1978—2014 年中国城市化率与工业化率的比较

资料来源：根据《中国统计年鉴》数据整理计算并绘制。城市化率以城镇人口占总人口的比重衡量；工业化率以工业增加值占全部生产总值的比重衡量。

　　2011 年我国城市化率超过 50%，此时人均 GDP 突破 5000 美元，而美国在人均 GDP 仅为 830 美元的 1920 年城市化率就超过了 50%。即使与发展中国家相比（见表 5 - 14），我国城市化率也明显滞后。1980 年，我国城市化率仅为 19.4%，而墨西哥和巴西分别为 66.3% 和 65.6%。2014 年我国城市化率提高至 54.8%，而这两个国家分别提高至 78.1% 和 84.6%。我国城市化滞后的基本原因在于具有较高就业弹性的服务业发展滞后，限制了对非农产业就业的吸收，阻碍了城市化进程。

表 5 - 14　　　　　　　　　城市化率的国际比较　　　　　　　　单位：%

年份		1980	1985	1990	1995	2000	2005	2010	2014
中国	工业化率	48.2	42.9	41.3	47.2	45.9	47.4	46.7	42.7
	城市化率	19.4	22.9	26.4	31.0	35.9	42.5	49.2	54.8
印度	工业化率	24.3	25.7	26.5	27.4	26.1	28.1	27.1	26.4
	城市化率	23.0	24.4	25.6	26.6	27.7	29.2	30.9	31.3
韩国	工业化率	36.6	39.1	41.6	41.9	38.1	37.7	38.8	39.2
	城市化率	56.7	64.9	73.8	78.2	79.6	81.4	82.9	83.2

续表

年份		1980	1985	1990	1995	2000	2005	2010	2014
墨西哥	工业化率	33.7	35.3	28.4	27.9	28.0	34.0	34.7	36.5
	城市化率	66.3	69.0	71.4	73.4	74.7	76.3	77.8	78.1
巴西	工业化率	43.8	45.3	38.7	27.5	27.7	29.3	28.1	27.5
	城市化率	65.5	69.9	73.9	77.6	81.2	82.8	84.3	84.6

资料来源：世界银行数据库。工业化率以工业增加值占 GDP 的百分比衡量，工业增加值包括采矿业、制造业、建筑业、电力、水和天然气行业中的增加值；城市化率以城镇人口占总人口比例衡量。

5. 区域结构

区域不平衡发展，一方面造成同一国家或地区的公民不能平等分享经济增长的成果；另一方面对要素合理流动和有效配置也产生阻滞作用。改革开放以来我国区域差距呈"下降—升高—再下降"的"N"形变动轨迹（见图 5-11）。1978 年，在前一时期"大跃进"和

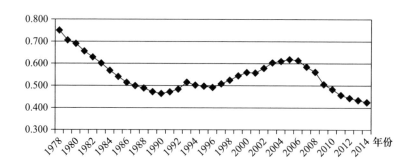

图 5-11　1978—2014 年中国区域差异系数①
资料来源：根据《中国统计年鉴》数据整理计算并绘制。

———————

① $V_w = \dfrac{\sqrt{\sum (y_i - \overline{Y})^2 f_i / n}}{\overline{Y}}$。其中，$y_i$ 和 $\overline{Y}$ 分别为区域 i 和全国人均收入，f_i 和 n 分别为区域 i 和全国人口。

"文化大革命"基础上，区域差异系数达 0.75 的最高点。1978—1990
年区域差异系数逐年下降。改革开放以后我国施行的区域非均衡发展
战略推动东部沿海地区加速发展，因而这一时期区域差异下降并不是
三大区域间差异缩小的结果，而是全国范围内展开各领域经济体制改
革致使区域内部经济差距大幅减小。1990—2005 年区域差异系数又上
升至 0.619。进入 21 世纪以来，在西部大开发、中部崛起、东北老工
业基地振兴等地区协调发展战略的实施下，地区间的经济差距相对
缩小。

三　经济运行维度的演进

1. 产出波动

（1）经济波动周期。Taylor 和 Woodford（1999）提出，衡量一个
国家经济波动的方法就是看总产出和其他相应经济指标的时间序列对
于它们长期趋势的偏离程度。[1] NBER 经济波动周期确定委员会也使
用总产出、收入、就业、贸易等诸多指标来测度经济波动周期。本书
使用总产出指标来衡量经济波动，按照"谷—谷"划分法（刘树成，
2000；[2] 贾俊雪、郭庆旺，2008[3]）对中国经济增长波动周期进行划
分（见表 5 – 15）。

1978—1981 年是改革开放的初始年份，1977 年"洋跃进"导致
固定资产投资迅速增加，1978 年改革开放政策的实施促进全国经济建
设热情高涨，而宏观经济的扩张性信贷政策加速了这一进程，致使
1978 年经济增速高达 11.7%，但信贷膨胀、货币增发也使物价攀升，
在政府抽紧银根的政策下，各项贷款及货币投放大幅减少，通货膨胀
得到治理，1980 年经济开始走低，1981 年经济增长率仅为 5.24%。

1982 年，党的十二大提出本世纪末国民生产总值翻两番的目标，
宏观方面也转为积极的货币政策，经济从谷底开始上升。1984 年，在
农村改革基本完成的背景下，经济体制改革向城市推进。中共十二届

---

[1] John B. Taylor and Michael Woodford, *Handbook of Macroeconomics*, Elsevier, 1999.

[2] 刘树成：《论中国经济增长与波动的新态势》，《中国社会科学》2000 年第 1 期。

[3] 贾俊雪、郭庆旺：《中国经济周期波动特征变化与宏观经济稳定政策》，《经济理论与经济管理》2008 年第 7 期。

三中全会确立了社会主义商品经济的改革方向，经济增长掀起新一轮
高潮，1984 年经济增长率达到改革开放以来的最高点 15.18%。此后
经济增长开始收缩，1986 年经济增长率降至 8.85%。

表 5-15　　　　　1978—2014 年中国经济增长周期与波动①　　　　　单位:%

年份	波动序号	实际 GDP 增长率	峰位	谷位	平均位势	波幅
1978—1981	1	11.70	11.70	5.24	8.09	6.46
1982—1986	2	9.06	15.18	8.85	11.48	6.33
1987—1991	3	11.58	11.58	3.84	7.69	7.74
1992—1999	4	9.18	14.24	7.62	10.68	6.62
2000—2009	5	8.43	14.16	8.30	10.29	5.86
2010—2014	6	10.45	10.45	7.66	8.77	2.79

资料来源：根据《中国统计年鉴》数据整理计算获得，实际 GDP 按 1978 年不变价格
调整。

1987 年年初，政府出台了一系列扩张性经济政策旨在刺激固定资
产投资。加之 1988 年价格改革方案的出台，进一步助推了各地的抢
购风和银行挤兑，引起商品零售价格指数激增至 18.8% 的历史最高点
（常春凤，2009）。② 1989—1991 年是我国"治理整顿，深化改革"
的三年过渡时期，经济过热和通货膨胀得到"急刹车"式治理，宏观
经济实现"硬着陆"的同时经济增长率下降到不足 4% 的历史最
低点。

1992 年邓小平南方谈话又掀起了中国经济建设的新高潮。宏观经
济开始升温，在固定资产投资和消费需求迅猛增长的基础上经济超高
速增长。1993 年，经济过热局面下出现了日益严重的通货膨胀和金融
秩序混乱，居民消费价格指数和商品零售价格指数快速上升。1994 年

---

① 峰位是指波动周期内波峰年份经济增长率；谷位是指波动周期内波谷年份经济增长率；平均位势是指波动周期内平均经济增长率；波幅是指波动周期内经济增长率上下波动幅度。

② 常春凤：《改革开放三十年：中国经济波动与宏观调控的回顾与反思》，《经济学家》2009 年第 2 期。

在财政和货币的双紧政策实施下经济增长速度开始走低，1995—1996年双紧政策继续实行。历时四年的宏观调控最终有效遏制了过快增长的投资和消费需求，宏观经济实现"软着陆"，经济增速从1992年的14.24%回落到1996年的10.01%。1997年亚洲金融危机冲击致使经济增长率进一步下滑，为了应对危机和弥补需求不足，1998年我国开始实施积极的财政政策和稳健的货币政策来稳定宏观经济，1999年经济增长率下滑至7.62%。

2000年中国加入WTO以后经济进入新一轮增长周期。在对外贸易增长的拉动作用下经济增长率不断提高。另外，实施多年的财政政策积累效应开始释放，2003年我国经济走出通货紧缩进入扩张期，投资率回升使经济增长率再次攀升，经济增长率从2000年的8.43%增长到2004年的10.09%。然而，强劲的投资增长导致部分行业投资过剩并引发"煤电油运"的全面紧张，通货膨胀压力日益增加（常春凤，2009）。[①] 2004—2007年中央政府针对经济过热，采取了压缩投资、控制信贷投放、紧缩货币等一系列宏观调控政策，但经济增长率仍然不断升高，2007年经济增长率达到14.16%的历史高点，中国面临着传统"过热"和"泡沫化"的双重风险。2008年以后在国际金融危机冲击下，经济迅速降温至10%以下。

2010年我国4万亿元的救市资金大量用于基础设施建设，投资率上升再一次带动经济高速增长，该年经济增长率为10.45%。然而，大规模的投资刺激在短期内能防止经济大幅衰退，但不能阻止因经济系统内部结构性矛盾造成的长期潜在增长率下降。2011年经济增长率下降到9.29%，2012—2014年进一步下降至7.6%。

（2）潜在增长率和产出缺口。一个经济体的短期经济波动总是围绕长期增长路径这一中心进行的，这个路径即为潜在产出增长趋势线。潜在产出是指在合理稳定的价格水平下，资本和劳动利用率达到充分就业，并使用最优技术及最低投入成本组合所能生产的物品和服

---

① 常春凤：《改革开放三十年：中国经济波动与宏观调控的回顾与反思》，《经济学家》2009年第2期。

务产出（Levy，1963）。[1] 要考察现实经济增长是否处于合理增长区间，必须对潜在增长率进行测算，通过对实际增长路径与潜在增长路径对比来判断宏观经济运行状态。产出缺口是指实际产出与潜在产出的差值占实际产出或潜在产出的比率，用以反映现有经济资源的利用程度并测度经济周期性波动对产出的影响（郭庆旺、贾俊雪，2004）。[2]

目前潜在产出和产出缺口的估算方法主要有三类，第一类为生产函数法[3]，第二类为统计分解趋势法[4]，第三类为状态分解和经济结构相结合的方法[5]（颜双波、张连成，2007）。[6] 不同的潜在增长率估算方法各有利弊，考虑到中国目前还属于转型经济体，一些经济理论或生产函数设定并不适合于中国的现实，并且中国在数据统计方面也存在严重约束或缺陷。因此，本书采取消除趋势法中应用较广泛的 HP 滤波法测算潜在增长率。其基本原理是：以样本点的趋势值作为潜在产出，通过求解实际产出和样本点趋势值的最小化问题估算出潜

---

① Levy M. E, *Fiscal Policy*, *Cycles and Growth*, National Industrial Conference Board, 1963.

② 郭庆旺、贾俊雪:《中国潜在产出与产出缺口的估算》,《经济研究》2004 年第 5 期。

③ 生产函数法建立在新古典经济增长模型基础上，利用现实数据估算总量生产函数及 TFP，通过对 TFP 分解得到趋势 TFP，并估算出潜在就业水平，将两者代入总量生产函数得到潜在产出。该方法的优点是考虑了生产要素利用和技术进步对经济增长的影响，能够充分体现供给方面特征（刘瑞、黄炎，2015）。但缺点在于：一方面，根据此方法估算得到的要素产出弹性是某一时期平均的固定值，难以获得随时序变化的产出弹性估算的潜在增长率；另一方面，该方法对统计数据准确度要求高，且存在资本存量和潜在就业测度两个难点。

④ 统计分解趋势法（又称消除趋势法）将实际产出看作潜在产出的一个附加随机扰动项的实现过程，将实际产出利用平滑工具分解为周期成分（产出缺口）和趋势成分（潜在产出）（沈坤荣、李猛，2010）。该方法的优点在于简单易用，对数据要求较低，但缺点在于缺乏经济理论基础，且趋势成分的波动因子 λ 的选取存在争议。

⑤ 状态分解和经济结构相结合的方法根据经济理论来解释产出、失业和通货膨胀的关系。该方法基于奥肯定律或菲利普斯曲线，在计量分析中要满足不可观察变量服从随机游走过程的假设，这在很大程度上带有主观性。并且，奥肯定律和菲利普斯曲线在我国处于经济结构转换阶段的适用性以及理论模型和方程（SVAR、DSGE）是否能很好地概括出经济运行特征也是有待商榷的（于洪菲、田依民，2013）。

⑥ 颜双波、张连成:《潜在产出与产出缺口的界定与测算方法》,《首都经济贸易大学学报》2007 年第 1 期。

在产出值（Hodrick & Prescott，1997）。[①]

假设 Y_t 是包含趋势成分和波动成分（周期性成分）的实际产出时间序列，Y_t^T 和 Y_t^c 分别是 Y_t 中包含的趋势成分和波动成分。将 Y_t 中不可观测的趋势成分 Y_t^T 定义为以下最小化问题的解，即

$$\min\left\{\sum_{t=1}^{T}(\ln Y_t - \ln Y_t^T)^2 + \lambda\sum_{t=2}^{T-1}\left[(\ln Y_{t+1}^T - \ln Y_t^T) - (\ln Y_t^T - \ln Y_{t-1}^T)\right]^2\right\} \quad (5-3)$$

式中，$\ln Y_t$ 为实际产出自然对数，$\ln Y_t^T$ 为潜在产出自然对数（即趋势成分），$\ln Y_t^c = \ln Y_t - \ln Y_t^T$ 为产出缺口自然对数（即周期性成分），λ 为趋势成分波动因子（平滑参数）。最小化问题是用 $[(\ln Y_{t+1}^T - \ln Y_t^T) - (\ln Y_t^T - \ln Y_{t-1}^T)]^2$ 来调整趋势增量的变化，并随着 λ 的增大而减小。先验给定的平滑参数 λ 的取值是 HP 滤波法的一个重要问题，不同的 λ 值决定不同的周期方式和平滑度，且对应不同的滤波器。当时，求解的趋势序列 Y_t^T 即为 Y_t，估计趋势随着 λ 值增加而越来越光滑，当 $\lambda \to \infty$ 时，求解的趋势序列接近线性函数。现有研究中一般对月度数据取 $\lambda = 14400$，季度数据取 $\lambda = 1600$，年度数据取 $\lambda = 100$。考虑到本书使用的是年度数据，因此取 $\lambda = 100$（Backus & Kehoe，1992）[②]，这也是 Eviews 软件设置的默认值。

表 5 - 16　　　　　1978—2014 年中国潜在增长率及产出缺口

年份	潜在产出（亿元）	潜在增长率（%）	产出缺口（%）	年份	潜在产出（亿元）	潜在增长率（%）	产出缺口（%）
1978	3522.50	9.38	3.37	1982	5089.27	9.80	-4.86
1979	3857.96	9.52	1.64	1983	5596.42	9.97	-4.02
1980	4226.82	9.56	0.05	1984	6160.88	10.09	0.58
1981	4634.89	9.65	-4.14	1985	6784.57	10.12	3.51

① Robert J. Hodrick and Edward C. Prescott, "Postwar US Business Cycles: An Empirical Investigation", *Journal of Money, Credit, and Banking*, Vol. 29, No. 1, Feb. 1997, pp. 1 - 16.

② David Backus and Patrick J. Kehoe, "International Evidence on the Historical Properties of Business Cycles", *American Economic Review*, Vol. 82, No. 4, Sep. 1992, pp. 864 - 888.

续表

年份	潜在产出（亿元）	潜在增长率（%）	产出缺口（%）	年份	潜在产出（亿元）	潜在增长率（%）	产出缺口（%）
1986	7468.67	10.08	2.41	2001	30719.10	9.62	-2.39
1987	8215.90	10.00	3.79	2002	33716.07	9.76	-3.03
1988	9030.55	9.92	4.97	2003	37066.91	9.94	-2.94
1989	9920.70	9.86	-0.32	2004	40820.10	10.13	-2.98
1990	10901.49	9.89	-6.16	2005	45020.81	10.29	-2.04
1991	11991.56	10.00	-6.96	2006	49700.98	10.40	0.03
1992	13206.36	10.13	-3.11	2007	54880.86	10.42	3.30
1993	14554.19	10.21	0.29	2008	60571.51	10.37	2.65
1994	16037.48	10.19	2.84	2009	66794.10	10.27	1.71
1995	17655.81	10.09	3.57	2010	73583.05	10.16	1.96
1996	19410.01	9.94	3.63	2011	80987.49	10.06	1.27
1997	21305.57	9.77	3.22	2012	89075.54	9.99	-0.86
1998	23355.79	9.62	1.61	2013	97942.91	9.95	-3.00
1999	25583.94	9.54	-0.14	2014	106810.28	9.88	-2.51
2000	28024.38	9.54	-1.16				

资料来源：基础数据来源于《中国统计年鉴》，且 GDP 数据按 1978 年不变价格进行调整。产出缺口是实际产出与潜在产出的差额占实际产出的百分比。

根据表 5 - 16 测算结果，1978 年以来我国潜在产出增长率总体处于 9.5%—10.5% 的较高水平，且波动幅度较小。产出缺口作为度量实际增长率与潜在增长率之间偏差的指标，绝对值越大表明宏观经济的实际增长率越偏离潜在增长率，经济系统风险越大。

1978—2014 年我国产出缺口的波动水平呈正负交替的古典周期情形（见图 5 - 12）。总体上，1995 年以前产出缺口的波动较为剧烈且频繁，其原因在于：这一时期正是我国经济体制和市场条件发生剧烈频繁变化的时期（郭庆旺、贾俊雪，2004）[1]，各领域经济体制改革

---

① 郭庆旺、贾俊雪：《中国潜在产出与产出缺口的估算》，《经济研究》2004 年第 5 期。

的交错反复导致经济增长出现剧烈波动。1996 年以后产出缺口的变化
趋势相对平缓、经济增长稳定性增强，其原因主要在于：1994 年的
"分税制"改革以及 1995 年开始建立的社会保障体系为我国政府主动
运用财政政策实施宏观调控奠定了良好的财力和制度基础，并且确保
了 1998 年以来实施的财政政策能够在治理通货紧缩和遏制经济衰退
方面发挥重要作用（贾俊雪、郭庆旺，2008）。[①] 20 世纪 90 年代以来
我国逐步建立起较完善的市场体系，市场调节供需平衡的基础性作用
开始凸显，这些因素使消费者能更有效地根据经济预期做出"平滑消
费"的行为，降低经济波动的福利成本（李小明，2013）。[②]

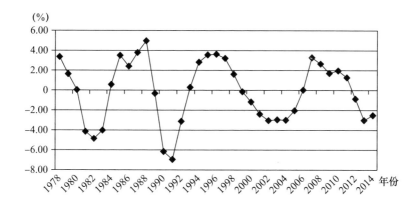

图 5 - 12　1978—2014 年中国经济增长产出缺口变动趋势

资料来源：根据表 5 - 16 中的计算结果绘制得到。

2. 价格波动

价格波动是市场经济条件下反映市场供求关系变动以实现供需平
衡的核心机制，价格在合理区间内小幅波动是实现市场出清的基础。
而超出正常范围的价格波动将导致通货膨胀，对宏观经济稳定性造成

---

① 贾俊雪、郭庆旺：《中国经济周期波动特征变化与宏观经济稳定政策》，《经济理论
与经济管理》2008 年第 7 期。
② 李小明：《中国经济波动与增长的福利成本分析》，《数量经济技术经济研究》2013
年第 4 期。

冲击，带来全社会福利损失并降低经济增长质量。

由图 5 - 13 可知，通货膨胀率与 CPI 指数具有大致相同的演进轨迹。按照 CPI 指数的划分标准①，改革开放以后我国经历了五次较严重的通货膨胀：第一次通货膨胀发生于 1980 年，该年的 CPI 指数达到 6%，通货膨胀率为 3.8%，但这一次物价上涨很快得到控制。第二次通货膨胀发生于 1985—1989 年，1985 年的 CPI 指数激增至9.3%，通货膨胀率也达到 10.2%，1988—1989 年出现恶性通货膨胀，CPI 指数和通货膨胀率分别达到 18% 和 12% 以上。在此期间全社会固定资产投资、全社会零售额以及货币流通量均出现增速高峰，社会总需求远远超过总供给。第三次通货膨胀发生于 1992—1996 年，CPI 指数从 6.4% 急速上升至 24.1%，通货膨胀率也跃升至 20% 以上。第四次和第五次通货膨胀分别发生于 2008 年和 2011 年，期间 CPI 指数分别为 5.9% 和 5.4%。总体上，进入 21 世纪以后我国经济运行状态日趋稳定，个别时期虽具有较大通胀压力，但波动幅度明显降低。

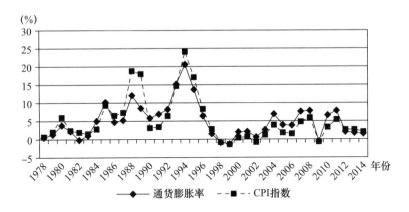

图 5 - 13　1978—2014 年中国通货膨胀率变动趋势

资料来源：世界银行数据库及中国国家统计局网站。通货膨胀率是按 GDP 平减指数衡量的年通货膨胀率。

2007 年以后的两次通货膨胀主要是粮食价格上涨引起的低核心通

---

① 一般认为，当 CPI 指数增长率大于 3% 时，为温和的通货膨胀；当 CPI 指数增长率大于 5% 时，为严重的通货膨胀；当 CPI 增长率超过 10% 时，即为恶性通货膨胀。

货膨胀，虽然 CPI 指数较高，但没有破坏长期价格稳定的预期。相比之下，隐蔽通货膨胀公开化与工资补偿完全化分别构成 20 世纪 80 年代中后期、20 世纪 90 年代初中期的高核心通货膨胀率的基本驱动力量（郑超愚、胡乃武，2009）。[①]

3. 金融风险

自 Mckinnon（1989）[②] 首次提出 M2/GDP 后，该指标被广泛采用作为衡量一国金融深化程度或经济货币化的通行指标。从典型国家的 M2/GDP 比较可知（见表 5 – 17），各国的 M2/GDP 均呈上升趋势，但中国的 M2/GDP 上升速度更高，从 1980 年的 36.7% 上升至 2014 年的 193.0%，年均增长速度达 4.86%。中国在 20 世纪 90 年代中期 M2/GDP 水平达到 99.4%，超过除日本以外所有对比的国家。中国人民银行在《2011 年中国金融稳定报告》中指出，融资体制是决定 M2/GDP 比率的因素之一，以市场主导型金融体系为主的国家，M2/GDP 比重普遍高于以银行主导型金融体系为主的国家。我国的间接融资占社会总融资规模的 80% 以上，是典型的银行主导型融资体制国家，M2/GDP "畸高" 说明我国金融市场不够发达，银行资产负债结构单一，金融产品开发动力不足，金融创新滞后。

表 5 – 17　　　　　1980—2014 年 M2/GDP 的国际比较　　　　单位:%

年份	1980	1985	1990	1995	2000	2005	2010	2014
中国	36.7	53.9	78.2	99.4	136.3	152.2	177.5	193.0
美国	69.4	74.3	71.0	60.6	68.3	71.9	84.7	89.5
英国	30.8	38.2	85.0	65.7	101.2	122.5	168.7	140.9
日本	142.2	164.9	187.4	207.2	240.6	206.6	226.1	251.2

---

① 郑超愚、胡乃武:《中国通货膨胀的历史趋势与结构因素》,《北京行政学院学报》2009 年第 1 期。

② Ronald I. McKinnon, "Financial Liberalization and Economic Development: a Reassessment of Interest – Rate Policies in Asia and Latin America", *Oxford Review of Economic Policy*, Vol. 5, No. 4, Winter 1989, pp. 29 – 54.

续表

年份	1980	1985	1990	1995	2000	2005	2010	2014
巴西	11.9	13.6	30.4	31.8	46.4	53.7	66.6	79.6
印度	33.9	38.8	41.5	42.8	53.7	64.5	76.2	76.8
南非	53.7	54.9	53.8	48.6	52.7	67.0	75.8	71.0
韩国	30.4	31.7	34.1	35.7	65.0	111.1	131.2	139.9
墨西哥	31.4	27.0	22.4	25.6	23.2	26.9	30.8	35.3
泰国	42.0	62.1	76.2	85.0	114.5	111.4	116.1	138.0

资料来源：世界银行数据库。

四 经济潜力维度的演进

经济潜力用以衡量经济长期持续增长的动力源泉，经济潜力越大，表明未来经济持续增长的能力越强。新经济增长理论表明，创新是提供经济增长动力的核心要素，然而，有目的的创新需要以研究与开发（R&D）投入为基础才能实现。

1. R&D 强度

R&D 强度是国际通用的衡量科技活动规模、科技投入水平及科技创新能力的重要指标。由图 5-14 可知，中国的 R&D 强度呈逐年递增趋势，从 1990 年的 0.71% 增长到 2014 年的 2.11%，增长了近 3 倍。R&D 支出绝对数额也显著增长，从 1990 年的 133.1 亿元增加到 2014 年的 13015.6 亿元，增长了 98 倍。

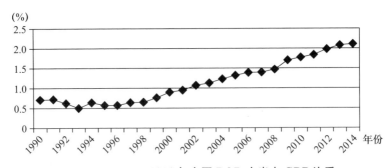

图 5-14　1990—2014 年中国 R&D 支出占 GDP 比重

资料来源：根据《中国科技统计年鉴》（2015）数据整理绘制。

从国际比较来看（见表5－18），中国的 R&D 强度相比于技术创新水平较高的国家明显偏低，1996 年中国的 R&D 强度仅为 0.57%，2012 年上升至 1.98%。而美国、日本等国家在考察期内均不低于 2%。日本在 2000 年达到 3%，而韩国在 2012 年超过 4%，表明其科技立国、知识产权立国的战略实施已逐步深化。由于 R&D 支出对一个国家的科技创新能力积累具有显著正向效应（刘小鲁，2011）[1]，因此，技术创新投入不足直接制约了国家自主创新能力及长期经济增长潜力。

表5－18　　　　　　　R&D 支出占 GDP 比重的国际比较　　　　单位:%

年份	中国	美国	日本	德国	韩国	俄罗斯	印度	巴西	南非
1996	0.57	2.44	2.77	2.20	2.42	0.97	0.63	—	—
1998	0.65	2.50	2.96	2.28	2.34	0.95	0.69	—	—
2000	0.90	2.62	3.00	2.47	2.30	1.05	0.74	1.02	—
2002	1.07	2.55	3.12	2.50	2.40	1.25	0.71	0.98	—
2004	1.23	2.49	3.13	2.50	2.68	1.15	0.74	0.90	0.85
2006	1.39	2.55	3.41	2.54	3.01	1.07	0.80	1.01	0.93
2008	1.47	2.77	3.47	2.69	3.36	1.04	0.84	1.11	0.93
2010	1.76	2.74	3.25	2.80	3.74	1.13	0.80	1.16	0.76
2012	1.98	2.79	3.39 *	2.92	4.04 *	1.12	0.81 *	1.21 *	—
平均	1.22	2.61	3.17	2.55	2.85	1.10	0.75	1.05	0.83

资料来源：世界银行数据库。由于数据统计不全，带 * 号的数据为 2011 年的数据。

我国不仅 R&D 强度偏低，R&D 经费支出构成也不尽合理（见表5－19）。曹鹏（2002）通过对各国不同发展阶段的数据研究发现，基础研究、应用研究和实验发展三类 R&D 活动比重相对稳定，大约为 1.5∶2.5∶6。[2] 按照这一标准，中国的基础研究比重大约低于国际

① 刘小鲁：《我国创新能力积累的主要途径：R&D，技术引进，还是 FDI?》，《经济评论》2011 年第 3 期。

② 曹鹏：《技术创新的历史阶段性研究》，东北大学出版社 2002 年版，第 74—107 页。

标准 10 个百分点，而实验发展比重高于国际平均水平 20 个百分点。在所考察的其他国家中，基础研究占比均在 10% 以上，介于 10%—37%；实验发展占比均在 70% 以下，介于 22%—70%，应用研究占比介于 19%—46%。美国在 2000—2012 年的基础研究、应用研究及实验发展支出占比分别稳定在 15%、20% 及 65%。基础研究作为原始创新的根本途径，是提升一个国家自主创新能力的灵魂。根据美国的经验，政府对基础研究的长期稳定支持是美国取得重大科学原创突破、保持科技经济竞争力的根本原因（陈宇学，2014）。[①] 我国长期基础研究投入不足导致基础知识领域没有关键性突破，仅靠实验发展中消化、吸收、再创新等难以维持长期经济增长，基础研究落后也是中国无法从引进国外技术的模仿创新转向自主创新的关键性障碍。

表 5－19 R&D 经费支出按活动类型分所占比重的国际比较　单位:%

年份	2000			2012		
	基础研究	应用研究	实验发展	基础研究	应用研究	实验发展
中国	5.21	16.96	77.82	4.84	11.28	83.87
美国	15.90	21.08	63.02	16.54	19.17	64.29
英国	—	—	—	15.52	46.98	37.50
日本	12.31	22.72	57.32	12.46	20.75	62.08
澳大利亚	25.81	34.67	39.52	—	—	—
韩国	12.61	24.34	63.06	18.31	19.07	62.62
俄罗斯	13.37	16.40	70.23	16.51	19.74	63.75
墨西哥	37.14	40.93	21.92	24.41	30.83	44.76
南非	27.75	39.90	32.35	25.26	46.35	28.39
中国台湾	10.35	30.00	59.65	9.45	23.46	67.10

资料来源:《中国统计年鉴》及 OCED 统计数据库。

---

① 陈宇学:《创新驱动发展战略》，新华出版社 2014 年版，第 103 页。

2. 高新技术产品产出

高新技术产品是创新产出的重要方面。1995 年我国高技术产业总产值为 4097.76 亿元，对工业总产值的贡献仅为 4.46%。2013 年则突破 10 亿元，对工业总产值贡献率超过 10%。1995—2014 年高新技术产业产值平均增长率达 14.88%。高技术产品出口额增长也十分显著，占 GDP 比重从 1985 年的 0.17% 提高至 2012 年的 7.31%。然而，我国高技术产品出口结构仍以加工贸易为主导，主要从事加工、组装业务，大部产品只是其他国家的代加工产品，而拥有自主知识产权的高技术密集度、高附加值产品缺乏（见表 5 - 20）。从深层次来看，我国高新技术产业仍处于幼稚发展阶段。

表 5 - 20　　　　高科技出口产品占制成品出口比重的国际比较　　　　单位:%

年份	1990	1995	2000	2005	2010	2013
中国	—	10	19	31	28	27
美国	33	30	34	30	20	18
德国	12	14	19	19	19	19
英国	24	27	32	28	21	16
日本	24	27	29	23	18	17
韩国	18	26	35	32	29	27
澳大利亚	8	13	15	13	12	13
巴西	6	5	19	13	11	10
南非	—	6	7	7	5	5
印度	4	6	6	6	7	8
墨西哥	8	15	22	20	17	16
印度尼西亚	2	7	16	17	10	7

资料来源：世界银行数据库。高科技出口产品指航空航天、计算机、科学仪器等高研发强度的产品。

第三节 中国经济增长效益的演进轨迹

一 经济效益维度的演进

经济增长效益是衡量经济增长过程所引起的经济、社会、生态整体系统的收益成果与成本耗费之间的关系，体现了经济增长带来的产出与社会目的需要间的契合度。其中，经济效益就是经济活动中资金占用、成本支出等经济成本耗费与有用经济生产成果之间的对比关系。① 由于工业、农业及服务业的生产性质不同，生产过程中所耗费的经济成本以及产出差异较大，因此，对三次产业选取不同的指标来衡量经济效益。

1. 工业经济效益

（1）工业增加值率。增加值率指单位总产出中所包含的新增加价值，从宏观上度量经济体的成本—产出收益。增加值率越高，表明企业的中间消耗越低、附加值越高、盈利水平越高，投入产出效果越佳。工业增加值率 =（工业增加值／工业总产值）×100%，该指标反映工业行业的经济效益。改革开放后我国工业增加值率变动可分为两个阶段（见图 5 - 15），即 1978—1999 年及 2000 年以后。1978 年我国工业增加值率为相对较高的 37.93%，此后便逐年下降。1978—

---

① 需要说明的是，经济增长效益中的经济效益与经济增长质量中的经济效率本质上是两个不同的概念，但由于两者之间存在一定的关联关系，加之统计数据局限造成在选取评价指标时难以精确地体现其本质内涵而造成两者的衡量指标比较相似，进而导致现实中对两者的内涵理解容易产生混淆。效率原本是物理学概念，其定义为有效输出量与输入量的比值。当效率这一概念被引入经济学领域用以衡量生产活动时，经济效率的内涵就被定义为投入与产出的比率关系。在现实中，技术进步、资源重新配置等均会导致投入产出关系变化，进而影响效率。而效益是"效果和利益"，经济效益反映经济成本耗费与利益效果之间的关系。本质上，其利益效果不单指客观的产值价值总量等，而且包含无形的商誉、产品符合社会满意度等主观价值。然而遗憾的是，由于现实中难以对这些包含主观价值判断的收益进行精确的计量分析，因而只能选取一些客观的指标进行度量。总体上，经济效率更多地体现对生产过程中客观的投入产出比率的评价，而经济效益则包含一定的价值判断，旨在对一些人们所期望的产出价值形态与其成本耗费进行比较。

1990 年平均工业增加值率为 35.71%，到 1991—1999 年下降至 28.38%，表明中国工业经济效益逐年降低。2000 年我国工业增加值率出现激增，但此后一直大幅度下降。2014 年下降至 20.07%，2006—2014 年平均值仅为 23.8%。

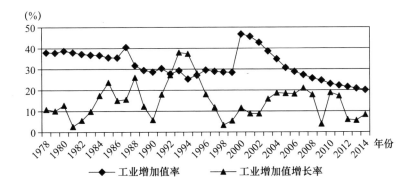

图 5 - 15　1978—2014 年中国工业增加值率变动趋势

资料来源：根据《中国统计年鉴》数据整理计算并绘制。

统计数据显示（见图 5 - 16），发达国家的工业增加值率通常在 30%—40%。2004—2007 年，所考察的五个国家工业增加值率均呈现下降趋势，但是中国初始值最低且下降趋势更明显。其中，美国的工业增加值率最高，考察期内平均值为 46.7%，最高达 48%。日本、英国、德国的平均工业增加值率分别为 36.1%、35.3% 和 31.8%，均高于中国的 28.3%。影响工业增加值率的因素主要有产业结构、国际分工及劳动者报酬在工业增加值中所占比重（王金照、王金石，2012）。① 从这些方面来看，中国工业增加值率较低的原因在于：一方面，我国整体社会经济正处于赶超和转型时期，这一时期所施行的发展战略导致产业结构具有一定的阶段性特征。我国工业主要以低附加值的重化工业为主导，并且近些年来重化工业化趋势更加明显；另一方面，在工业化进程加速推进中，我国主要依靠劳动力和资源环境

---

① 王金照、王金石：《工业增加值率的国际比较》，《经济纵横》2012 年第 8 期。

成本低廉的优势吸引跨国公司转移了许多高污染、高耗能的技术成熟产业到国内。这使我国企业在国际分工中处于全球产业链和价值链低端，低附加值的初级制成品为主要出口产品，即使生产和出口一些高技术产品，也主要从事加工组装和贴牌生产（OEM）的低技术密集度工作，高附加值产业链环节的产品设计、技术研发、品牌等基本由发达国家所垄断。

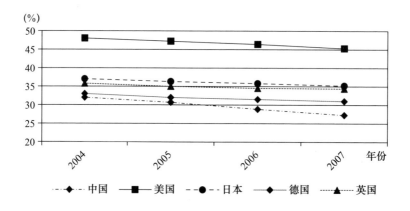

图 5 – 16 工业增加值率的国际比较

资料来源：联合国工业发展组织《工业统计数据库》。

（2）资金利税率。资金利税率是测度工业企业经济效益的重要指标。其计算方法是：企业在一定时期内实现的利润、税金总额与同期资产总额之比。由于分子项利税是销售收入减去完全成本，即剩余产品价值总量，而分母项是固定资产和流动资产总和反映投入总成本大小。因此，该指标体现企业经营过程中成果所得与消耗所费的比较（吴显悦、王荣川，1997）[1]，能够代替诸多指标衡量企业经济效益和对国家财政的贡献（朱杰堂，2000）。[2]

---

[1] 吴显悦、王荣川：《资金利税率是考核经济效益的最佳指标》，《地质技术经济管理》1997 年第 6 期。

[2] 朱杰堂：《资金利税率取代经济效益综合指数的实证研究》，《郑州航空工业管理学院学报》2000 年第 1 期。

1978 年以来，我国工业企业资金利税率大体经历了两个阶段（见图 5 - 17），即 1978—1998 年的波动下降阶段及 1998—2014 年的波动上升阶段。一般认为，资金利税率在 15% 以上表明企业经济效益状况良好。按此标准，1988—2005 年较长时期内我国工业企业经济效益较差。改革开放初期，工业企业生产能力不足导致大部分商品处于短缺状态，国民经济主要由卖方市场主导，工业企业利润率较低导致资金利税率逐年下降。20 世纪 90 年代以后，随着社会主义市场经济体制日臻完善，工业企业生产能力显著提高，保证了大部分商品供应充足，市场供求关系从卖方市场转向买方市场，企业的经济状况也逐渐改善。特别是 1999 年以来企业利润连续大幅度增长，工业企业经济效益逐年提高。2008 年受国际金融危机的影响致使工业产品出口受阻，国内产能过剩引起大量产品积压，产品价值和企业利润难以实现，因而资金利税率出现突然下降。在对工业结构进行调整后，2010 年开始工业企业资金利税率又获得小幅提高。

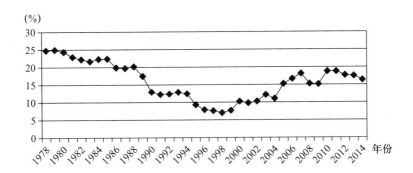

图 5 - 17　1978—2014 年中国工业企业资金利税率的变动趋势

资料来源：根据历年《中国工业经济统计年鉴》数据整理计算并绘制。

2. 农业经济效益

农业经济主要以劳动力和土地为主要的成本投入，因此，农业经济效益可以通过农业人均产值和单位面积产值来衡量。

（1）农业人均产值。改革开放以来，我国农业人均产值呈逐年递增趋势（见图 5 - 18）。1978 年农业人均产值仅为 394.63 元/人，到

2014 年增加至 2361.51 元/人，农业人均产值年均增长率超过 5%。然而，由于我国农业劳动生产力基础水平太低，因此纵向视角只能表明我国农业经济效益在原有基础上取得较大进步。

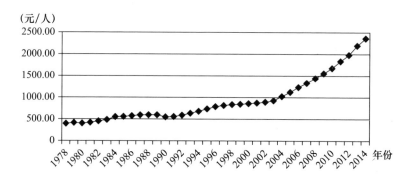

图 5 – 18　1978—2014 年中国农业人均产值变动趋势

资料来源：根据《中国统计年鉴》数据计算并绘制，农业产值按 1978 年不变价格计。

　　从横向国际比较的视角来看（见表 5 – 21），1980 年我国农业工人人均增加值仅为 224 美元/人，不及同期印度和印度尼西亚的水平，而此时的日本和澳大利亚的农业工人人均增加值分别相当于中国的 46 倍和 108 倍，南非、印度、墨西哥等发展中国家的农业工人人均增加值也达到中国的 10 多倍。到 2014 年，我国的农业工人人均增加值增加到 791 美元/人，但除印度以外，我国与其他国家的差距并没有减小。同期美国的农业工人人均增加值已超过 6 万美元/人，日本、澳大利亚的农业工人人均增加值均超过 5 万美元/人，英国、德国的农业工人人均增加值在 3 万美元/人以上。而巴西、南非、俄罗斯、墨西哥等转型国家的农业工人人均增加值也达到 4000 美元/人以上。以上的数据分析表明，我国的农业工人人均增加值水平较低且提升较慢，农业劳动生产率显著偏低，不仅与发达国家具有不可逾越的差距，与处于相同发展阶段的其他新兴经济体相比也明显落后。

表 5 – 21　　　　　　农业工人人均增加值的国际比较　　　单位：美元/人

年份	1980	1990	1995	2000	2005	2010	2014
中国	224	322	382	447	541	681	791
美国	—	—		38491	51517	62957	69457 *
英国	—	20139	22235	24176	26970	27290	33716
日本	10330	15305	17290	25258	27987	39284	50720 *
德国	—	—	15980	21232	24578	31796	39432
巴西	1227	1828	2161	2642	3478	4706	5470
印度	387	459	478	528	565	645	716
南非	2768	3308	2745	3866	4593	5896	7238
韩国	2822	5936	8001	11116	15015	22076	28795
印度尼西亚	560	613	660	662	761	910	1079
澳大利亚	24304	26995	26131	41209	45121	47792	50498
墨西哥	2574	2712	2765	3111	3344	3850	4436
俄罗斯	—	—	3145	3743	4727	5129	6301

资料来源：世界银行数据库，农业增加值按 2005 年不变价美元计。带 * 为 2013 年数据。

（2）单位耕地面积产值。我国现实的自然条件是人多地少，虽然我国国土面积巨大，但人均土地面积及可耕作土地面积相对较少。单位耕地面积产值以价值形式衡量土地集约利用程度，单位耕地面积产值越高，表明相同土地资源耗费所获得的总价值收益越高，农业经济效益越好。从图 5 – 19 可知，我国单位耕地面积产值一直处于稳定上升趋势（除 1996 年外）① 从 1978 年的 112.44 元/亩增至 2014 年的 442.15 元/亩，增长了近 4 倍。

_____

① 统计资料显示，我国耕地面积数据由 1995 年的 94970.9 千公顷显著增加至 1996 年 130039.2 千公顷。本书考虑可能是统计方面的原因导致 1996 年耕地面积数据出现非正常激增，并最终引起单位耕地面积产值下降。

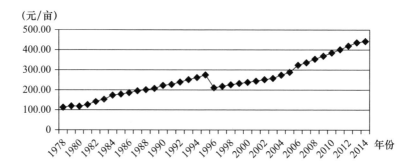

图 5 – 19　1978—2014 年中国单位耕地面积产值变动趋势

资料来源：根据《新中国六十年统计资料汇编》及《中国统计年鉴》数据整理计算并绘制，农业总产值以 1978 年不变价格计。

　　单位面积谷物产量从实物生产角度衡量土地集约利用程度。从国际比较看（见表 5 – 22），1980 年我国单位面积谷物产量为 2937 千克/公顷，虽不及美国、英国等，但明显高于巴西、印度、澳大利亚，这些国家不及中国的 1/2。1980—2013 年我国单位面积谷物产量增长两倍多，与日本、韩国差距缩小。印度、澳大利亚、俄罗斯等国的单位面积谷物产量增长较慢，与中国的差距逐渐扩大。分析表明，我国农业生产中土地利用率并不低，但劳动生产率却非常低，这一现象也反映出我国依然隐藏着相当大规模的农业剩余劳动力，拉低整体劳动生产率水平的同时降低了农业经济效益。

表 5 – 22　　　　　　　单位面积谷物产量的国际比较　　　　单位：千克/公顷

年份	1980	1990	2000	2005	2010	2013
中国	2937	4321	4753	5225	5527	5891
美国	3772	4755	5854	6451	6988	7340
英国	4944	6171	7165	7196	6953	6630
日本	4843	5846	6257	6154	5854	6105
德国	4228	5411	6453	6723	6718	7318
巴西	1576	1755	2661	2883	4041	4826
印度	1350	1891	2294	2412	2676	2962
南非	2017	1877	2755	3314	4143	3725

续表

年份	1980	1990	2000	2005	2010	2013
韩国	4056	5853	6436	6376	6539	6489
印度尼西亚	2866	3800	4026	4311	4878	5085
澳大利亚	1052	1716	1962	2087	1724	1992
墨西哥	2191	2424	2761	3131	3501	3387
俄罗斯	—	—	1563	1860	1843	2240

资料来源：世界银行数据库。谷物包括小麦、水稻、玉米、大麦、燕麦、黑麦、小米、高粱、荞麦和杂粮。

3. 服务业经济效益

服务业生产要素投入以劳动为主，因而服务业人均增加值是测度服务业经济效益的关键指标。根据图 5 - 20 可知，我国服务业人均增加值呈加速增长趋势，从 1978 年的 1784.25 元/人增加到 2014 年的 10728.49 元/人，增长了 6 倍，年均增长率超过 5%。

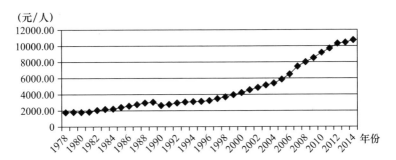

图 5 - 20　1978—2014 年中国服务业人均增加值变动趋势

资料来源：根据《中国统计年鉴》数据整理计算并绘制。

从国际比较看（见表 5 - 23），我国服务业人均增加值仍显著偏低。2011 年，我国服务业人均增加值仅高于所比较国家中的印度尼西亚，还不及印度。而美国、英国、德国的数据分别是中国的 14.3 倍、13.0 倍及 11.7 倍，巴西、俄罗斯等金砖国家也是中国的 2 倍以上。虽然一些学者认为我国统计制度缺陷导致服务业核算范围不全和部分服务计价过低，这可能使名义服务业增加值被严重低估（岳希明、张曙光，2002；① 许宪春，2000②），但在对指标进行修正并重新估算服务业增加值以后，我国服务业仍表现为极强的比较劣势（郭晶、刘菲菲，2015）。③ 我国服务业发展滞后、结构失调已成为产业结构升级的重要制约因素，服务业低效率已经导致中国经济增长出现结构性减速（张平，2013；④ 袁富华，2015⑤）。并且，服务业发展不足也使农村剩余劳动力难以有效转移，农业经济效益无法提高。我国服务业增加值比重偏低、就业比重偏低及劳均增加值比重偏低实质上验证了"鲍莫尔—福克斯假说"（程大中，2004）。⑥

表 5－23　　　　　　　服务业人均增加值的国际比较　　　　单位：美元/人

年份	1990	1995	2000	2005	2011
中国	1344.98	1810.80	2738.02	3949.97	6619.88
美国	—	—	87291.04	91081.95	94648.35
英国	62551.32	67518.22	73754.02	84465.92	85940.05
日本	63540.42	69541.64	71395.23	76943.24	75672.00
德国	—	76078.53	80855.31	80437.64	77712.82
巴西	9322.39	12349.22	—	11339.10	12958.25
印度	—		5802.54		6719.36
南非	—		19887.28	20988.41	25037.10
韩国	23867.74	28059.75	31757.32	35903.61	35974.29
印度尼西亚	2737.29	2889.44	2628.26	3313.80	3418.68
澳大利亚	50503.88	54951.42	63130.87	64999.04	
墨西哥	—	21524.00	22645.38	22139.15	20567.85
俄罗斯	5132.78	9126.92	8585.15	10646.92	—

资料来源：根据世界银行数据库及历年《国际统计年鉴》数据整理计算获得。服务业增加值按 2005 年不变价美元计。

---

① 岳希明、张曙光：《我国服务业增加值的核算问题》，《经济研究》2002 年第 12 期。
② 许宪春：《90 年代我国服务业发展相对滞后的原因分析》，《管理世界》2000 年第 6 期。
③ 郭晶、刘菲菲：《中国服务业国际竞争力的重新估算——基于贸易增加值视角的研究》，《世界经济研究》2015 年第 2 期。
④ 张平：《致力推动中国经济从高速转向高效增长》，《求是》2013 年第 9 期。
⑤ 袁富华：《中国经济结构性减速、转型风险与供给面改革》，《中国党政干部论坛》2015 年第 2 期。
⑥ 程大中：《中国服务业增长的特点、原因及影响——鲍莫尔—富克斯假说及其经验研究》，《中国社会科学》2004 年第 2 期。

二　社会效益维度的演进

社会效益是指经济增长对社会系统产生的成本收益比较，用来衡量经济增长在社会领域产生的利益和效果。社会效益既包含国民素质、社会信任和归属度、主观幸福感、文化价值等难以计量的隐性效益，也包含福利水平、收入分配、教育程度、社会保障等可量化的显性效益。理论上，社会效益可通过对经济增长产生的贫困减少、教育改善、福利水平提高等正收益扣除分配不平等、社会腐败、信任度降低、犯罪率上升等成本而获得，但实际中，国民素质、主观幸福感、社会腐败、社会信任度等统计数据指标均无法获取。本书在测度社会效益时，剔除难以量化的隐性效益指标，主要从减贫效应、收入分配、就业效应等客观方面选取指标对经济增长的显性社会效益进行度量。

1. 减贫效应

在经济增长过程中，个人获取资源的能力差异与制度安排的不平衡性导致资源分配和发展成果分享不均、产生贫困现象。经济增长中贫困发生率减少有利于降低社会不平等、增强社会结构稳定性，实现经济增长的社会效益。改革开放以来我国经济增长的减贫效应显著。按照中国官方贫困线，1978 年农村贫困人口达 2.5 亿，占农村人口的 31.6%，到 2014 年则下降至 2%（见图 5 - 21）。[①] 然而，由于贫困变化不仅受到绝对收入水平变化的影响，也受到相对收入差距变化的影响，我国农村贫困下降主要表现为经济增长的结果，收入差距的恶化阻碍了经济增长减贫效应的发挥（Shujie Yao et al.，2004）。[②]

---

① 按照世界银行每天消费 1.08 美元（1993 年购买力平价美元）的贫困标准，1981—2004 年我国贫困人口从 6.52 亿下降至 1.35 亿，所占比重从 65% 下降至 10%。数据来源于世界银行《中国贫困和不平等问题评估》。

② Shujie Yao, Zongyi Zhang and Lucia Hanmer，"Growing Inequality and Poverty in China"，*China Economic Review*，Vol. 15，Issue 2，2004，pp. 145 - 163.

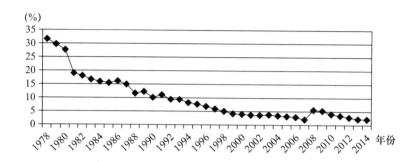

图 5 - 21   1978—2014 年农村贫困人口比重变动趋势

资料来源：根据《新中国六十年统计资料汇编》及《中国统计年鉴》数据整理计算并绘制。

从国际比较视角看（见表 5 - 24），印度尼西亚、孟加拉国、老挝等发展中国家贫困率下降幅度均不及中国。中国平均每年超过 9%的经济增长率使用经济手段减少贫困和提高生活条件成为可能。然而，巴基斯坦和越南的减贫效应优于中国，虽然经济增长率远不及中国，但在减贫和收入分配经济改革政策下，巴基斯坦的贫困率在 1987—2010 年从 66.5% 显著下降至 12.7%，越南在 1993—2012 年从 63.8% 下降至 2.4%。

表 5 - 24   贫困人口比重的国际比较   单位：%

国家（地区）	1984	1987	1993	1996	2002	2008	2011
中国	69.4	54	54.9	37.4	28.1	12.3	6.3
印度	—	53.6	49.4	—	41.6	32.7	23.6
印度尼西亚	62.8	68.2	54.4	43.4	29.4	22.7	16.2
孟加拉国	69.6	71.6	—	60.9	—	—	43.3#
巴基斯坦	—	66.5	—	—	35.9	17.2	12.7#
老挝	—	—	55.7	47.5	41.2	35.1	30.3*
越南	—	—	63.8	—	40.1	16.8	2.4*

资料来源：世界银行数据库。表中贫困人口比重是按照 2005 年国际价格衡量的每天生活费低于 1.25 美元的人口百分比。表中带#号的为 2010 年数据，带 * 号的为 2012 年数据。

2. 收入分配

（1）基尼系数。基尼系数是国际上通行的衡量收入分配平等化的指标。由表5-25可知，改革开放以来我国整体基尼系数不断上升，从1978年的0.333增至1990年的0.359，2000年突破0.4，2000—2008年迅速增加至0.491，2009年以后虽略有下降，但仍保持在0.47以上的高位。表明我国参与式增长获得了显著的减贫效果，但并没有实现公平增长，居民收入差距不断恶化成为社会不稳定的严重威胁。

表5-25　　　　　　　　　1978—2014年中国基尼系数

年份	基尼系数	年份	基尼系数	年份	基尼系数
1978	0.333	1991	0.355	2004	0.473
1979	0.335	1992	0.36	2005	0.485
1980	0.331	1993	0.389	2006	0.487
1981	0.334	1994	0.395	2007	0.484
1982	0.34	1995	0.388	2008	0.491
1983	0.34	1996	0.393	2009	0.490
1984	0.342	1997	0.394	2010	0.481
1985	0.348	1998	0.393	2011	0.477
1986	0.355	1999	0.386	2012	0.474
1987	0.353	2000	0.406	2013	0.473
1988	0.355	2001	0.424	2014	0.469
1989	0.362	2002	0.434		
1990	0.359	2003	0.479		

资料来源：1978—2002年的数据来源于刘霞辉、张平、张晓晶《改革时代的经济增长与结构变迁》，格致出版社2008年版；2003—2014年的数据来源于国家统计局网站。

通过对中国基尼系数的分解可以考察基尼系数增加的来源（如图5-22）。1985年以来，农村、城镇及全国总体基尼系数都呈增加趋势。在1985年起始时期，农村基尼系数高于城镇基尼系数，2008年两者大体相同，均为0.34，表明城镇和农村内部的收入差距基本处于合理区间。而全国总体基尼系数从1985年的0.32增加到2008年的0.48。从具体构成来看，1985年城市、农村内部收入差距及城乡收入差距占总体差距的比例相当，分别为45.6%和50.6%。2008年城市、农村内部收入差距占比下降至34.2%，城乡收入差距占比增加至 60.5%，即城乡收入差距已成为总体基尼系数增加的主导因素，农村和城市间收入不平等扩大是经济增长产生的主要负效益之一。

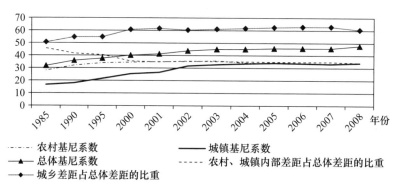

图 5 - 22 1985—2008 年中国基尼系数的城乡分解

资料来源：胡志军、刘宗明、龚志民：《中国总体收入基尼系数的估计：1985—2008》，《经济学》（季刊）2011 年第 4 期。

从国际比较来看（见表 5 - 26），发达国家收入分配基本属于比较平均或相对合理的状态，发展中国家收入分配差异较大。巴西在 1984—1990 年基尼系数高达 0.607，得益于社会福利项目和税收改革，2005—2010 年基尼系数下降至 0.549，收入差距仍相当悬殊。南非的基尼系数从 0.58 上升到 0.653，墨西哥则一直稳定在 0.5 左右。印度和印度尼西亚在 20 世纪 80 年代以后经济增长速度也较快，但基尼系数不超过 0.35。从各国的经济发展历程看，高基尼系数是市场有效配置资源的自然结果。西方发达国家在初次分配中收入差距较大，但经过合理有效的再分配政策，收入分配差距又恢复到合理区间。而发展中国家的税收、社会保障政策相对缺乏，再分配效果微乎其微，制度不完善致使其收入不平等状况持续恶化。

表 5 - 26 基尼系数的国际比较 单位：%

年份	1984—1990	1991—1995	1996—2000	2001—2005	2005—2010
中国	34.5	37.7	39.4	45.9	48.7
加拿大	31.4	31.4	33.0	33.9	33.8
美国	37.0	38.3	40.5	40.6	41.4
德国	28.9	30.0	29.4	31.5	31.2

续表

年份	1984—1990	1991—1995	1996—2000	2001—2005	2005—2010
英国	—	36.6	38.0	37.6	38.1
俄罗斯	23.8	48.4	41.8	38.9	38.0
巴西	60.7	59.9	59.6	57.9	54.9
南非	—	58.0	57.8	—	65.3
印度	31.9	30.8	—		33.9
墨西哥	49.8	51.9	49.8	49.0	47.9
印度尼西亚	29.7	29.3	30.2	31.9	34.9

资料来源：中国的数据与表5-23数据来源相同，其他国家的数据根据世界银行数据整理获得。

（2）城乡收入差距。城乡居民收入比和消费比时间序列可直观反映出城乡居民收入差距变动。由图5-23可知，改革开放以后我国城乡居民收入差距在波动中呈扩大趋势。城乡居民人均收入比、消费比分别从1978年的2.57、2.93下降至1983年的1.82、2.2，此后便一直上升。1996年以后收入比一直保持在2.5以上，消费比一直保持在3以上。如果将城镇居民享有的补贴、劳保福利及社会保障等隐性收入纳入计算，而农村居民从纯收入中扣除各种税费和用于再生产的部分，则城乡实际收入差距更大（李实，2015）。[①]

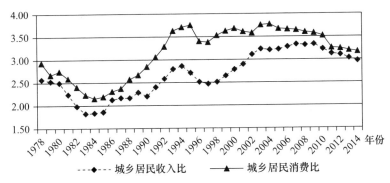

图5-23　1978—2014年中国城乡居民收入比、消费比变动趋势

资料来源：根据《中国统计年鉴》数据整理计算并绘制。

[①] 李实：《中国收入分配格局的变化与改革》，《北京工商大学学报》（社会科学版）2015年第4期。

众多学者的研究发现，我国实施的政府优先发展重工业的战略及其衍生的一套政府干预模式导致城乡收入差距显著扩大（蔡昉、杨涛，2000；[①] Kanbur & Zhang，2005；[②] 林毅夫、刘培林，2003[③]）。在重工业优先发展的战略导向下，资本密集型产业发展迅速引起城市就业需求相对下降，城市化进程被延缓。对农村剩余劳动力的吸纳作用降低导致农村居民无法向城市有效转移，加之土地规模报酬递减约束，农村收入水平下降引起城乡收入差距扩大（陈斌开、林毅夫，2014）。[④] 虽然社会经济全面转型使中国居民收入获得了大幅度提高，但不同经济群体分享到的增长成果提升速度不同，社会福利分配的不均衡降低了经济增长的社会效益。

3. 就业效应

GDP 就业弹性系数用以衡量 GDP 增长的就业带动效应，弹性系数越大，表明经济增长的劳动吸纳能力越强。只有在经济增长的同时带来就业空间的拓展，才能保障居民福利和社会稳定，实现经济增长的社会效益。表 5 - 27 数据显示，1978 年以来中国 GDP 就业弹性呈下降趋势。1978—1991 年 GDP 就业弹性平均值为 0.345，而 1992—2004 年平均值仅为 0.11，2005 年以后进一步下降至 0.031。数据表明，改革开放以来我国经济总量增长带动的就业吸纳能力非常有限，增长实际上是排挤就业的。虽然从短期来看，中国不断对国外先进技术模仿产生的技术冲击会提高劳动生产率和资本有机构成，导致等量资本所需的劳动力减少，技术进步对劳动力的替代产生就业挤出效应。但从长期来看，技术进步会在经济增长中产生巨大的结构效应，引起社会消费结构和产业结构演化升级，尤其是劳动密集型的第三产

---

① 蔡昉、杨涛：《城乡收入差距的政治经济学》，《中国社会科学》2000 年第 4 期。

② Ravi Kanbur and Xiaobo Zhang， "Fifty Years of Regional Inequality in China： a Journey through Central Planning， Reform， and Openness"， *Review of Development Economics*， Vol. 9， Issue 1， February 2005， pp. 87 - 106.

③ 林毅夫、刘培林：《中国的经济发展战略与地区收入差距》，《经济研究》2003 年第 3 期。

④ 陈斌开、林毅夫：《发展战略、城市化与城乡收入差距》，《中国社会科学》2014 年第 1 期。

业发展会促进就业。我国经济增长中未产生明显就业增长效应的深层次原因在于产业结构与劳动力供给结构之间的矛盾。

表 5 - 27　　　　　　1978—2014 年中国 GDP 就业弹性　　　　　单位:%

年份	GDP 就业弹性	年份	GDP 就业弹性	年份	GDP 就业弹性
1978	0.214	1991	0.299	2004	0.103
1979	0.234	1992	0.110	2005	0.082
1980	0.354	1993	0.070	2006	0.067
1981	0.412	1994	0.069	2007	0.061
1982	0.685	1995	0.069	2008	- 0.131
1983	0.278	1996	0.119	2009	0.036
1984	0.349	1997	0.126	2010	0.040
1985	0.229	1998	0.126	2011	0.040
1986	0.210	1999	0.137	2012	0.040
1987	0.331	2000	0.127	2013	0.046
1988	0.254	2001	0.155	2014	0.049
1989	0.162	2002	0.118		
1990	0.819	2003	0.103		

资料来源:《中国统计年鉴》,GDP 按 1978 年不变价格进行调整。GDP 就业弹性系数 = 就业人数增长率/GDP 增长率。

从中、美、韩三国的比较来看(见图 5 - 24),20 世纪 90 年代以来美国和韩国的 GDP 就业弹性明显高于中国。作为成功实现向发达国家转变的新兴工业化国家代表,韩国的技术水平显著高于中国,美国的技术创新更是领先全球,然而这两个国家在经济增长过程中以技术进步替代劳动的现象并未发生,其 GDP 就业弹性是中国的 3 倍以上。

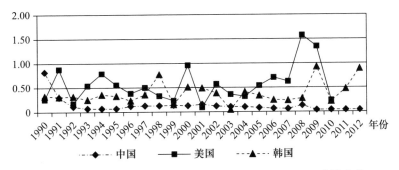

图 5 - 24　1990—2012 年中国、美国、韩国 GDP 就业弹性比较

资料来源:根据《国际统计年鉴》数据整理计算并绘制。

4. 教育

教育是体现经济增长社会效益的重要方面。从衡量全社会人力资本水平的人口平均受教育年限来看（见图5-25），中国从1978年的4.93年提高到2014年的9.13年，平均每8年提高一年，这对于人口基数庞大，尤其是农村劳动力比重较大、农业占比较高的发展中国家来说成绩斐然。我国每万人大学生数从1978年的不足9人增加至2014年的249人。根据表5-28，1980—2000年中国高等教育入学率从1%增长至8%，且此后增速显著加快。教育体制改革使我国教育状况明显改善，特别是1999年以后大规模扩招使高等教育从"精英化"走向"大众化"。高等教育快速发展无疑对增进普通大众教育机会、改进全社会人口素质具有促进作用，但短期内大学生数量激增导致高等教育的培养质量和结构出现问题。人力资本需求与供给不对接，社会存在严重的结构性失业，这在一定程度上抵消了教育发展的正向社会效益。

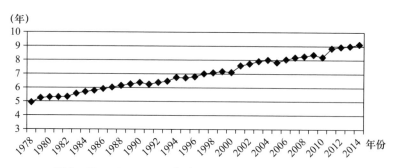

图5-25 1978—2014年中国平均受教育年限时序变动

资料来源：历年《中国统计年鉴》《中国劳动统计年鉴》及各省统计年鉴，根据人口数及受教育程度构成计算得出。具体的计算方法是：平均受教育年限=抽样样本中小学文化程度人口比重×6+初中人口比重×9+高中人口比重×12+大专及以上人口比重×16。

虽然中国的高等教育纵向提升明显，但与其他国家的横向差距却仍然相当显著。世界银行的统计显示（表5-28），2010年中国高等教育毛入学率为23%，而同年发达国家的平均值已达到65%，发展中国家为29%，世界平均为36%。从具体国家比较来看，1980年中国高等教育入学率不及印度和印度尼西亚的水平，而同期美国已经超过50%，俄罗斯和日本也分别达到45%和31%。2013年中国提高至与印度尼西亚和墨西哥相当的水平，而发达国家平均已超过60%，韩国更达到98%，美国、澳大利亚也接近90%。

表5－28　　　　　　　高等教育入学率的国际比较　　　　　单位:%

年份	1980	1985	1990	1995	2000	2005	2010	2013
中国	1	2	3	5	8	18	23	30
美国	53	58	71	78	68	81	93	89
英国	19	21	27	48	58	59	61	60
日本	31	29	30	40	49	55	58	61
印度	5	6	6	6	10	11	18	25
韩国	13	32	37	49	79	93	101	98
印度尼西亚	3	6	9	12	15	18	25	32
澳大利亚	25	28	35	70	65	71	80	89
墨西哥	13	15	15	14	19	23	27	30
俄罗斯	45	52	55	43	55	73	76	77

资料来源：世界银行数据库。高等教育入学率是指大学在校生总数占中学之后5年学龄人口总数的百分比。

从发达国家更早期的数据来看（表5－29），1913年美国和英国的人均受教育年限就分别达到7.86年和8.82年，相当于中国在2005年和2011年的水平。而日本在1950年人口平均受教育年限达到9.11年，相当于中国2014年的水平。1992年，美国、英国和日本的人口平均受教育年限分别为18.04年、14.09年和14.87年，而中国仅为6.38年。如果按图表中数据以每8年人均受教育年限提高一年的增长速度推算，中国要达到1992年美国、英国和日本的人均受教育水平，还要分别经历72年、40年和47年。

表 5 – 29　　　　　15 岁以上人口平均受教育年限的国际比较　　　单位：年

年份	美国	英国	日本
1913	7.86	8.82	5.36
1950	11.27	10.6	9.11
1973	14.58	11.66	12.09
1992	18.04	14.09	14.87

资料来源：A. 麦迪森：《世界经济二百年回顾》，改革出版社 1997 年版。

5. 医疗卫生

经济增长社会效益的另一个重要方面体现在医疗卫生状况的改善方面。

从图 5 – 26 可知，我国医疗卫生状况稳定上升。1978 年每千人拥有的医疗卫生机构床位数和卫生技术人员数分别为 1.94 和 2.80，到 2001 年分别增长至 2.32 和 3.69，23 年间分别增长了 19.6% 和 31.2%。2002 年以后增速显著加大，2014 年每千人所拥有的医疗卫生机构床位数和卫生技术人员数分别为 4.85 和 5.56，在 12 年中分别增长了 107.3% 和 60.2%。

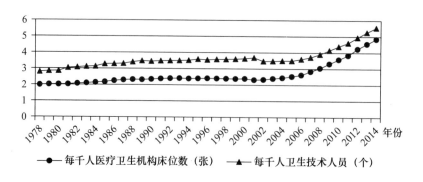

图 5 – 26　1978—2014 年中国医疗卫生改善状况

资料来源：历年《中国统计年鉴》及《新中国六十年统计资料汇编》。

从国际视角来看（见表 5 – 30），1995 年中国医疗支出占 GDP 比重仅为 3.5%，除印度尼西亚低于中国以外，其他发展中国家均在

5%以上。发达国家的比重更高，美国、德国达到 13.2% 和 10.1%。
2013 年中国医疗支出占 GDP 比重上升至 5.6%，但仅高于印度和印度
尼西亚，发达国家的数据均在 10% 左右，美国更达到 17.1%。

表 5 - 30　　1995—2013 年医疗支出占 GDP 比重的国际比较　　单位：%

年份	1995	2000	2005	2010	2013
中国	3.5	4.6	4.7	5	5.6
美国	13.2	13.1	15.2	17.1	17.1
英国	6.7	6.9	8.1	9.4	9.1
日本	6.8	7.6	8.2	9.6	10.3
德国	10.1	10.4	10.8	11.6	11.3
巴西	6.7	7.2	8.4	9	9.7
印度	4.1	4.3	4.3	3.8	4
南非	7.4	8.3	8.8	8.7	8.9
韩国	3.8	4.4	5.7	7.3	7.2
印度尼西亚	2	2	2.8	2.9	3.1
澳大利亚	7.3	8.1	8.5	8.9	9
墨西哥	5.1	5.1	5.9	6.3	6.2
俄罗斯	5.4	5.4	5.2	6.9	6.5

资料来源：世界银行数据库。

6. 社会保障

我国社会保障制度起步较晚，1994 年才在全国范围内展开养老和
医疗保险的新制度模式。因此，在 1978 年至今的较长时间跨度内仅
能获得城镇养老保险的实施状况，而其他如医疗保险、农村居民社会
保险的数据缺失。从图 5 - 27 可以看出，我国城镇养老保险覆盖率呈
稳定增加的趋势，从 1978 年的 7.34% 增长至 2008 年的 35.08%。
2009 年以后，在国家全面推行城镇居民养老保险的背景下，我国城镇
养老保险基本实现全面覆盖。值得注意的是，在新中国成立以来的较
长时期内，我国农村社会保障都建立在家庭和土地基础上，正规的社
会保障制度缺失，我国从 20 世纪 90 年代才开始探索重建农村社会保
障制度。从 2002 年国务院提出"到 2010 年新型农村合作医疗制度基
本覆盖农村居民"的战略目标后，近几年新型农村合作医疗的参合率
和支出水平有了显著提升。

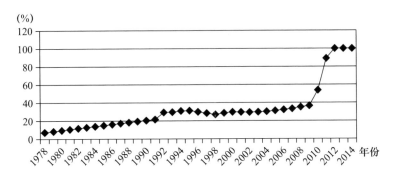

图 5 - 27 1978—2014 年中国城镇养老保险覆盖率变动趋势

资料来源:《中国统计年鉴》。

7. 公共安全

公共安全是另一个衡量经济增长社会效益的重要方面,良好的公共安全环境是经济增长在社会领域的显著正收益,而不均衡或非包容性增长会导致社会稳定性受到威胁、公共安全恶化,经济增长的社会成本上升、效益降低。由图 5 - 28 可知,1988—2014 年我国犯罪率呈波动上升趋势,并且在 2000 年以后明显突出。1988 年犯罪率仅为 75.5,1992—1999 年维持在 130—180,2000 年显著增加至 287,相当于 1988 年的 4 倍,2014 年进一步增长至 478,高达 1988 年的 6.3 倍。犯罪率的显著上升表明中国经济增长在社会公共安全方面产生了较大的负面效应及较高的稳定成本。

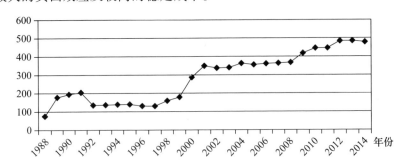

图 5 - 28 1988—2014 年中国犯罪率变动趋势

资料来源:根据历年《中国统计年鉴》中总人口数及公安机关立案刑事案数计算获得,犯罪率以每十万人公安机关立案数计。

三　生态效益维度的演进

经济增长的生态效益是指增长过程产生的资源环境成本耗费和收益的对比关系。我国经济高速增长的生态效益表现为显著的负效益，具体包括自然资源过度开发、能源浪费等资源利用效应和大气、水质污染、生物多样性破坏等生态退化效应两大方面。

1. 资源利用

（1）森林资源净损耗。森林资源净损耗是指原木采伐量超出自然生长率所造成的森林资源损耗量，测度过度使用森林资源的生态成本。根图 5 - 29 可知，1980—1995 年我国森林资源净损耗处于 20 亿—30 亿美元的相对稳定区间。1996—2002 年森林资源净损耗经从 33.14 亿美元显著下降至 9.39 亿美元，表明我国森林资源的过度开采有所减弱。但 2003 年森林资源净损耗又开始显著增加，2010 年增加至 41.05 亿美元，且此后一直保持在 40 亿美元以上。

从国际比较来看（见表 5 - 31），发达国家的森林资源净损耗占GDP 比重基本为零，表明其对森林资源的开发率小于自然生长率，采取的是生态资源可持续的经济增长方式。而中国、印度等发展中国家均存在森林资源消耗率高于其自然生长率的状况，经济增长中资源增长不可持续。虽然这些国家森林资源净损耗占 GDP 比重呈下降趋势，

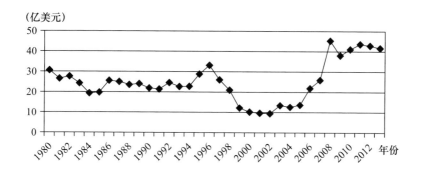

图 5 - 29　1980—2013 年中国森林资源净损耗

资料来源：世界银行数据库。

如中国、巴西、印度和印度尼西亚分别下降至0.1%、0.9%、1.6%和0.2%，但由于这些国家GDP总量增长相对较快，因而相对比重下降的同时绝对总量却在逐年增加。

表5-31　　　　森林资源净损耗占GDP比重的国际比较　　　　单位:%

年份	1980	1985	1990	1995	2000	2005	2010
中国	1.6	0.6	0.6	0.4	0.1	0.1	0.1
美国	0	0	0	0	0	0	0
英国	0	0	0	0	0	0	0
日本	0	0	0	0	0	0	0
德国	0	0	0	0	0	0	0
巴西	3.1	1.9	1.6	1.3	0.9	0.9	0.9
印度	3	1.3	2.3	2.1	1.4	0.9	1.6
南非	0	0	0.1	0.2	0.2	0.2	0.1
韩国	0	0	0	0	0	0	0
印度尼西亚	1.7	0.7	0.8	0.7	0.7	0.3	0.2
澳大利亚	0.7	0.3	0.2	0	0	0	0
墨西哥	0	0	0	0	0	0	0

资料来源：世界银行数据库。

（2）人均资源拥有量。由于我国人口基数庞大，因而人均资源拥有量较低，经济增长面临严重的资源约束。由表5-32可知，中国的人均淡水资源和人均耕地面积只有世界平均水平的1/3左右，人均森林面积仅为世界平均水平的1/5。人均草地面积和人均能源生产量也只占世界平均水平的55%—60%。我国的人均资源拥有量水平本身较低，并且耕地等资源既不可再生也不可进口。在工业化和城市化加速发展进程中，受建设用地增加及灾害损毁的影响，耕地面积日趋减少。并且，生态环境退化导致其他资源总量也进一步锐减。我国600多座城市中300多座缺水，严重缺水的108个。各类天然草原近4亿公顷，但90%以上处于不同程度的退化，其中中度和重度退化面积达50%以上。

表 5 – 32　　　　　　　人均资源指数的国际比较（2004 年）

	人均淡水资源	人均耕地面积	人均森林面积	人均草地面积	人均能源生产量
中国	100	100	100	100	100
世界平均	324	207	493	180	174
高收入国家	445	344	642	244	416
中国/世界平均	0.309	0.346	0.203	0.556	0.575
中国/高收入国家	0.225	0.291	0.156	0.413	0.242

资料来源：中国现代化战略研究课题组，中国科学院中国现代化研究中心：《中国现代化报告（2007）》，北京大学出版社 2007 年版。指数 =（其他国家或地区数值/中国数值）× 100。

（3）能源利用效率。发达国家经济增长的历史表明，工业化是以土地、能源、矿产等资源要素的大量消费为基础的，处于赶超阶段的发展中国家在加速工业化时期能源消费需求更加显著。《BP 世界能源统计 2015》数据显示，经过 30 多年的经济发展，加之数量庞大的消费人口，中国已经成为全世界第一大能源消费国。2014 年中国能源消费总量达 42.6 亿吨标准煤，占全球能源消费总量的 20% 左右。由于能源消费需求量显著上升，因此，提高能源利用效率成为减少能耗、提高生态效益的核心问题。

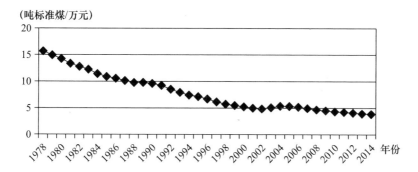

图 5 – 30　1978—2014 年中国每单位实际 GDP 能源消耗变动趋势

资料来源：根据历年《中国统计年鉴》数据整理计算并绘制。

　　由图 5－30 可知，1978 年以来我国能源利用效率得到较大程度提升。每单位实际 GDP 综合能耗持续下降，从 1978 年的 15.68 吨标准煤/万元下降至 2014 年的 3.86 吨标准煤/万元，下降了 75% 左右。但从能源效率的国际比较来看（见表 5－33），我国的能源利用效率仍然显著偏低，1980 年我国单位 GDP 能耗是同期美国的 3.7 倍，日本的 7 倍，德国的 5.3 倍。与发展中国家相比我国的能源效率也较低，2010 年巴西、印度、墨西哥的单位 GDP 能耗分别只有中国的 1/2、2/3、2/5。

表 5－33　　　　　　　　　单位 GDP 能耗的国际比较

单位：购买力平价美元/千克石油当量

年份	1980	1985	1990	1995	2000	2005	2010
中国	1164.11	808.77	690.67	470.05	325.07	316.24	273.16 *
美国	311.34	261.07	240.5	229.18	203.74	184.56	171.70 *
日本	165.42	141.33	134.08	141.16	141.59	133.82	125.40
德国	218.70	204.39	170.93	148.39	135.42	132.00	121.32
巴西	123.63	133.07	130.62	129.01	137.12	136.13	131.26 *
印度	333.24	321.82	299.63	283.74	251.92	213.64	198.96 *
南非	270.27	342.89	334.42	371.65	340.25	321.28	312.16 *
韩国	195.00	173.80	190.77	203.67	213.61	191.57	186.34
印度尼西亚	281.93	253.92	273.69	249.66	278.15	257.22	230.18
澳大利亚	239.63	218.66	211.86	201.75	190.29	179.22	163.99
墨西哥	135.08	140.11	145.44	142.87	122.49	131.07	120.36

　　资料来源：世界银行数据库。表中 * 号标注的数据为 2009 年数据。

　　根据 2015 年最新世界能源统计数据（见表 5－34），我国石油、天然气和煤炭资源的储藏量分别只占世界储量的 1.1%、1.8% 和 12.8%。从人均水平来看，煤炭储量为世界平均水平的 67%，石油和天然气均不到世界水平的 10%。根据已探明能源储量和开采速度比较，我国石油、天然气和煤炭分别仅供开采 11.9 年、25.7 年和 30 年。表明中国经济受到严重的资源有限性约束，在未来 30 年将面临全面的能源危机威胁。

表 5 - 34　　　　　中国与世界能源储采比的比较（2014 年）

	中国总量	占世界比重（%）	中国 R/P	世界 R/P	中国人均量	占世界人均量比重（%）
石油（亿桶）	185.0	1.1	11.9	52.5	13.6	5.7
天然气（万亿立方米）	3.5	1.8	25.7	54.1	0.3	9.8
煤炭（亿吨）	1145.0	12.8	30.0	110.0	84.2	67.0

资料来源：*BP Statistical Review of World Energy* 2015。表中的资源储量均为剩余已探明储量。R/P 表示储量与开采量的比值，以当年储量除以当年的开采量计算，表明若以当前的开采速度，目前的储量还可以持续维持的年份长度。

与能源消耗紧密相关的是能源消费结构。图 5 - 31 显示，我国能源消费主要依赖于煤炭和天然气。1978—1990 年，煤炭和石油消费总比重一直保持在 93% 左右。1990 年以后，我国能源消费结构有所改善，化石能源总消费比重下降，水电、核电、风电等能源消费比重上升。1978 年清洁能源消费比重仅 3.4%，2014 年上升至 11.2%。总体上，改革开放后我国以化石能源为主导的能源消费结构并没有显著改善。由于化石能源具有不可再生性及重污染性，因此，化石能源的过度消费一方面导致能源储量急剧下降，另一方面产生严重的污染排放，导致气候变迁。

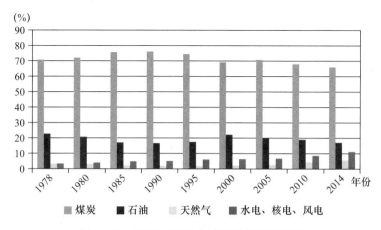

图 5 - 31　1978—2014 年中国能源消费结构

资料来源：根据《中国能源统计年鉴》数据整理计算并绘制。

从国际比较来看（见表 5 – 35），发达国家清洁能源消费比重普遍高于发展中国家。2010 年中国清洁能源消费比重为 3.9%，而发达国家均在 10% 以上，日本、韩国更达到 15% 以上。发达国家相对良好的能源消费结构一方面缓解了不可再生资源过度开采导致的资源枯竭成本，另一方面也减少了有害气体、粉尘排放导致的环境污染成本。

表 5 – 35　核能及其他清洁能源消费占能源总消费比重的国际比较　单位：%

年份	1980	1985	1990	1995	2000	2005	2010
中国	0.8	1.1	1.3	2.0	2.2	3.0	3.9
美国	5.4	7.8	10.3	11	10.8	10.6	11.7
英国	5.0	8.1	8.5	10.9	10.2	9.9	8.7
日本	8.7	13.8	14.4	17.5	18.4	17.3	17.2
德国	4.5	10.6	11.8	12.5	14.0	14.0	13.2
巴西	9.7	12.5	13.1	14.0	14.8	14.7	14.7
印度	2.3	2.2	2.5	2.2	2.4	2.6	2.6
南非	0.1	1.7	2.5	2.9	3.2	2.4	2.4
韩国	2.6	8.7	15.4	12.2	15.3	18.4	15.7
印度尼西亚	0.2	1.0	2.5	3.4	6.0	6.8	8.3
澳大利亚	1.6	1.7	1.5	1.6	1.4	1.3	1.5
墨西哥	2.4	3.4	5.9	7.3	7.0	6.8	5.9

资料来源：世界银行数据库。清洁能源包括水能、核能、地热能和太阳能等。

2. 环境污染

（1）二氧化碳排放。二氧化碳排放是国际社会衡量环境污染的一项重要指标，因为全球气候变化导致气候灾难频繁发生主要是由二氧化碳的过度排放引起的（林伯强、蒋竺均，2009）。[①] 从图 5 – 32 来

[①]　林伯强、蒋竺均：《中国 CO_2 的环境库兹涅茨曲线预测及影响因素》，《管理世界》2009 年第 4 期。

看，改革开放初期我国人均碳排放量仅为世界平均水平的1/3。经济高速增长带动大量能源资源投入导致碳排放量逐年增加。1978—2002年我国人均二氧化碳排放量增长率为2.66%，2002—2009年增长率为10.38%。2000—2014年二氧化碳排放总量增长两倍。由于二氧化碳排放量升高会引起全球气候变迁，通过大气、温度、水、植物、生物的链式反应使整个生态系统受损，进而显著降低经济增长的生态效益。

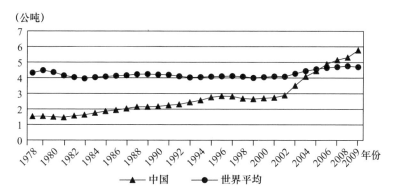

图5-32 1978—2009年中国人均二氧化碳排放量

资料来源：根据世界银行数据库数据绘制。

虽然表5-36显示改革开放以来我国单位GDP二氧化碳排放量显著降低，总体下降幅度超过75%，但是由于环境污染具有积累效应，无论边际增量大小都会引起总量的不断攀升。根据《中国能源统计年鉴》数据，1978—2014年总能源消费碳排放量从39009.36万吨上升至231854.6万吨，增长近6倍。其中，煤炭、石油、天然气消费的碳排放量年均增长率分别为5.24%、5.17%及7.12%。对外开放的不断扩大使我国在广泛承接发达国家产业转移的过程中，因高耗能、高污染行业扩张而产生了高昂的生态环境成本。

表 5 – 36　　　　　1978—2014 年单位 GDP 二氧化碳排放量　单位：吨/万元

年份	碳排放量	年份	碳排放量	年份	碳排放量
1978	10.70	1991	6.18	2004	3.47
1979	10.49	1992	5.68	2005	3.46
1980	9.46	1993	5.27	2006	3.37
1981	8.84	1994	4.93	2007	3.19
1982	8.47	1995	4.60	2008	3.01
1983	8.11	1996	4.41	2009	2.88
1984	7.60	1997	4.03	2010	2.72
1985	7.27	1998	3.73	2011	2.68
1986	7.00	1999	3.59	2012	2.54
1987	6.78	2000	3.40	2013	2.47
1988	6.54	2001	3.20	2014	2.33
1989	6.55	2002	3.11		
1990	6.41	2003	3.30		

资料来源：根据《中国能源统计年鉴》中能源消费总量及构成数据计算而得。其中，各类能源的碳排放系数采用 DOE/EIA、日本能源经济研究所、国家发改委能源所及 IPCC 所公布的数据的平均值。

（2）PM10。PM10 是一种具有显著外部性的大气污染物，主要来源于工业生产及居民生活中直接排放的污染气体。从表 5 – 37 的数据来看，虽然 1990 年以来我国 PM10 从 115.18 微克/立方米显著下降至 60.24 微克/立方米，但相比于其他国家，我国的 PM10 指数仍显著偏高。2009 年我国 PM10 指数仍然达到世界平均水平的 1.46 倍。

表 5 – 37　　　　　　　　　1990—2009 年 PM10 的国际比较　单位：微克/立方米

年份	1990	1995	2000	2005	2007	2009
世界平均	78.83	69.33	63.31	52.21	46.88	43.01
中国	115.18	92.93	87.94	77.61	68.88	60.24
美国	29.61	25.76	23.81	21.66	20.23	18.02
英国	24.16	21.1	17.17	14.36	12.94	12.67
日本	42.18	36.18	32.93	30.19	28.81	24.9

续表

年份	1990	1995	2000	2005	2007	2009
德国	26.81	22.82	22.46	18.51	16.00	15.78
俄罗斯	40.79	26.41	27.38	18.61	15.62	15.58
巴西	39.07	32.31	31.56	24.68	21.39	19.46
印度	109.63	107.33	91.56	66.27	58.72	57.13
南非	38.65	34.04	30.3	25.15	26.97	26.37
韩国	50.6	49.87	45.28	35.28	32.27	32.51
印度尼西亚	132.13	115.26	119.8	90.27	76.64	68.11
澳大利亚	21.53	19.51	17.76	14.78	13.74	13.91
墨西哥	65.99	55.18	43.47	37.87	33.69	32.58

资料来源：世界银行数据库。

从具体国家的对比来看，除印度尼西亚的 PM10 指数高于中国，印度与中国相近以外，其他国家的指数均显著低于中国。美国、英国、德国等发达国家的 PM10 在 1990 年不超过 30 微克/立方米，并在 2009 年下降至 20 微克/立方米以下。日本和韩国的 PM10 较高，但也未超过 50 微克/立方米，并且到 2009 年分别下降至 24.9 微克/立方米和 32.51 微克/立方米。俄罗斯、巴西、南非等发展中国家的 PM10 指数在 2009 年也降至 26 微克/立方米以下。中国的 PM10 指数在 2009 年仍是这些国家的 2—4 倍。

（3）"三废"排放。我国的主要污染物排放包括废气、废水及固体废弃物三大类。工业生产中的"三废"排放占据了相当大的比重，除此之外，生活中也会产生相应的较大污染排放。由表 5-38 可知，1989 年以来我国单位 GDP"三废"排放量呈下降趋势，但污染排放总量却随着经济规模的扩大而增加。除工业固体废物排放量显著减少以外，废气排放总量从 1989 年的 3803 万吨增加至 2005 年的 4644 万吨，废水排放总量在 1989—2014 年期间增长近一倍。

表 5 – 38 1989—2014 年中国"三废"排放量

年份	废气排放总量	废水排放总量	工业固体废弃物排放总量	单位 GDP 废气排放量	单位 GDP 废水排放量	单位 GDP 工业固体废物排放量
1989	3803	353.45	5265	0.385	357.41	0.532
1990	3599	353.80	4767	0.350	344.53	0.464
1991	3515	336.21	3376	0.314	299.88	0.301
1992	3675	358.78	2587	0.287	280.12	0.202
1993	3828	355.59	2152	0.262	243.61	0.147
1994	3885	365.25	2197	0.235	221.29	0.133
1995	4008	372.85	2242	0.219	203.64	0.122
1996	3259	394.33	1690	0.162	195.78	0.084
1997	3836	415.81	1549	0.174	188.88	0.070
1998	4868	437.29	7048	0.205	184.21	0.297
1999	4191	458.76	3880	0.164	179.57	0.152
2000	4253	415.20	3186	0.154	149.88	0.115
2001	4009	433.00	2894	0.134	144.33	0.096
2002	3881	439.50	2635	0.119	134.30	0.081
2003	4229	459.30	1941	0.117	127.56	0.054
2004	4260	482.40	1762	0.107	121.70	0.044
2005	4644	525.00	1655	0.105	118.99	0.038
2006	4486	537.00	1302	0.090	108.02	0.026
2007	4154	557.00	1197	0.073	98.14	0.021
2008	3808	572.00	782	0.061	91.93	0.013
2009	3586	589.10	711	0.053	86.69	0.010
2010	3463	617.30	498	0.046	82.25	0.007
2011	3402	659.19	433	0.041	80.36	0.005
2012	3230	684.76	144	0.037	77.54	0.002
2013	3057	695.44	140	0.032	73.14	0.001
2014	2885	706.13	136	0.028	68.84	0.001

资料来源:根据《中国环境统计年鉴》及历年《中国统计年鉴》中相关数据整理计算获得。废气排放包括二氧化硫、烟尘和工业粉尘三类,废水排放包括生活污水和工业废水。单位 GDP 的"三废"排放量表示平均每单位 GDP 所产生的"三废"数量,在计算中 GDP 数据按 1978 年不变价格进行调整。废气排放总量及工业固体废物排放总量的单位为万吨,废水排放总量单位为亿吨,单位 GDP 废气排放量、单位 GDP 废水排放量及单位 GDP 工业固体废物排放量单位均为吨/万元。

（4）环境污染治理损失。环境污染治理损失从价值角度衡量环境污染的成本。2001 年以来我国环境污染治理投资及工业污染治理投资均逐年增加，分别从 2001 年的 1166.7 亿元和 174.5 亿元增长至 2012 年的 8253.5 亿元和 500.5 亿元。同时，环境污染治理投资占 GDP 比重也从 1.06% 逐年上升至 1.59%。环境污染治理投资加大一方面说明政府对环境污染重视程度加强，但另一方面也说明生态环境退化成本增加。国家环保总局和统计局的研究报告显示，2004 年全国因环境污染引起 5118 亿元的经济损失，占 GDP 比重 3.05%。通过对污染物排放量和治理成本核算表明，在现有治理水平下全部处理点源排放污染物所需的直接投资约 1.08 万亿元，占 GDP 比重 6.8% 左右。同时每年还需花费占 GDP 比重 1.8% 的 2874 亿元虚拟治理成本。[1] 表 5 - 39 显示，2004 年我国环境污染治理投资仅占 GDP 的 1.29%，说明我国环境治理投资显著低于实际环境污染损失成本。

表 5 - 39　　　　　2001—2012 年中国环境污染治理投资状况

年份	环境污染治理投资额（亿元）	工业污染治理投资额（亿元）	环境污染治理投资占 GDP 比重（%）
2001	1166.7	174.5	1.06
2002	1456.5	188.4	1.21
2003	1750.1	221.8	1.29
2004	2057.5	308.1	1.29
2005	2565.2	458.2	1.39
2006	2779.5	483.9	1.28
2007	3668.8	552.4	1.38
2008	4937.0	542.6	1.57
2009	5258.4	442.6	1.54
2010	7612.2	397.0	1.90
2011	7114.0	444.4	1.50
2012	8253.5	500.5	1.59

资料来源：历年《中国环境统计年鉴》。

---

[1] 数据来源于《中国绿色国民经济核算研究报告》（2004）。

第四节　中国经济增长数量、质量和效益耦合历程的初步判断

从经济增长数量、质量和效益各维度的历史演进轨迹中，我们可以初步把握三者之间的耦合变动趋势。总体上看，改革开放以后，中国经济增长数量的显著增长带动了经济增长质量和效益的提升，表现在经济增长质量和效益的诸多维度及基础指标的明显改善。例如，我国三次产业的劳动生产率均显著提高；随着我国市场体系的不断完善及宏观调控政策运用能力的提升，我国经济增长的稳定性显著加强，价格、产出波动幅度和频率均明显减小；经济领域的快速增长同时带动教育、医疗、减贫等社会事业的发展。

然而，经济增长质量和效益在原有水平上提高只能显示其纵向时序角度的变化，而只有通过其与经济增长数量的横向比较才能明确三者之间的耦合关系变化。由中国经济增长数量在国际比较中所处的位置和经济增长质量、效益在国际比较中所处的位置相对比不难看出，改革开放以后，经济增长数量、质量和效益之间的耦合总体并不理想，与经济增长数量超常增长相对应的，是经济增长质量和效益的提升相对缓慢。具体地，在改革开放之初，经济数量增长的同时经济增长质量和效益均相应提高，制度创新带来经济增长的效率增强、稳定性提高；在增长的效益方面，农业经济效益、减贫效应均大幅度改善，以单位生产总值能耗衡量的能源利用效率下降 3/4。因此，在1978—1999 年，经济增长数量、质量和效益的耦合相对处于良性发展阶段。

但随着经济规模的进一步扩张，虽然经济增长质量和效益的某些维度、某些指标在考察期内相对改善，但一些指标的显著恶化却对经济增长质量和效益产生负面效应，限制其提高并进而导致经济增长数量和质量、效益间的增长速度发生背离，三者的协调性降低。例如，在改革开放之初，中国的总体基尼系数在 0.35 左右，但到 2000 年则

增长至 0.4 以上，21 世纪之后增长更快，甚至达到接近 0.5 的水平。又如，改革开放初期补偿性需求带动消费率稳步回升，但 2001 年加入 WTO 以后，中国国内消费率急剧下降而投资率显著上升造成严重的需求结构失衡。再如，我国借助劳动力成本比较优势大力发展加工制造业并广泛进行对外贸易，但这却导致我国劳动者报酬占比不断下降，尤其在 1999 年以后下降趋势更加明显。这些因素的显著恶化均对经济增长质量和效益产生负面影响，加剧了经济增长数量和质量、效益之间的不一致，致使其在耦合发展的轨道上发生偏离，三者的协调耦合性出现下降的趋势。因此，从 2000 年开始，经济增长数量、质量和效益的耦合效应逐渐下降。

从以上的分析可知，自 1978 年开始，中国经济增长数量的高速增长成为中国经济最显著的特征，在经济增长数量增长的推动下，经济增长质量和效益均相应改善，三者的耦合表现出正的协同发展趋势。然而从进入 21 世纪开始，随着经济增长数量规模的进一步扩大，隐藏在经济系统内部的矛盾逐渐凸显，经济增长质量和效益不同维度之间以及经济增长数量、质量和效益之间的差异性、矛盾性加大致使三者的耦合效应逐渐减弱，不协调性开始加强。

第六章　中国经济增长数量、质量和效益的
　　　　耦合评价

第四章构建的经济增长数量、质量和效益的耦合分析框架，为我们理解三者之间的关系和耦合机理提供了有益的理论基础，第五章关于改革开放以来中国经济增长数量、质量和效益演进轨迹的考察让我们对三者的具体变动趋势以及耦合历程有了初步把握。然而，在实践中我们需要对中国经济增长数量、质量和效益的耦合状态进行定量测度。本章在前面章节的基础上对中国经济增长数量、质量和效益进行系统性评价，并且进一步通过耦合测度模型对三者耦合度进行定量考察，以期从整体上把握三者的耦合演进轨迹。

第一节　中国经济增长数量、质量和效益
　　　　　　指数的测度

要对中国经济增长数量、质量和效益三者之间的耦合度进行定量测度，首先必须对三者分别进行系统的测度，以期获得总体评价指数。在此基础上才能进一步构建耦合测度模型，通过对三个指数之间变动轨迹的状态分析来定量考察三者的耦合性。

一　经济增长数量指数测度

从世界经济发展经验来看，后发国家要实现经济赶超，一般要经历四个阶段，即速度上赶超、总量上赶超、人均水平上赶超及生产要素使用效率上赶超。除生产要素使用效率以外，其他三个方面都是从数量角度反映经济高速增长特征的变量，因此，要全面衡量经济增长

数量，必须对经济增长速度、GDP 总量及人均 GDP 均有所涉及。基于此，本书选择 GDP 总量、人均 GDP 及 GDP 增长率三个指标合成经济增长数量指数。考虑到指标较少，因而不需要通过降维的方法进行简化。假设三个指标对经济增长数量具有等权重的影响作用，均赋权为 1/3，采用基础指标和权重合成总指数。由于三个基础指标的量纲量级不同，在测度时将其标准化。

根据经济增长数量指数的测度结果（见表 6-1），1978—2014年，中国经济增长数量指数从 0.689 上升至 6.425，总体增长 9.3 倍，年均增长率达 6.4%。分阶段来看，1978—2000 年数量指数的增长速度相对较低，平均为 4.9%；而在 2001 年以后，数量指数的增长速度显著提高，年均增长率达 9.1%。表明改革开放的初始阶段，经济数量增长相对不稳定，但进入 21 世纪以后，我国经济数量开始呈现指数型增长趋势。

表 6-1　　　　　　1978—2014 年中国经济增长数量指数

年份	经济增长数量指数	年份	经济增长数量指数	年份	经济增长数量指数
1978	0.689	1991	0.970	2004	2.859
1979	0.351	1992	1.512	2005	3.250
1980	0.389	1993	1.612	2006	3.727
1981	0.177	1994	1.658	2007	4.306
1982	0.544	1995	1.582	2008	4.249
1983	0.738	1996	1.620	2009	4.574
1984	1.170	1997	1.678	2010	5.124
1985	1.079	1998	1.655	2011	5.465
1986	0.710	1999	1.750	2012	5.714
1987	1.013	2000	1.959	2013	6.133
1988	1.050	2001	2.092	2014	6.425
1989	0.444	2002	2.333		
1990	0.444	2003	2.624		

资料来源：《中国统计年鉴》。根据定基价格指数将 GDP 数据换算为 1978 年不变价格数值进行计算。

二 经济增长质量和效益评价指标的构建

对中国经济增长质量和效益的整体考察最终要落脚到对其进行系统性的定量测度上。第五章通过选取部分有代表性的指标对改革开放以后中国经济增长质量以及效益的变动轨迹进行了粗略的描述性分析和国际比较研究。本节在此基础上，进一步通过构建系统的评价指标体系对经济增长质量和效益进行整体评价，以期定量测算中国经济增长质量和效益的总指数。

1. 指标体系构建原则

经济增长质量和经济增长效益指标体系的构建应符合社会经济系统指标体系的基本原则，即目的性、科学性、系统性、完整性、可比性和可操作性等。目的性原则就是根据所研究的对象选取具有针对性的指标，要体现指标与研究对象的关联性。科学性原则要求指标体系的设置严格按照内涵来确定，并且统计指标的名称、计量单位、口径和计算方法都应遵循严格定义。系统性和完整性原则要求评价指标的设置要层次分明且完备，既不因为简单而遗漏不全，也不因为烦琐而冗余。可比性原则指的是指标体系的设置要具有时间、范围、计量单位和方法的国际可比性，便于进行横向、纵向比较。可操作性是最本质的要求，指标设置完善是理论基础，而统计资料易于获得，统计指标易于计算是实践要求。

2. 指标体系的建立

（1）经济增长质量指标体系。根据前文中定义的经济增长质量，将其内涵具体划分为经济效率、经济结构、经济运行及经济潜力四个评判维度，在此基础上构建的指标体系见表6-2。

表6-2 经济增长质量指标体系

维度指数	分项指标		基础指标	指标单位	指标属性
经济效率	要素使用效率	Y_1	全要素生产率	%	正
		Y_2	增量资本产出率	—	逆
		Y_3	劳动生产率	元/人	正

续表

维度指数	分项指标		基础指标	指标单位	指标属性
经济结构	产业结构	Y_4	产业结构高级化指数	—	正
		Y_5	产业结构合理化指数	—	逆
	需求结构	Y_6	投资率	%	适度
		Y_7	消费率	%	适度
		Y_8	投资消费比	—	逆
		Y_9	居民政府消费比	%	正
		Y_{10}	外贸依存度	%	逆
	收入分配结构	Y_{11}	劳动者报酬占 GDP 比重	%	正
	城乡二元结构	Y_{12}	二元对比系数	—	正
		Y_{13}	二元反差指数	—	逆
		Y_{14}	城市化率	%	正
	区域结构	Y_{15}	区域差距系数	—	逆
		Y_{16}	东西部人均收入比	%	正
经济运行	产出波动	Y_{17}	产出缺口	—	逆
		Y_{18}	经济波动系数	—	逆
	价格波动	Y_{19}	CPI 指数	%	逆
		Y_{20}	通货膨胀率	—	逆
	金融风险	Y_{21}	存贷比	%	逆
		Y_{22}	M2 增速	%	逆
		Y_{23}	经常项目差额/GDP	%	逆
		Y_{24}	外债/GDP	%	逆
经济潜力	制度创新	Y_{25}	市场化指数	—	正
	技术创新	Y_{26}	R&D 支出占 GDP 比重	%	正
		Y_{27}	专利申请量	件	正
		Y_{28}	高技术产品出口额占 GDP 比重	%	正
		Y_{29}	国家科技拨款占国家公共财政支出的比重	%	正

第一，经济效率维度。该维度主要测度经济增长过程中的投入产出关系，因而应选取衡量投入与产出之间比率关系的指标。现有宏观经济研究中通常将投入要素分为资本、劳动和全要素，因此，本书也

试图从这三个方面测度经济效率。其中，资本生产率和劳动生产率是单要素生产率，用来衡量资本、劳动单要素投入与产出之间的比率关系，全要素生产率用来测算所有结合投入要素与产出之间的比率关系。

第二，经济结构维度。本书重点考察反映经济增长质量的宏观结构，包括产业结构、需求结构、收入分配结构。此外，由于中国不但面临着所有国家或地区都会出现的区域经济不均衡，而且中国正处于从传统农业社会向现代工业社会转型的阶段，具有典型的二元经济结构特征。因此，将城乡二元经济结构和区域结构也纳入考量。在经济结构维度中，产业结构的测度指标常用三次产业产值比重、就业比重、比较劳动生产率等指标，这些指标可以表征产业结构的变动趋势，但不能衡量产业结构的优化程度。因此，本书借鉴干春晖等（2011）① 的研究方法，采用第三产业产值与第二产业产值之比度量产业结构高级化，采用产业结构泰尔指数度量产业结构合理化。需求结构中，采用投资率、消费率、投资消费比及居民政府消费比表征内需结构，外贸依存度则用来测度外需结构。需要指出，投资率、消费率指标并非越大越好或越小越好，而是应该控制在一个合适范围。贺铿（2006）参照历史和国际比较并结合投资效率分析认为，我国投资率应控制在 30%—35%，消费率控制在 60%—65%。② 项俊波（2008）也认为中国的投资率应低于 38%，消费率应高于 60%。③ 根据这类研究结果，本书将投资率和消费率的适度值分别设定为 35% 和 60%。收入分配结构衡量国民收入在资本和劳动力要素之间的配置，采用劳动报酬占 GDP 比重度量。城乡二元经济结构通常采用二元对比系数、二元反差指数度量，本书在此基础上再加入城市化率指标。区域经济差距通常采用区域差异系数与锡尔系数指标衡量，考虑到这

① 干春晖、郑若谷、余典范：《中国产业结构变迁对经济增长和波动的影响》，《经济研究》2011 年第 5 期。

② 贺铿：《中国投资、消费比例与经济发展政策》，《数量经济系数经济研究》2006 年第 5 期。

③ 项俊波：《中国经济结构失衡的测度与分析》，《管理世界》2008 年第 9 期。

两个指标的测算结果相似，本书只选取其一。由于我国区域结构显著表现为东西部经济差距，因此，加入东西部人均收入比指标直接反映区域差异。

第三，经济运行维度。宏观经济运行包括经济周期波动和系统性金融风险两个方面。经济周期波动的幅度越小、频率越低，系统性金融风险越小，表明宏观经济运行越稳定、经济增长质量越高。文献中对宏观经济周期波动的度量主要包括产出波动、价格波动和就业波动（钞小静、惠康，2009）。[①] 遗憾的是，现有的权威就业数据统计并不完善，仅统计了城镇登记失业率。从中国的劳动力就业来看，劳动力市场不完善及劳动力较大流动性导致很多劳动力并未登记在册，因而这一数据并未反映真实的就业状况。考虑到无法获得实际失业率数据，本书放弃对就业波动的考察，仅从产出和价格两方面表征经济周期波动。系统性金融风险是潜在的经济波动因素，不能有效控制的金融风险将会酿成全面的宏观经济风险，引起宏观经济波动并降低经济运行稳定性。

在经济运行维度，产出波动指标选取经济增长波动系数和产出缺口，价格波动指标选取通货膨胀率和CPI指数。经济增长波动系数指标利用实际增长率与邻近五年的移动平均增长率间偏离度表示。根据金融理论，金融风险通常包括利率风险、货币风险、信用风险、政策风险及国际收支风险。测度指标主要有市场利率、存贷利差、存贷比、M2/GDP、不良贷款比率、CPI、经常项目赤字/GDP、外债/GDP。由于国家政策性金融风险不好度量，因此本书暂不考虑这一因素，仅从利率、货币及国际收支角度测度金融风险。具体来看，利率风险测度指标选取存贷比，货币风险指标选取M2增速，国际收支风险指标选取经常项目赤字/GDP、外债/GDP。

第四，经济潜力维度。经济潜力维度衡量经济增长的可持续性，缺乏潜力的经济体只有短期经济增长效应，在长期中不可持续增长。

[①]　钞小静、惠康：《中国经济增长质量的测度》，《数量经济技术经济研究》2009年第6期。

创新作为技术进步的源泉，被认为是经济持续增长的动力。因此，经济潜力维度包含制度创新和技术创新两个分项指标。制度创新用市场化指数代替，技术创新指标选取 R&D 强度、专利申请量、高技术产品出口额占 GDP 比重及国家科技拨款占国家公共财政支出比重来测度。市场化指数数据借鉴樊纲等（2011）的研究成果。[①] 但需要指出的是，该研究只有 1997 年以后的指数测度，1978—1997 年的数据缺失。我们对比董晓宇、郝灵艳（2010）的研究发现，两者在测度市场化指数时选取的具体维度相近似，因而将 1978—1997 年的指数换算成可比数据进行替代。[②] R&D 强度指标缺失 1990 年以前的统计数据，考虑到长期以来政府财政科研支出是我国科研投入的主要形式，通过将财政研发投入占 GDP 比重与 R&D 支出占 GDP 比重比较发现，两者的变动趋势相一致且数值相近，因此，1978—1990 年的 R&D 强度由政府财政研发投入占 GDP 比重替代。

（2）经济增长效益指标体系。根据前文的经济增长效益的内涵，将其具体划分为经济效益、社会效益及生态效益三个维度，在此基础上构建的经济增长效益指标体系见表 6 - 3。

表 6 - 3　　　　　　　　　　经济增长效益指标体系

维度指数	分项指标		基础指标	指标单位	指标属性
经济效益	工业效益	Z_1	工业增加值率	%	正
		Z_2	工业企业资金利税率	%	正
	农业效益	Z_3	单位耕地面积产值	元/亩	正
		Z_4	人均农业产值	元/人	正
	服务业效益	Z_5	服务业人均增加值	元/人	正
	整体投资效益	Z_6	投资效果系数	%	正

① 樊纲、王小鲁、朱恒鹏：《中国市场化指数：各地区市场化相对进程 2011 年报告》，经济科学出版社 2011 年版，第 263—275 页。
② 董晓宇、郝灵艳：《中国市场化进程的定量研究：改革开放 30 年市场化指数的测度》，《当代经济管理》2010 年第 6 期。

续表

维度指数	分项指标		基础指标	指标单位	指标属性
社会效益	减贫效应	Z_7	农村贫困发生率	%	逆
	收入均等化	Z_8	基尼系数	—	逆
		Z_9	城乡居民收入比	—	逆
		Z_{10}	城乡居民消费比	—	逆
	就业	Z_{11}	GDP 就业弹性	—	正
		Z_{12}	城镇登记失业率	%	逆
	教育	Z_{13}	每万人大学生数	人	正
		Z_{14}	平均受教育年限	年	正
		Z_{15}	国家财政性教育经费支出/GDP	%	正
	医疗健康	Z_{16}	每千人医疗卫生机构床位数	张	正
		Z_{17}	每千人卫生技术人员数	人	正
		Z_{18}	预期寿命	年	正
	社会保障	Z_{19}	基本养老保险覆盖率	%	正
	公共安全	Z_{20}	犯罪率	起/十万人	逆
生态效益	资源利用	Z_{21}	单位生产总值能耗	吨标准煤/万元	逆
		Z_{22}	单位生产总值电耗	吨标准煤/万元	逆
		Z_{23}	森林覆盖率	%	正
		Z_{24}	森林资源净损耗	亿美元	逆
	环境污染	Z_{25}	人均二氧化碳排放量	公吨	逆
		Z_{26}	单位 GDP 废水排放量	吨/万元	逆
		Z_{27}	单位 GDP 废气排放量	吨/万元	逆
		Z_{28}	单位 GDP 固体废物排放量	吨/万元	逆

第一，经济效益维度。该维度衡量社会经济生产过程中经济成本耗费与产出效果的关系，因而在实际测度中应该通过对经济成本耗费与产出利益效果的比较来获得。然而，考虑到现有统计数据的限制，我们无法获得以无形价值形态体现的生产利益和效果，而只能以社会总产值、国内生产总值、国民收入、净产值、利税等其他替代形式来

衡量生产成果；而成本投入只能获得各种生产消耗，如活劳动消耗、物化劳动消耗、成本、占用的生产资金等（纪玉荣，2009）。[1] 因此，本书主要通过这两者的比率关系指标来测算经济效益。从现有研究来看，我国现行的较为健全的评价企业经济效益的指标体系有两个：一是由国家计委、统计局等部门 1992 年提出的六项指标体系；[2] 二是由财政部 1995 年 1 月 9 日颁布的《企业经济效益评价指标体系（试行）》中的十项指标体系。[3] 两个指标体系分别从工业部门和国家财政的角度评价了工业部门和企业总体经济效益，但缺乏对非工业部门和消费经济效益的评价，因而未能从全社会角度反映宏观经济效益。并且，从经济效益的内涵来看，这两个指标体系中有一些指标并不是经济效益指标，如工业产品销售率反映的是产销平衡状况而非成本—产出率，资产负债率、应收账款周转率、存货周转率等也与经济效益联系较小（张先治，1998）。[4]

本书试图从宏观角度考察全社会整体经济效益，以克服文献中重点考察工业而忽略非工业部门经济效益的缺陷，常见的测度宏观经济效益的指标有综合投入产出率，综合投入边际产出率、社会总成本净值率、社会总成本利税率、全社会劳动产出率、社会总收入产出率、全社会消耗产出率、全社会能源消耗产出率、全社会资金产出率等。虽然在理论上这些指标能够反映全社会的投入产出关系，但实际中却受到数据可得性限制，并且国家在数据统计口径方面的变动也使这些指标难以计算和比较。由于工业、农业、服务业生产性质不同，其耗费的成本要素具有不同侧重。因此，评价宏观经济效益时应对三次产业选取不同的测度指标，根据不同产业的要素投入特点进行设置。考

---

[1] 纪玉荣：《宏观经济效益问题评价与分析的统计研究》，《科技致富向导》2009 年第 10 期。

[2] 具体的指标包括工业产品销售率、工业资金利税率、工业增加值率、工业成本费用利润率、工业全员劳动生产率和运营资金周转率。

[3] 具体的指标包括销售利润率、总资产报酬率、资本收益率、资本保值增值率、资产负债率、流动比率或速动比率、应收账款周转率、存货周转率、社会贡献率及社会积累率。

[4] 张先治：《建立评价企业经济效益指标体系的探讨——对现行考评企业经济效益指标体系的评价》，《求是学刊》1998 年第 5 期。

虑到数据可得性，本书选取工业增加值率、工业企业资金利税率指标来度量工业经济效益；以单位耕地农业产出、人均农业产值指标来度量农业经济效益，以服务业人均增加值度量服务业经济效益。另外，以投资效果系数度量全社会固定资产投资所产生的整体经济效益。

第二，社会效益维度。该维度考察经济增长产生的社会成本和收益。经济增长一方面会产生正向社会效益，如贫困减少、教育机会扩展、医疗卫生保健提高等，但另一方面也会产生负向社会效益，即社会发展代价增加，如收入分配不平等、失业、犯罪等。另外，伴随经济增长所产生的思想文化、政治制度等方面的变化也构成经济增长的社会效益，考虑到这些因素受主观评价影响较大，在实际中不好度量，因此，本书在总体评价中暂不考虑这些方面的因素，而主要从减贫、收入分配、就业、教育、医疗卫生、社会保障、公共安全六个方面选取指标来测度。减贫效应以农村贫困发生率来衡量；收入分配的基础指标选取基尼系数、城乡居民收入比、城乡居民消费比；就业方面以 GDP 增长就业弹性、城镇登记失业率指标衡量；教育指标选取每万人大学生数、平均受教育年限及国家财政性教育经费支出占 GDP比；医疗卫生指标选取每千人医疗卫生机构床位数、每千人卫生技术人员数及预期寿命；社会保障方面选取基本养老保险覆盖率指标；公共安全方面选取犯罪率指标衡量。

第三，生态效益维度。该维度是指经济系统在增长过程中与生态系统发生能量和物质交换而产生的效益。一方面，经济系统要从自然界索取能源和资源，作为生产的物质基础和能量来源；另一方面，经济系统在完成生产和消费过程以后，要向自然界排放经过形态和能量转化的废弃物。经济增长对生态环境的效应也包括资源利用效应和环境污染效应两个方面，同时产生两种生态负效益，即自然资源消耗和环境质量退化。自然资源消耗应包括水资源、矿产资源、森林资源、能源储量、耕地面积等的减少，环境质量退化应包括水污染、大气污染、固体和有害垃圾污染、土壤和森林退化以及生物多样性减少等。但在实际中，一方面由于统计数据缺失导致一些数据无法获取；另一方面，穷尽所有指标也没有必要，选择部分有代表性的指标便能反映研究问题的总体状况。基于此，本书选取单位产出能源消耗、单位产出电耗、森林覆盖率及森林资源净损耗指标来衡量自然资源消耗，选取人均二氧化碳排放量、单位 GDP 废水排放量、单位 GDP 废气排放量及单位 GDP 固体废物排放量来测度环境质量退化。

三　经济增长质量和效益指数的测度方法

1. 测度方法的选取

由于经济增长质量和经济增长效益均为多指标复合系统，因此，需要选择多指标综合评价方法将其合成为单一指数进行考察。多指标综合评价的核心在于指标权重的确定，赋权方法大体可分为主观赋权法（包括相对指数法、层次分析法等）和客观赋权法（包括熵值法、因子分析法、主成分分析法、投影寻踪模型等）两种。在主观赋权法中，相对指数法是将一系列指标转化成可比指数形式，然后通过简单加总或加权加总后进行评价，该方法的缺陷在于未考虑各分项指标之间可能存在的高度相关性，并且权重结构的确定具有主观性。层次分析法是运用多因素分级处理来确定因素权重，由于权重的大小主要依据研究者的主观经验进行赋值，因而存在较大随意性和片面性。而在客观赋权法中，熵值法是根据数据的无序（离散）程度确定指标权重。在信息论中，熵是对不确定性的度量。如果信息量越大，不确定性就越小，熵值越小；反之则信息量越小，不确定性越大，熵值越大。利用熵值的特性可以判断事件随机性、无序程度以及指标离散程度。该方法虽然具有客观性，但相关指标之间的关系却不能很好地反映出来。因子分析法与主成分分析方法都是利用降维的思想将多个相关性指标转化为少数不相关的代表因子，并以方差递减的次序排列，从而简化统计分析结构。因子分析和主成分分析的优点在于在数学变换中能够保持变量的总方差不变，即实现保留原始数据信息的条件下将数据简化。但缺点在于根据数据特征提取的因子其经济意义难以确定，当主成分因子负荷的符号有正有负时，综合评价函数的意义不明确。

除此之外，实际数据往往不能满足传统多元统计分析方法所依赖的数据正态分布假定，因而一些研究转而采用稳健的或非参数的方法。然而遗憾的是，这类方法在数据维数较高时会产生以下三个问题：一是计算量会随着数据空间维数的增加而迅速增大，而且不能画出可视的分布图或其他图形。二是即使数据的样本点很多，但当散落在高维空间中时仍然显得非常稀疏，这种现象被称为"维数诅咒"（维数祸根）（curse of dimensionality）（Bellman，1961）。[1][2] 维数诅咒的存在导致许多非参数统计方法（如核密度估计法、邻域法）等不能适用（李祚泳，1998）。[3] 基于此，利用因子分析、主成分分析、典型相关分析等进行降维成为处理高维数据的主要思路，但这些方法仅着眼于变量间的距离而忽略了不相关变量的存在，导致结果的正确性无法确定。三是在低维空间稳健性良好的统计方法在高维空间中显著变差。以上问题使传统统计分析方法处理非线性、非正态、高维度的数据时难以取得良好效果。

投影寻踪模型（Projection Pursuit Model，PPM）是由美国科学家 Kruskal（1972）提出的处理非线性、非正态的高维数据的新型数理统计方法，其基本思想是：将高维数据投影到低维子空间，寻找反映高维数据结构特征的投影值，通过对低维空间上的数据结构分析实现对高维数据的研究。[4] 该方法的优点是放松了传统统计方法的数据正态分布假设并克服了处理高维数据稳健性差的缺陷，使复杂数据的权重确定具有稳健性和客观合理性（李荣富等，2013）。[5]

在早期，投影寻踪模型主要应用于水质评价、生态农业评价等自然、环境科学领域研究。例如，叶浩等（2005）[6] 利用基于 SQP 算法

---

① Richard Bellman，"On the Approximation of Curves by Line Segments Using Dynamic Programming"，*Communications of the ACM*，Vol. 4，Issue 6，June 1961，p. 284.

② 举例说明，设有一个容量很大的高维点云均匀分布于 10 维单位球内，则含有点云 5% 点的小球体半径约占原单位球体半径的 74%。如果该小球体的半径只占原单位球体半径的 5%，则该小球体只含有 $(0.05)^{10} \approx 0$ 个资料点，几乎为空球。

③ 李祚泳：《投影寻踪的理论及应用进展》，《大自然探索》1998 年第 1 期。

④ J. B. Kruskal，"Linear Transformation of Multivariate Data to Reveal Clustering"，*Multidimensional Scaling*：*Theory and Applications in the Behavioural Sciences*，1972，pp. 179 – 191.

⑤ 李荣富、王萍、傅懿兵：《安徽各市经济增长质量动态多指标综合评价——基于面板数据投影寻踪模型》，《淮北师范大学学报》（哲学社会科学版）2013 年第 5 期。

⑥ 叶浩等：《投影寻踪模型在地下水水质评价中的应用》，《水文地质工程地质》2005 年第 5 期。

的投影寻踪模型，金菊良等（2001）[1]、付强等（2003）[2] 利用基于实数编码遗传算法的投影寻踪模型对水质进行评价，王顺久等（2004）[3] 利用基于遗传算法的投影寻踪模型对关中平原地下水资源承载力进行评价，并与已有文献研究结果对比发现，投影寻踪模型评价方法是可靠有效的，分析结果合理。王顺久、杨志峰（2006）[4]，王顺久、李跃清（2006）[5] 又采用该方法分别对区域农业生态环境质量和区域生态环境质量进行了综合评价。封志明等（2005）[6] 利用基于遗传算法的投影寻踪模型对甘肃省 81 个县域单元的农业水资源利用效率进行评价，结果客观准确，与实际农业水资源利用率相符。金菊良等（2001）采用实数编码加速遗传算法对南京地区农业生产力进行评价。[7] 赵小勇等（2006）对投影寻踪模型中密度窗宽参数进行了理论改进，并对浙江省德清县的生态农业建设中资源利用及经济、社会、生态效益进行评价，结论认为改进后的投影寻踪聚类模型更具通用性和有效性。[8]

随着投影寻踪模型在实践应用中不断完善并且该模型在综合评价中取得较好的评价效果，因此，基于投影寻踪模型的应用研究被逐渐拓展到更为广泛的社会经济领域。张欣莉等（2005）构建了企业竞争能力综合评价的投影寻踪模型，并基于 5 家煤炭企业的实际数据进行

---

① 金菊良、魏一鸣、付强：《农业生产力综合评价的投影寻踪模型》，《农业系统科学与综合研究》2001 年第 4 期。

② 付强、付红、王立坤：《基于加速遗传算法的投影寻踪模型在水质评价中的应用研究》，《地理科学》2003 年第 2 期。

③ 王顺久、杨志峰、丁晶：《关中平原地下水资源承载了综合评价的投影寻踪方法》，《资源科学》2004 年第 6 期。

④ 王顺久、杨志峰：《区域农业生态环境质量综合评价投影寻踪模型研究》，《中国生态农业学报》2006 年第 1 期。

⑤ 王顺久、李跃清：《投影寻踪模型在区域生态环境质量评价中的应用》，《生态学杂志》2006 年第 7 期。

⑥ 封志明、郑海霞、刘宝勤：《基于遗传投影寻踪模型的农业水资源利用效率综合评价》，《农业工程学报》2005 年第 3 期。

⑦ 金菊良、魏一鸣、付强：《农业生产力综合评价的投影寻踪模型》，《农业系统科学与综合研究》2001 年第 4 期。

⑧ 赵小勇等：《投影寻踪模型的改进及其在生态农业建设综合评价中的应用》，《农业工程学报》2006 年第 5 期。

了评价分析。① 李国良、李忠富（2010）在应用波特五力模型对中国建筑业的经济环境影响因素分析的基础上，运用基于实数编码加速遗传算法的投影寻踪对中国建筑业 1997—2007 年的竞争环境进行评价，对比发现研究结果实际比较一致。② 王茜茜等（2011）从资源、环境、经济、社会四个子系统构建了"两型社会"评价指标体系，并基于投影寻踪模型对武汉市 2000—2009 年的数据进行了实证分析。③ 这些应用实例都表明，投影寻踪模型具有较强的客观性、适用性及可操作性，并且易于决策。李荣富等（2013）基于面板数据投影寻踪模型，从经济增长的稳定性、协调性、持续性、潜力和福利性方面构建反映经济增长质量的多指标体系，对安徽省 16 个地级市 2002—2011 年经济增长质量进行实证分析。结果表明，经济增长质量的投影值比较直观地描述了各自经济增长质量的数量特征和区域差异。④ 孟德友等（2013）运用投影寻踪模型对 2003 年和 2008 年河南省各县域单元的交通优势度和经济发展水平进行综合评价与比较，并进一步采用耦合协调度模型对两者的耦合协调性进行了评价、比较和分类。⑤ 吴明涛等（2012）运用投影寻踪模型对沪深两市的 5 家制药上市公司企业的会计信息质量进行了综合评价。⑥ 李国良等（2011）利用基于免疫遗传算法的投影寻踪模型对 2002—2007 年部分上市建筑企业的绩效状况进行评价，结果表明基于投影寻踪模型的企业绩效评价与实际相

① 张欣莉、任仕泉、罗利：《企业竞争力评价的投影寻踪模型》，《数理统计与管理》2005 年第 4 期。
② 李国良、李忠富：《中国建筑业 1997—2007 年竞争环境评价》，《系统管理学报》2010 年第 6 期。
③ 王茜茜等：《基于投影寻踪法的武汉市"两型社会"评价模型与实证研究》，《生态学报》2011 年第 20 期。
④ 李荣富、王萍、傅懿兵：《安徽各市经济增长质量动态多指标综合评价——基于面板数据投影寻踪模型》，《淮北师范大学学报》（哲学社会科学版）2013 年第 5 期。
⑤ 孟德友等：《基于投影寻踪模型的河南县域交通与经济协调性评价》，《地理研究》2013 年第 11 期。
⑥ 吴明涛、刘颖、石瑶：《基于投影寻踪模型的企业会计信息质量评价》，《辽宁工程技术大学学报》（社会科学版）2012 年第 4 期。

一致。① 黄梦圆等（2015）运用投影寻踪模型评价了2003—2011年长三角地区各地级市的经济发展与生态效率，并在此基础上对两系统间的耦合协调状况和相对发展状况进行了实证分析。② 方必和等（2005）③、江澜（2009）④ 将投影寻踪模型应用于国民经济综合评价中，并分别基于2001年江苏省十三个直辖市和2006年福建省8个直辖市、一个计划单列市（厦门）的数据进行了实例分析，研究表明投影寻踪模型在对国民经济的评价应用中具有较强的适用性和可操作性。

由于本书所构建的经济增长质量及经济增长效益体系与现有研究中所涉及的系统具有很大的相似性，评价指标具有典型的高维度、非线性特征。因此，投影寻踪方法在理论上适用于本书中对经济增长质量和效益的评价建模。投影寻踪模型的构建思路是：建立以权重为优化变量的非线性优化模型，将高维数据转化成权重为投影方向的一维投影值（投影指标函数），在满足整体投影点团之间尽可能分散而局部投影点尽可能密集的约束下，寻优获得目标函数最大化的最佳投影方向。该模型的关键在于投影指标函数的优化，传统的优化方法是标准遗传算法（SGA）。⑤ 但该算法在实际应用中存在早熟收敛、全局优化速度慢和解的精度差等缺点（金菊良等，2000）。⑥ 基于实数编码的加速遗传算法（RAGA）在改进传统优化算法的基础上克服了这些缺陷。基于此，本书采用基于实数编码遗传算法的投影寻踪模型（PPM－RAGA）对1978—2014年中国经济增长质量和效益进行测度。

① 李国良、李忠富、付强：《基于投影寻踪模型的企业绩效评价研究》，《运筹与管理》2011年第4期。
② 黄梦圆等：《基于投影寻踪模型的长三角经济发展与生态效率耦合协调性研究》，《湖北农业科学》2015年第16期。
③ 方必和、程志宏、刘惠萍：《投影寻踪模型在国民经济综合评价中的应用》，《运筹与管理》2005年第5期。
④ 江澜：《投影寻踪模型在国民经济综合评价中的应用》，《漳州师范学院学报》（自然科学版）2009年第2期。
⑤ 该算法首次由Holland（1973）提出，通过模拟生物在自然环境中的遗传和进化形成的一种自适应全局优化概率搜索算法。
⑥ 金菊良、杨晓华、丁晶：《基于实数编码的加速遗传算法》，《四川大学学报》（工程科学版）2000年第4期。

PPM – RAGA 模型的构建步骤如下：

第一，指标的标准化处理。设各指标值的样本集为 $\{x^*(i, j) | i = 1 \sim n, j = 1 \sim p\}$，其中，$x^*(i, j)$ 为第 i 个样本第 j 个指标值，n 为样本个数，p 为指标个数。采用均值化方法将指标标准化以消除量纲效应：$x(i, j) = \dfrac{x^*(i, j)}{\tilde{X}}$，式中 $\tilde{x}$ 为第 j 个指标平均值。

第二，投影目标函数 f(a) 的构造。PPM 方法就是将样本 i 的 p 维数据 $\{x^*(i, j) | i = 1 \sim n, j = 1 \sim p\}$ 综合成以 $a = \{a(1), a(2), a(3), \cdots, a(p)\}$ 为投影方向向量的一维投影值 Z(i)：

$$Z(i) = \sum_{j=1}^{p} a(j) x(i,j), (i = 1, 2, 3, \cdots, n) \qquad (6-1)$$

优化投影指标时，要求投影值 Z(i) 最大限度提取 x(i, j) 中的变异信息，即使 Z(i) 的标准差尽可能大，并且 Z(i) 的局部密度达到最大。投影目标函数可设置为：

$$f(a) = S_Z D_Z \qquad (6-2)$$

式中，S_Z 为投影值 Z(i) 的标准差，D_Z 为投影值 Z(i) 的局部密度，即

$$S_Z = \sqrt{\frac{\sum_{i=1}^{n}(Z(i) - E(Z))^2}{n-1}} \qquad (6-3)$$

$$D_Z = \sum_{i=1}^{n} \sum_{j=1}^{n} (R - r(i,j)) \cdot u(R - r(i,j)) \qquad (6-4)$$

式中，E(Z) 表示 Z(i) 的平均值，R 为局部密度的窗口半径，数值可根据试验来确定，一般取 $R = 0.1 S_Z$，$r(i, j) = |Z(i) - Z(j)|$ 表示样本间距离，$u(R - r(i, j))$ 为单位阶跃函数，当 $R \geq r(i, j)$ 时取值为 1，否则取 0。

第三，投影目标函数的优化。给定各指标值样本集的条件下，投影目标函数 f(a) 只取决于投影方向。不同的投影方向反映不同的数据结构特征，而最佳投影方向是最大可能反映高维数据某类结构特征的投影方向。因此，可以通过求解投影目标函数的最优化来计算最佳投影方向，即

$$\max f(a) = S_Z D_Z \qquad \text{s. t.} \sum_{j=1}^{p} a^2(j) = 1 \qquad (6-5)$$

考虑到传统优化方法难以解决以 a(j) 为优化变量的复杂非线性优化问题，因而本书采用基于实数编码的加速遗传算法来实现高维全局寻优。[1]

2. 数据来源与指标处理

本书所采用的原始数据来源于《新中国六十年统计资料汇编》《中国统计年鉴》《中国科技统计年鉴》《中国国内生产总值历史核算资料（1952—2004）》《中国能源统计年鉴》《中国环境统计年鉴》及国家统计局网站数据库和世界银行数据库。本书以 1978 年为基年，这一时期数据相对完整，研究结果也具有较强的参考价值。

由于本书的指数构成涉及较多基础指标，因而在指标收集和测算中首先要解决以下问题：第一，缺失数据的处理。本书通过建立回归方程，使用已有数据的估测对缺失数据进行填补。第二，指标方向的同一化。指标体系中正、逆和适度三类不同性质的指标对综合指数的作用方向不一致，无法直接加总，必须将其作用方向趋同化。本书将适度指标根据适度值调整为正向指标，对于逆指标采取倒数形式将其正向化。第三，指标的标准化处理。由于不同单位的基础指标会因指标权重过分偏重于具有较大方差或数量级的数据而造成结果偏差，因此，必须进行无量纲化处理才能进行综合评价。常用的无量纲化方法主要有标准化法、极差化法、极值化法及均值化法等，不同的无量纲化方法会对评价结果产生重大影响，甚至导致不可信的结果。极差化方法无法反映原始指标间的相互关系，而极值化方法的指标权重受最大值与最小值之差的影响很大。目前最普遍使用的是标准化方法，经过处理的指标均值为 0、方差为 1，但该方法的缺陷在于消除量纲的同时消除了各指标变异程度差异，数据不能准确反映原始数据包含的信息，影响评价结果准确性（张卫华、赵铭军，2005）。[2] 均值化标准化方法在保留各指标变异程度信息的前提下使用的指标均值为 1，

① 金菊良、杨晓华、丁晶：《基于实数编码的加速遗传算法》，《四川大学学报》2000年第 4 期。

② 张卫华、赵铭军：《指标无量纲化方法对综合评价结果可靠性的影响及其实证分析》，《统计与信息论坛》2005 年第 3 期。

方差为变异系数的平方（叶宗裕，2003）。[①] 基于此，本书选择均值化方法对原始指标进行无量纲化处理。

四　经济增长质量和效益指数的测度结果

1. 经济增长质量指数

采用 PPM – RAGA 模型来确定各基础指标在各维度的权重并合成维度指数，采用同样方法获得各维度指数在总指数的权重并合成总指数。中国经济增长质量的基础指标及维度指数的权重见表 6 – 4，1978—2014 年中国经济增长质量指数测度结果见表 6 – 5。

表 6 – 4　　　　　中国经济增长质量基础指标及各维度权重

维度指数	变量名称	指标权重	维度指数	变量名称	指标权重
经济效率	Y_1	0.879	经济运行	Y_{17}	0.627
	Y_2	0.217		Y_{18}	0.229
	Y_3	0.425		Y_{19}	0.292
经济结构	Y_4	0.357		Y_{20}	0.226
	Y_5	0.237		Y_{21}	0.104
	Y_6	0.130		Y_{22}	0.630
	Y_7	0.121		Y_{23}	0.071
	Y_8	0.386		Y_{24}	0.071
	Y_9	0.374	经济潜力	Y_{25}	0.465
	Y_{10}	0.349		Y_{26}	0.526
	Y_{11}	0.365		Y_{27}	0.643
	Y_{12}	0.144		Y_{28}	0.154
	Y_{13}	0.106		Y_{29}	0.265
	Y_{14}	0.063	维度指数	经济效率	0.734
	Y_{15}	0.116		经济结构	0.533
	Y_{16}	0.438		经济运行	0.223
				经济潜力	0.357

[①]　叶宗裕：《关于多指标综合评价中指标正向化和无量纲化方法的选择》，《浙江统计》2003 年第 4 期。

表 6 - 5　　　1978—2014 年中国经济增长质量指数测度结果汇总

年份	经济效率指数	经济结构指数	经济运行指数	经济潜力指数	经济增长质量指数
1978	1.668	2.247	1.674	0.970	1.160
1979	1.438	2.274	1.578	0.968	1.095
1980	1.077	2.327	1.428	1.005	0.999
1981	0.854	2.339	1.586	1.021	0.954
1982	1.286	2.313	1.664	1.034	1.076
1983	1.552	2.267	1.509	1.042	1.129
1984	2.247	2.079	1.424	1.076	1.282
1985	2.022	2.145	1.169	1.122	1.220
1986	1.096	1.930	1.298	1.263	1.095
1987	1.616	1.893	1.172	1.220	1.233
1988	1.544	1.962	0.858	1.220	1.198
1989	1.257	1.867	1.090	1.219	1.106
1990	0.835	1.824	1.116	1.207	0.964
1991	1.568	1.648	1.583	1.244	1.204
1992	2.245	1.585	1.658	1.271	1.414
1993	2.142	1.497	1.665	1.319	1.370
1994	1.871	1.379	1.572	1.253	1.208
1995	1.530	1.521	1.450	1.283	1.571
1996	1.686	1.591	1.732	1.275	1.789
1997	1.577	1.532	1.890	1.331	1.798
1998	1.296	1.522	2.023	1.372	1.630
1999	1.257	1.383	2.043	1.450	1.639
2000	1.497	1.258	2.025	1.504	1.764
2001	1.366	1.182	1.974	1.551	1.681
2002	1.537	1.255	2.057	1.628	1.816
2003	1.556	1.082	1.964	1.736	1.780
2004	1.382	1.044	1.831	1.797	1.682

续表

年份	经济效率指数	经济结构指数	经济运行指数	经济潜力指数	经济增长质量指数
2005	1.867	1.033	1.893	1.871	1.934
2006	2.067	1.024	1.837	1.965	2.059
2007	2.177	1.045	1.714	2.067	2.147
2008	1.615	1.056	1.810	2.130	1.837
2009	1.297	1.125	2.046	2.145	1.718
2010	1.849	1.124	1.895	2.192	2.115
2011	1.719	1.167	1.866	2.333	2.102
2012	1.649	1.219	2.086	2.440	2.145
2013	1.721	1.262	2.096	2.516	2.216
2014	1.813	1.213	2.162	2.682	2.392

　　由中国经济增长质量基础指标和维度权重可知，经济效率维度权重最高为 0.734，经济结构维度的权重次之，为 0.533。表明在 1978—2014 年中国经济增长质量的变动更多体现在经济效率和经济结构两个维度变化上。经济运行和经济潜力维度权重相对较小，分别为 0.223 和 0.357，表明这两个维度对经济增长质量的贡献度相对较小。

　　由表 6-5 可知，1978 年以来中国经济增长质量总体呈波动上升态势，经济增长质量指数由 1978 年的 1.160 上升至 2014 年的 2.392，上升幅度超过 1.2。从具体维度来看，经济效率、经济运行和经济潜力均在波动中上升。其中，经济效率维度的波动幅度最大、上升幅度最小，总指数仅从 1978 年的 1.668 上升至 2014 年的 1.813，上升 0.15 左右。经济运行维度在经历小段时间的波动下降后便开始不断上升，1978 年经济运行维度指数为 1.674，1988 年下降至最低点 0.858，随后便一直波动上升至 2014 年的 2.162。经济潜力维度指数呈稳步上升趋势，从 1978 年的 0.970 显著提高至 2014 年的 2.682，上升幅度 1.7，为四个维度中增幅最大的。四个维度中只有经济结构维度指数呈波动下降态势，从 1978 年的 2.247 下降至 2014 年的

1.213，下降幅度超过 1.0。

　　为了进一步深入分析中国经济增长质量的演进轨迹，将总指数及各维度指数绘制在图 6 - 1 中。总体上，经济增长质量四个维度的变动趋势呈现较大差异，中国经济增长质量是在四个维度的复杂相互作用贡献下，由低级向高级不断波动演进的。

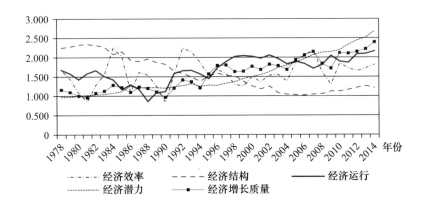

图 6 - 1　1978—2014 年中国经济增长质量各维度变动趋势

　　从经济效率维度来看，由于该维度具有最大权重，因此，经济效率变动是对经济增长质量影响最大的因素。根据基础指标的权重可知，经济效率维度中全要素生产率占据较大权重，说明经济效率的变动主要是全要素生产率的波动造成的。1978—1990 年，经济效率处于较低水平且波动性较大，1978 年、1984 年和 1988 年分别是该时期内经济效率的三个极大值点，其他时间则处于下降和上升过程中，由于这一时期经济效率维度的波动性较大，总体上升幅度较为有限，因此，这一时期经济效率维度对经济增长质量的提升作用较小。1990—1992 年经济效率维度指数大幅提升，从 0.835 上升至 2.245，达到整个考察期内的最高点，之后逐年下降至 1998 年的 1.296，1999 年以后经济效率维度指数又开始小幅上升，2007 年达到 2.177 的极大值，此后在经历 2008 年、2009 年的大幅下降后又逐渐回升至 2014 年的 1.813。从 1978—1992 年及 1992—2014 年两个阶段的对比来看，虽然 1992 年以后经济效率维度也具有波动性，但波动幅度和波动频率均相对减小（除 2008 年以外），相比于前一阶段，经济效率明显处于较高位运行，表明 1992 年以后经济效率维度对经济增长质量的正向作用开始显现。总体上看，在改革开放初期，改革的震荡造成经济效率频繁波动，经济效率维度对经济增长质量的作用也具有较大波动性，伴随改革逐渐成熟和稳定，经济效率维度对经济增长质量的正向贡献作用也趋于稳定和显著，但增加幅度相对有限。

从经济结构维度来看，由于该维度呈显著波动下降态势，加之其占有较高权重，因而其成为制约经济增长质量的关键负面因素。1978 年经济结构维度指数为 2.247，在小幅上升至 1981 年的 2.339 之后便一直下降，1990 年下降至 1.824，2000 年进一步下降至 1.258，虽然 2006 年以后缓慢上升，但到 2014 年仅为 1.213，总体下降幅度超过 45%。根据基础指标权重，经济结构维度中产业结构高级化指数、投资消费比、外贸依存度、劳动者报酬占比及东西部人均收入比占有相对较大比重。从基础指标数据可知，我国经济结构中存在产业结构层级较低、投资比重过大、外贸依存度较高、劳动报酬占 GDP 比重不断降低及东西部收入差距较大等结构失衡问题，致使经济结构的基础测度指标较低，进而在整体上降低了维度指数。1978 年以来我国虽经历了各个领域的全面改革，但结构失衡问题却始终未被解决，并且在传统增长方式路径依赖的作用下，呈现愈演愈烈的趋势。我国经济结构失衡是多方面、多层次的，各种不合理的结构交织在一起形成相互影响的复杂结构体系。产业结构的失衡不但表现在三次产业之间比例不协调，更表现在各产业内部传统产业与现代产业间的失衡，产业结构失衡固化了二元经济结构特征，并且导致收入分配结构失衡，在此基础上投资消费结构、城乡结构、区域结构均呈现不同程度的失衡状态。总体上来看，改革开放以后中国经济结构维度指数呈不断下降的态势，经济结构的恶化是各层次结构失衡综合作用的结果，经济结构维度指数显著降低是制约经济增长质量提升的最主要因素。

从经济运行维度来看，该维度权重在四个维度中最小，表明其对经济增长质量的贡献作用相对较小。经济运行维度指数的变动趋势可大致分为三个阶段，即 1978—1988 年的波动下降阶段，1989—2000 年的波动上升阶段及 2001 年以后的高位运行阶段。根据基础指标权重，经济波动系数和 M2 增速权重最大，这两个指标的变动是经济运行维度变动的主要影响因素。1978—1988 年经济运行维度指数在波动中不断下降，从 1.674 下降至最低点 0.858。在改革开放初期，伴随着各领域改革的推进，经济增长具有明显的震荡性，体制机制不完善及宏观调控体系未完全建立，导致国家对经济增长的调控能力相对较弱，经济增长呈较大波动性。经济高速增长需要大量货币需求支撑，并且由于信用机制不完善，对现金的需求量进一步增加，这些因素导致 M2 增速相对较高，但是，M2 增速过高增加了通货膨胀的风险，导致经济运行稳定性不断降低。1989—2000 年，经济运行维度指数不断上升，从 1.090 上升至 2.025。这一时期的改革进程不断向纵深发展，财政、金融领域的体制不断完善，国家通过宏观调控掌握经济运行的能力逐渐加强，经济波动明显减弱。因此，这一阶段经济运行指数的显著升高对经济增长质量具有较大正向作用。2001 年以后，经济运行指数一直在窄幅波动中处于高位运行，没有明显的提升，表明从 2001 年开始，经济运行维度对经济增长质量的正向作用仅保持一个相对稳定的状态，对经济增长质量的提升没有显著贡献。

从经济潜力维度来看，虽然该维度权重并不高，但是该维度指数一直呈稳定上升态势，成为推动经济增长质量提高的最重要因素。1978—1994 年经济潜力维度指数上升速度较慢，仅从 0.970 上升至 1.253，16 年间上升了 29.2%。1994 年以后经济潜力指数加速上升，从 1995 年的 1.283 显著上升至 2014 年的 2.682，19 年间增长了 109.1%。从基础指标权重可知，对该维度影响最大的指标为专利申请量、R&D 强度及市场化指数。1978 年以后，在对内改革和对外开放的制度创新背景下，经济潜力被极大地释放，尤其是 1994 年以后社会主义市场经济体制的确立，加速了我国市场化改革进程，通过制度改革实现的资源配置改善和对外开放实现的“以市场换技术”，显著提高了资源配置效率和技术创新水平，经济潜力不断提高。但是不容忽视的是，经过改革开放以后三十多年的高速经济增长，中国经济已经进入新的阶段，传统的诸如制度红利、对外开放红利等对经济的正向推动作用已消失殆尽，其弊端逐渐开始凸显。例如，制度改革的不彻底导致未来改革难度加大，单纯通过对外开放引进外资和技术导致我国自主创新能力明显不足并且形成对外技术依赖，产业结构被长期锁定在低端水平等，这些因素都将成为制约经济增长潜力发挥的重要负面因素。在新的经济增长阶段，需要改变对传统经济增长方式的依赖，挖掘新的红利要素来维持经济增长潜力。

以上的分析表明，1978—2014 年，经济增长质量的四个维度对经济增长质量具有明显不同的贡献作用，经济效率维度因上升幅度较小而对经济增长质量提升的作用有限，经济运行维度在 1988 年以后较大幅度提升使其贡献度显著增加。总体上看，经济增长质量的提高主要是经济潜力维度的大幅度提升带动的，虽然该维度权重较小，但是较大的提升幅度对经济增长质量贡献作用较大，经济结构维度是制约经济增长质量提高的显著负向作用因素，由于中国过去采取的是一种规模扩张而非结构优化的经济增长方式，扭曲的经济结构成为提高经济增长质量的严重障碍。

2. 经济增长效益指数

采用 PPM－RAGA 模型来确定各基础指标在各维度的权重并合成维度指数，采用同样的方法获得各维度指数在总指数的权重并合成总指数。经济增长效益的基础指标权重及四个维度权重见表 6－6，1978—2014 年中国经济增长效益的测度结果见表 6－7。

根据经济增长效益各维度基础指标权重和各维度指标权重可知，经济效益维度在四个维度中权重最高为 0.744；社会效益次之，为 0.536；生态效益维度的权重最小，为 0.399。表明 1978—2014 年中国经济增长效益的变动更多体现在经济效益的变化上，其他的社会效益和生态效益对其贡献相对较小。虽然三个维度的权重大小有差异，但最小权重也占到 0.4 左右，说明这三个维度对总体经济增长效益的影响均不可忽视。

表 6 – 6　　　　　中国经济增长效益基础指标及各维度权重结构

维度指数	变量名称	指标权重	维度指数	变量名称	指标权重
经济效益	Z_1	0.447		Z_{17}	0.413
	Z_2	0.280		Z_{18}	0.156
	Z_3	0.105		Z_{19}	0.290
社会效益	Z_4	0.510		Z_{20}	0.159
	Z_5	0.656	生态效益	Z_{21}	0.451
	Z_6	0.139		Z_{22}	0.277
	Z_7	0.310		Z_{23}	0.108
	Z_8	0.366		Z_{24}	0.258
	Z_9	0.072		Z_{25}	0.307
	Z_{10}	0.099		Z_{26}	0.436
	Z_{11}	0.251		Z_{27}	0.418
	Z_{12}	0.070		Z_{28}	0.427
	Z_{13}	0.402	维度指数	经济效益	0.744
	Z_{14}	0.205		社会效益	0.536
	Z_{15}	0.292		生态效益	0.399
	Z_{16}	0.306			

表 6 – 7　　　　1978—2014 年中国经济增长效益指数测度结果汇总

年份	经济效益指数	社会效益指数	生态效益指数	经济增长效益指数
1978	1.419	1.271	1.017	1.201
1979	1.450	1.332	1.024	1.233
1980	1.321	1.485	1.034	1.217
1981	1.421	1.610	1.077	1.305
1982	1.451	1.875	1.055	1.384
1983	1.561	1.582	1.082	1.362
1984	1.536	1.673	1.160	1.392
1985	1.420	1.600	1.177	1.323
1986	1.437	1.589	1.155	1.323
1987	1.503	1.710	1.187	1.392
1988	1.331	1.701	1.214	1.318

续表

年份	经济效益指数	社会效益指数	生态效益指数	经济增长效益指数
1989	1.286	1.621	1.239	1.282
1990	1.231	1.871	1.265	1.422
1991	1.311	1.732	1.334	1.343
1992	1.281	1.626	1.372	1.310
1993	1.298	1.567	1.450	1.318
1994	1.247	1.600	1.498	1.314
1995	1.247	1.613	1.488	1.315
1996	1.261	1.685	1.605	1.366
1997	1.285	1.730	1.683	1.406
1998	1.305	1.765	1.683	1.425
1999	1.355	1.869	1.582	1.538
2000	1.621	1.911	1.726	1.709
2001	1.655	2.021	1.780	1.768
2002	1.675	2.008	1.866	1.797
2003	1.700	2.024	1.782	1.789
2004	1.719	2.126	1.805	1.832
2005	1.834	2.346	1.811	1.944
2006	1.967	2.468	1.872	2.053
2007	2.110	2.700	1.833	2.229
2008	2.167	2.690	2.029	2.204
2009	2.266	2.756	2.131	2.350
2010	2.427	2.912	2.227	2.521
2011	2.551	3.214	2.338	2.717
2012	2.668	3.554	2.556	2.927
2013	2.862	3.631	2.684	3.113
2014	2.921	3.753	2.670	3.160

从表 6 – 7 的测度结果可知，1978—2014 年中国经济增长效益总体上在小幅波动中呈稳定上升态势，经济增长效益指数从 1978 年的

1.201 上升至 2014 年的 3.160。具体来看，1978—1996 年经济增长效益指数上升非常缓慢，仅从 1.201 上升至 1.366，1997 年以后上升速度明显加快，从 1.406 显著增加至 2014 年的 3.160。从各维度指数的变动趋势来看，经济效益、社会效益及生态效益维度指数均不同程度地增加了。其中，经济效益维度指数在 1978—2014 年从 1.419 增加至 2.921。社会效益维度指数从 1978 年的 1.271 显著上升至 2014 年的 3.753，增长幅度在三个维度中最大。生态效益维度指数从 1978 年的 1.017 上升至 2014 年的 2.670，上升幅度超过 1.6，上升趋势也相当明显。以上结果表明，1978 年以来，我国经济增长的经济效益、社会效益及生态效益均获得了一定程度的改善，总体效益的提高是三个维度不同程度正向作用的综合结果。

为了更直观看出改革开放以来我国经济增长效益变动趋势，将指数绘制于图 6 - 2。

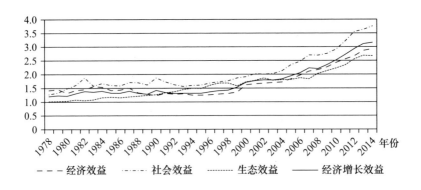

图 6 - 2　1978—2014 年中国经济增长效益变动趋势

从经济效益维度来看，较大的权重使之成为影响经济增长效益最显著的方面。1978—1999 年，该维度呈小幅频繁波动态势，总体提升幅度不明显。这一阶段中国经济增长效益也处于缓慢增长状态，经济效益指数不高显著制约了经济增长效益的提升。2000 年以后，经济效益指数开始大幅度增加，从 2000 年的 1.621 增加至 2014 年的 2.921，经济效益的显著增加大大提升了经济增长效益。从图 6 - 2 可以看出，这一阶段经济增长效益与经济效益具有较一致的增长趋势，表明经济增长效益指数的显著提高主要是经济效益提高带动的。由基础指标权重可知，经济效益维度中服务业人均增加值、人均农业产值及工业增加值率三个指标的贡献最大。从基础数据来看，工业增加值率一直处于不断下降的趋势，因而工业经济效益并未明显改善，总体经济效益的提高主要是农业和服务业经济效益的贡献作用。改革开放以后，在农村经济体制改革和农业生产技术水平提高的双重作用下，农业总产值和人均产值增长速度加快，带动农业经济效益提高，服务业人均增加值也显著提升，两者的综合作用致使经济增长效益提升。

从社会效益维度来看，其权重仅次于经济效益，对总体经济增长效益的贡献作用也相当显著。由图 6 - 2 可知，1978—2014 年社会效益指数经历了稳定增长过程，且总体增长幅度较大，从 1978 年的 1.271 显著增加至 2014 年的 3.753，增长了 3 倍多。该维度较大的增长幅度与较高的权重比例对经济增长效益提高产生了显著的正向贡献。从基础指标权重来看，权重较大的指标主要有每千人卫生技术人员数、每千人医疗卫生机构床位数、每万人大学生数、农村贫困发生率及基尼系数等。这些指标中除基尼系数以外均在考察期内明显改善。由纵向比较发现，我国经济总量规模的扩大带动医疗卫生、教育、减贫等方面也获得显著成就，医疗改善、贫困减少、教育扩展均对社会效益产生显著正向作用，并进而提高总体经济增长效益。值得注意的是，由于人们对自身福利评价不仅基于纵向变化来判断，更通过横向比较来形成主观幸福感受，因此，从横向视角来看社会效益未必是一直增加的。例如，在收入分配领域，经济增长的社会效益是双向的。整个经济系统通过效率的改善实现了"蛋糕做大"的目标，每个居民平均获得的社会福利分配总额增加，这方面的社会效益是正向的；但经济增长产生的社会福利分配的公平性却远远不足，城乡差距扩大、区域差距扩大、整体收入分配不平等程度上升等，这方面的社会效益则是负向的。此外，全社会犯罪率的上升也是关键性的社会成本因素，对经济增长的社会效益产生显著负面影响。

从生态效益维度来看，该维度权重最小也达到 0.4，其对经济增长效益的贡献也是不能忽视的。由图 6 - 2 可知，1978—2000 年生态效益指数增长速度相对较缓，仅从 1.017 显著增加至 1.726。2001 年以后，生态效益指数增长趋于加速，从 2001 年的 1.780 上升至 2014 年的 2.670，这一阶段生态效益的改善相对明显。从基础指标可知，权重较大的指标如 GDP 综合能耗、单位 GDP 废气排放量、单位 GDP 废水排放量及单位 GDP 固体废弃物排放量在考察期内的显著下降使在纵向时序维度生态效益获得明显改善。这与改革开放以后，生产技术水平的提高使我国在能源消耗及污染排放方面取得了较大突破，体现在单位生产总值能耗和污染排放均显著下降是密不可分的。并且，近年来政府也逐渐加大对环境问题的重视，采取一系列措施防治环境污染、促进新能源的开发利用。而环境污染造成的雾霾天气、气候异常等也使居民的环保意识增强，开始自觉、自发地保护环境。但是，生态效益指数的增加并不意味着我国的资源消耗和环境污染已经处于良好状态，而只表明单位产值能耗和污染在原有基础水平上取得了较大进步，是纵向水平的相对提高。从我国目前正处于工业化和城市化加速发展的阶段来看，资源消耗和环境污染的总量仍然相当大，虽然单位产值能耗和污染大幅度降低，但能耗和污染的边际积累效应导致总量呈激增态势。从基础数据可知，人均二氧化碳排放量的逐年增加已成为显著影响生态效益的负面因素。森林资源净损耗不断增加，单位产值能耗和污染排放的下降速度开始减慢，对生态效益的正向贡献逐渐减弱。

第二节　中国经济增长数量、质量和效益的耦合测度模型

根据第四章的理论分析，我们将经济增长数量、质量和效益的耦合界定为三个子系统之间的正向协同效应。基于此，我们进一步从耦合的角度构建测度模型，定量考察中国经济增长数量、质量和效益的协调统一性。

一　经济增长数量、质量和效益的耦合度测算方法

国内外研究中关于耦合的测度主要有以下几种方法：第一，基于指数综合加成的耦合测度。该方法的基本思想是运用数理统计将多个指标转化为总指标来进行评价，被评价单位的综合状况反映了协调性。其具体操作步骤是：首先，构建各子系统的协调指标体系；其次，利用主成分分析等综合评价方法计算各子系统的协调发展指数；最后，按子系统权重计算综合协调度指数。第二，基于功效系数的耦合测度。该方法基于协同论观点，将协调度定义为序参量协同作用的强弱程度，并以序参量对系统有序的功效系数为协调度函数。具体的计算公式为：$C_n = \left\{ (u_1 u_2 \cdots u_n) / \left[\prod (u_i + u_j) \right] \right\}^{1/n}$，其中，$u_i = \sum_{j=1}^m \lambda_{ij} u_{ij}$，$(\sum_{j=1}^m \lambda_{ij} = 1)$ 为耦合系统中第 i 个子系统的综合序参量，用来衡量该子系统对总耦合系统的有序功效贡献，u_{ij} 为第 i 个序参量的第 j 个指标值 x_{ij} 对系统有序的功效系数，根据 x_{ij} 的实测值及系统稳定临界点上序参量的上、下限值求得[①]，λ_{ij} 为各参量的权重。第三，基于空间变异的耦合测度。该方法的基本思路是利用变异系数或协调系数来反映变异程度，并以此求得两个系统的协调度指数。具体的计算方法是：$C = \left\{ f(X)g(Y) \left[(f(X) + g(Y))2 \right]^2 \right\}^k$，其中，$f(X) = \sum_{i=1}^m a_i X_i$、$g(Y) = \sum_{j=1}^n b_j Y_j$ 分别表示各子系统的综合水平评价函数，X_i、Y_j 为描述子系统的特征指标，a_i、b_j 为指标权重，$k \geqslant 2$ 为调节系数。第四，基于序列动态变化的耦合测度（弹性系数法）。该方法是用微分法反映序列的时间或空间的动态变化。寇晓东、薛惠锋（2007）在运用序参量功效系数测度系统有序度时综合考虑了时间动态变化，将系统协

---

① 假设 α_{ij} 为系统稳定临界点序参量的上限值，即设计目标值或经验最优值，β_{ij} 为系统稳定临界点序参量的下限值，即设计最低值或经验获得的最小允许值。当 x_{ij} 为正指标时，其对系统的功效贡献为正，功效系数为 $u_{ij} = \dfrac{(x_{ij} - \beta_{ij})}{(\alpha_{ij} - \beta_{ij})}$；当 x_{ij} 为逆指标时，其对系统的功效贡献为负，功效系数为 $\dfrac{u_{ij} = (\alpha_{ij} - x_{ij})}{(\alpha_{ij} - \beta_{ij})}$。

调度进一步划分为绝对协调度和相对协调度。[①] 其中，绝对协调度计算

公式为：$cc_a = \omega \sqrt{\left| \prod_{j=1}^{2} (c_j^i - c_j^0) \right|}$，$\omega = \min\{c_j^i - c_j^0 \neq 0\} | \min\{c_j^i - c_j^0 \neq$

$0\} |$，其中，c_j^i 为 t_i 时刻子系统 j 的序参量有序度，c_j^0 为初始 t_0 时刻
子系统 j 的序参量有序度；相对协调度计算公式为：$cc_r = [(c_1^{t+1} -$
$c_1^t)c_1^t][(c_2^{t+1} - c_2^t)c_2^t]$，其中，$c_j^t (j = 1，2)$、$c_j^{t+1}$ 分别为子系统 j 在 t
时刻和 $t+1$ 时刻的有序度。第五，基于灰色关联理论的耦合测度模

型。该方法的具体计算公式为耦合度 $C(t) = \dfrac{\sum_{i=1}^{m} \sum_{j=1}^{n} \xi_{ij}(t)}{mn}$，其

中，$\xi_{ij}(t) = \dfrac{\min\limits_{i}\min\limits_{j} |X'_i(t) - Y'_j(t)| + \rho \max\limits_{i}\max\limits_{j} |X'_i(t) - Y'_j(t)|}{|X'_i(t) - Y'_j(t)| + \rho \max\limits_{i}\max\limits_{j} |X'_i(t) - Y'_j(t)|}$ 为

参考序列 $X'_i(t)$ 和比较序列 $Y'_j(t)$ 在 t 时刻的灰色关联系数 $\xi_{ij}(t)$，
$\rho \in [0，1]$ 为分辨系数。

考虑到变异系数法模型简单、原理清晰，在系统耦合测度问题上
应用广泛，因此，本书也采用该方法来测度经济增长数量、质量和效
益的耦合度。本书构建的耦合模型如下：假设经济增长数量、质量和
效益表示经济增长中三个相互关联的子系统，各自的发展水平由综合
指数 $Q_U(X)$、$Q_A(Y)$、$Q_B(Z)$ 分别表示。对于两两之间的耦合度，本
书以经济增长数量和经济增长质量之间的耦合为例构造耦合测算模
型。假设经济增长数量和质量构成的经济增长系统遵循 Cobb – Doug-
las 生产函数，即系统的总产出 T_1 由经济增长数量 $Q_U(X)$ 和经济增
长质量 $Q_A(Y)$ 共同决定，用公式表示如下：

$$T_1 = A[Q_U(X)]^{\alpha}[Q_A(Y)]^{\beta} \tag{6-6}$$

式中，T_1 测度了经济增长数量与经济增长质量组成的更高级复合
系统的发展程度。A 为外生参数，α 和 β 分别为经济增长数量和质量
的产出弹性。

而协调度用来衡量子系统之间的协调状态，用偏离系数表示。例

① 寇晓东、薛惠锋：《1992—2004 年西安市环境经济发展协调度分析》，《环境科学与
技术》2007 年第 4 期。

如，经济增长数量和经济增长质量的协调度可表示为：

$$C_1 = \left[\frac{Q_U(X) \cdot Q_A(Y)}{[(Q_U(X) + Q_A(Y))/2]^2} \right]^k \qquad (6-7)$$

式中，k 为调节系数。当 $Q_U(X) = Q_A(Y)$ 时，协调度 C_1 取得最大值 1，表明经济增长数量和质量达到最优协调状态。C_1 值越小表明两者偏差越大，系统协调性越弱。

D_1 衡量经济增长系统的协调发展度，由经济增长数量和经济增长质量的发展度和协调度共同测度：

$$D_1 = \sqrt{C_1 \times T_1} \qquad (6-8)$$

同理，我们可以获得经济增长数量与经济增长效益、经济增长质量与经济增长效益的耦合模型。经济增长数量与经济增长效益的协调度系数为：

$$C_2 = \left[\frac{Q_U(X) \cdot Q_B(Z)}{[(Q_U(X) + Q_B(Z))/2]^2} \right]^k \qquad (6-9)$$

经济增长数量与经济增长效益的发展度为：

$$T_2 = A[Q_U(X)]^\alpha [Q_B(Z)]^\gamma \qquad (6-10)$$

经济增长数量与经济增长效益的耦合度为：

$$D_2 = \sqrt{C_2 \times T_2} \qquad (6-11)$$

经济增长质量与经济增长效益的协调度为：

$$C_3 = \left[\frac{Q_A(Y) \cdot Q_B(Z)}{[(Q_A(Y) + Q_B(Z))/2]^2} \right]^k \qquad (6-12)$$

经济增长数量与经济增长效益的发展度为：

$$T_3 = A[Q_A(Y)]^\beta [Q_B(Z)]^\gamma \qquad (6-13)$$

经济增长数量与经济增长效益的耦合度为：

$$D_3 = \sqrt{C_3 \times T_3} \qquad (6-14)$$

仿此，我们可以进一步构造经济增长数量、质量和效益三者构成的复合系统的耦合度模型：假设经济增长数量、质量和效益构成的更高一级系统遵循 Cobb - Douglas 生产函数，即系统的总产出 T 由经济增长数量 $Q_U(X)$、经济增长质量 $Q_A(Y)$ 和经济增长效益 $Q_B(Z)$ 共同决定，用公式表示如下：

$$T = A [Q_U(X)]^{\alpha} [Q_A(Y)]^{\beta} [Q_B(Z)]^{\gamma} \qquad (6-15)$$

式中，T 测度了经济增长系统的发展度。A 为外生参数，α、β、γ 分别为经济增长数量、质量和效益的产出弹性。经济增长数量、质量和效益三者的协调度定义为：

$$C = \left\{ \frac{Q_U(X) \cdot Q_A(Y) \cdot Q_B(Z)}{[(Q_U(X) + Q_A(Y))2] \cdot [(Q_U(X) + Q_B(Z))2] \cdot [(Q_A(Y) + Q_B(Z))2]} \right\}^{1/3}$$

$$(6-16)$$

根据式（6 - 16），经济增长数量、质量和效益的协调度 C ∈ [0，1]，当 $Q_U(X) = Q_A(Y) = Q_B(Z)$ 时，协调度 C 取得最大值 1，即经济增长数量、质量和效益复合系统达到最优协调状态。C 值越小表示三者之间偏差越大，复合系统协调性越弱。

D 衡量经济增长系统的耦合度，由经济增长数量、质量和效益的发展度和协调度共同测度：

$$D = \sqrt{C \times T} \qquad (6-17)$$

根据耦合测度模型可知，耦合程度由协调度和发展度共同决定，不同的协调度和发展度组合体现出不同的耦合状态，为了对耦合程度判断标准作出科学的划分，必须综合考虑协调度和发展度水平，以协调度和发展度所处的区间来具体划分耦合程度。本书对耦合程度的判断标准设定如图 6 - 3 所示：

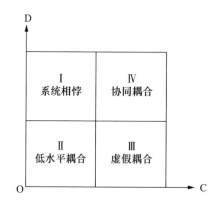

图 6 - 3　耦合程度划分标准示意图

　　在图6-3中，系统之间的协调度 C 分为高协调度和低协调度状态，发展度 D 分为高发展度和低发展度状态，不同的协调度和发展度组合状态衡量不同的耦合程度。本书根据不同的组合划分出耦合程度的四种状态，即系统相悖、低水平耦合、虚假耦合以及协同耦合。具体说明如下：第一，当复合系统的耦合测度结果显示高发展度和低协调度时，系统的耦合状态处于Ⅰ区间的系统相悖。在该情况下，由于复合系统的协调度较低，因而其较高的发展度必然是某一系统的超前发展带动的，超前发展的系统与滞后发展的系统因显著的不一致趋势而使整体复合系统出现相悖状态。第二，当复合系统的耦合测度结果显示低发展度和低协调度时，系统的耦合状态处于Ⅱ区间的低水平耦合。在该情况下，复合系统的协调度较低，发展度也较低，表明各系统都处于较低的发展水平，并且各系统之间的协同性也较差，体现出低发展水平系统间显著的无序性，因而其耦合程度处于低水平状态。第三，当复合系统的耦合测度结果显示低发展度和高协调度时，系统的耦合状态处于Ⅲ区间的虚假耦合。在该情况下，复合系统的协调度较高，发展度较低，表明系统在较低发展水平下实现了协同效应。然而，系统处于低发展度下的良好协调状态本质上并不是真正的稳定耦合，因为系统要么会跃迁至较高的耦合状态，要么会锁定在低发展水平下的耦合陷阱中导致发展停滞。因此，在这一区间的耦合程度为虚假耦合。第四，当复合系统的耦合测度结果显示高发展度和高协调度时，系统的耦合状态处于Ⅳ区间的协同耦合。在该情况下，复合系统的协调度和发展度均较高，表明各系统均处于较高的发展水平，并且相互之间具有良好的协同一致性，因而其耦合程度为协同耦合状态。

二　经济增长数量、质量和效益的耦合度测算结果

1. 经济增长数量和质量的耦合度

　　基于上一节建立的耦合模型，对经济增长数量和质量的演变趋势进行耦合度分析。根据前文中给出的计算公式（6-6）至公式（6-8），经济增长数量和质量的耦合度（协调发展度）测算结果见表6-8。

表6-8 经济增长数量和质量耦合度测算结果

年份	协调度	发展度	耦合度	年份	协调度	发展度	耦合度
1978	0.715	0.894	0.800	1997	0.994	1.737	1.314
1979	0.214	0.619	0.364	1998	1.000	1.642	1.281
1980	0.342	0.624	0.462	1999	0.995	1.694	1.298
1981	0.041	0.411	0.129	2000	0.986	1.859	1.354
1982	0.566	0.765	0.658	2001	0.942	1.875	1.329
1983	0.798	0.913	0.854	2002	0.925	2.058	1.380
1984	0.990	1.225	1.101	2003	0.830	2.161	1.339
1985	0.982	1.147	1.061	2004	0.706	2.193	1.244
1986	0.792	0.882	0.836	2005	0.717	2.507	1.341
1987	0.953	1.118	1.032	2006	0.648	2.770	1.340
1988	0.979	1.122	1.048	2007	0.552	3.040	1.296
1989	0.365	0.701	0.506	2008	0.426	2.794	1.090
1990	0.480	0.654	0.560	2009	0.315	2.803	0.940
1991	0.944	1.081	1.010	2010	0.387	3.292	1.129
1992	0.994	1.462	1.206	2011	0.333	3.389	1.062
1993	0.968	1.486	1.199	2012	0.315	3.501	1.051
1994	0.883	1.415	1.118	2013	0.289	3.687	1.031
1995	1.000	1.576	1.255	2014	0.309	3.920	1.101
1996	0.715	0.894	0.800				

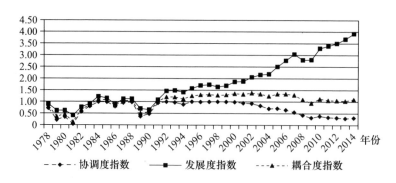

图6-4 1978—2014年中国经济增长数量和质量耦合度变动趋势

根据表6-8的耦合度测度结果及图6-4变动趋势可知,中国经济增长数量和质量的统一性大致可作如下划分:1978—1991年为第一阶段,1992—2000年为第二阶段,2001年以后为第三阶段。在1978—

1991 年，我国经济增长数量和质量的协调度、发展度及耦合度均处于频繁波动状态，并且三者呈现较一致的变动轨迹。在 1981 年、1986 年和 1989 年均达到区间内最低点，其他时间则处于相对平稳的水平。这一阶段的发展度指数上升并不明显，在较剧烈的波动中仅从 1978 年的 0.894 上升至 1991 年的 1.081，上升幅度为 0.187。协调度除在 1979—1982 年较低之外，其他时间基本在 0.8—1.0 范围内波动。总体耦合度仅从 1978 年的 0.800 缓慢波动上升至 1991 年的 1.010，上升幅度非常有限。按照耦合程度的划分标准来看，这一阶段经济增长数量和质量的协调度较高，但发展度较低，因此属于 III 区间的虚假耦合状态。

1992—2000 年中国经济增长数量和质量的发展度、协调度及耦合度波动趋势显著降低，三者均处于平稳变动状态。其中，发展度指数从 1992 年的 1.462 缓慢上升至 2000 年的 1.859，上升 27% 左右；协调度指数基本保持在 0.9 以上的高位水平；在发展度缓慢上升、协调度保持稳定的共同作用下，经济增长数量和质量的耦合度呈缓慢上升趋势，耦合度指数从 1992 年的 1.206 上升至 2000 年的 1.354。根据耦合程度划分标准，这一阶段经济增长数量和质量的协调度较高，发展度也相对提高，因此，其显示出从 III 区间的虚假耦合状态向 IV 区间的协同耦合状态演进的趋势。

2001 年以后，经济增长数量和质量的发展度、协调度及耦合度出现加速分离的趋势。具体来看，发展度指数从 2001 年的 1.875 显著大幅增加至 2014 年的 3.920，增长了两倍多；协调度指数从 2001 年的 0.942 逐年加速下降至 2014 年的 0.309，下降幅度超过 67%；虽然发展度指数明显提高，但由于协调度指数的显著下降导致耦合度逐渐停止增长，并于 2006 年开始出现逐年下降趋势，2006—2014 年耦合度指数从 2006 年的 1.340 下降至 2014 年的 1.101。分析表明，1978—2000 年，中国经济增长数量和质量处于较低发展度水平，但两者的协调度尚处于合意区间内。[①] 从 2001 年开始，经济增长逐渐偏离

---

① 根据前文的分析，协调度最大值为 1，最小值为 0。参考现有文献中对协调度的划分，本书将协调度指数值处于 0.85—1.00 界定为协调度的合意区间，表明协调状态良好。

最优路径，虽然经济发展度不断向高级演化，但协调度的显著降低导致经济增长数量和质量的耦合度出现下降趋势。根据耦合程度划分标准，这一阶段经济增长数量和质量的协调度较低，发展度大幅提高，因此，其耦合演进表现为未在Ⅳ区间的协同耦合状态稳定发展而是跃迁至系统相悖状态。

2. 经济增长数量和效益的耦合度

与经济增长数量和质量的耦合度计算方法一致，根据前文中给出的计算公式（6-9）至公式（6-11），测算经济增长数量和效益的耦合度（协调发展度）结果见表6-9。

表6-9　　　　　　　经济增长数量和效益的耦合度测算结果

年份	协调度	发展度	耦合度	年份	协调度	发展度	耦合度
1978	0.684	0.910	0.789	1997	0.962	1.536	1.215
1979	0.156	0.657	0.320	1998	0.972	1.535	1.222
1980	0.214	0.688	0.383	1999	0.979	1.641	1.268
1981	0.013	0.480	0.079	2000	0.977	1.830	1.337
1982	0.350	0.868	0.551	2001	0.965	1.923	1.362
1983	0.629	1.002	0.794	2002	0.918	2.047	1.371
1984	0.963	1.276	1.109	2003	0.834	2.167	1.344
1985	0.949	1.195	1.065	2004	0.782	2.288	1.338
1986	0.621	0.970	0.776	2005	0.721	2.513	1.347
1987	0.882	1.188	1.024	2006	0.645	2.766	1.336
1988	0.938	1.177	1.050	2007	0.587	3.098	1.349
1989	0.261	0.754	0.443	2008	0.589	3.060	1.343
1990	0.200	0.795	0.399	2009	0.580	3.279	1.380
1991	0.877	1.141	1.000	2010	0.530	3.594	1.380
1992	0.975	1.407	1.171	2011	0.525	3.854	1.422
1993	0.951	1.458	1.177	2012	0.517	4.090	1.454
1994	0.935	1.476	1.175	2013	0.482	4.370	1.451
1995	0.958	1.443	1.176	2014	0.470	4.403	1.439
1996	0.964	1.488	1.198				

由经济增长数量和效益的耦合度测度结果可知（见表 6 - 9 及图 6 - 5），其与经济增长数量和质量的耦合度变动趋势大致相似。中国经济增长数量和效益的统一性状态划分如下：1978—1991 年为第一阶段，1992—1999 年为第二阶段，2000 年开始为第三阶段。1978—1991 年，经济增长数量和效益的协调度、发展度及耦合度指数呈较为一致的变动趋势，在 1981 年、1986 年和 1989 年三者均达到区间内最低点。由于这一阶段协调度、发展度及耦合度均具有较大波动性，因此，发展度及耦合度上升并不明显，发展度指数仅从 1978 年的 0.910 上升至 1991 年的 1.141，上升幅度为 0.231。耦合度指数仅从 1978 年的 0.789 上升至 1991 年的 1.000，上升幅度为 0.21。

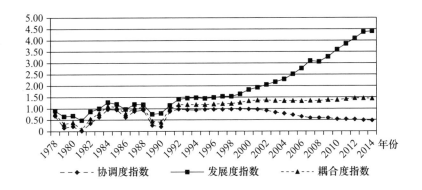

图 6 - 5　1978—2014 年中国经济增长数量和效益耦合度变动趋势

1992—1999 年，经济增长数量和效益的发展度、协调度及耦合度的波动性明显降低，三者具有平稳变动的态势。从具体的测算数据来看，发展度指数在 1992—1999 年从 1.407 缓慢上升至 1.641，协调度指数一直保持在 0.9 以上的高位水平，在发展度略微上升而协调度保持稳定的综合作用下，耦合度呈略微上升趋势，耦合度指数从 1992 年的 1.171 上升至 1999 年的 1.268。

2000 年以后，经济增长数量和效益的发展度、协调度及耦合度变动轨迹开始显著分化。表现在发展度指数大幅度增长，从 2000 年的 1.830 显著增加至 2014 年的 4.403，增长 2.5 倍左右；而协调度指数从 2000 年的 0.977 大幅度下降至 2014 年的 0.470；两者共同作用下耦合度指数处于停止增长状态，基本保持在 1.4 左右的水平而不再提高。1978—1991 年，经济增长数量和效益的发展度水平较低，并且两者协调度及耦合度也呈较大波动性；1992—1999 年，经济增长数量和效益的协调度较高，发展度也呈缓慢上升态势，两者耦合良好；2000年开始，经济增长数量和效益的协调度加速下降，发展度虽大幅提高，但也难以抵消由于协调度恶化而导致的总体耦合度增长停滞。

总体上看，按照耦合程度的划分标准，经济增长数量和效益的耦合与经济增长数量和质量的耦合相似，即在考察期内从虚假耦合状态跃迁至系统相悖状态。

3. 经济增长质量和效益的耦合度测算

与测算经济增长数量和质量的耦合度的方法相一致，根据前文中给出的计算公式（6 - 12）至公式（6 - 14），经济增长质量和效益的耦合度测算结果见表 6 - 10 及图 6 - 6。

表 6 - 10　　　　经济增长质量和效益的耦合度测算结果

年份	协调度	发展度	耦合度	年份	协调度	发展度	耦合度
1978	0.999	1.180	1.086	1997	0.927	1.590	1.214
1979	0.983	1.162	1.068	1998	0.978	1.524	1.221
1980	0.953	1.103	1.025	1999	0.995	1.588	1.257
1981	0.885	1.116	0.994	2000	0.999	1.736	1.317
1982	0.924	1.221	1.062	2001	0.997	1.724	1.311
1983	0.957	1.240	1.090	2002	1.000	1.806	1.344
1984	0.992	1.336	1.151	2003	1.000	1.785	1.366
1985	0.992	1.271	1.122	2004	0.991	1.755	1.319
1986	0.956	1.204	1.073	2005	1.000	1.939	1.392
1987	0.982	1.311	1.134	2006	1.000	2.056	1.434
1988	0.989	1.257	1.115	2007	0.998	2.187	1.478
1989	0.973	1.191	1.077	2008	0.959	2.012	1.389
1990	0.829	1.171	0.985	2009	0.885	2.009	1.333
1991	0.985	1.271	1.119	2010	0.962	2.309	1.491

续表

年份	协调度	发展度	耦合度	年份	协调度	发展度	耦合度
1992	0.993	1.361	1.162	2011	0.921	2.390	1.484
1993	0.998	1.344	1.158	2012	0.887	2.506	1.491
1994	0.991	1.260	1.118	2013	0.866	2.627	1.508
1995	0.961	1.438	1.176	2014	0.908	2.749	1.580
1996	0.913	1.564	1.195				

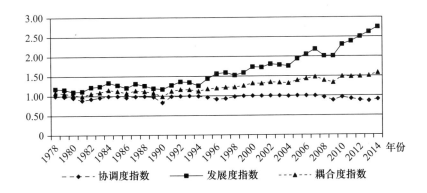

图 6 - 6　1978—2014 年中国经济增长质量和效益耦合度变动趋势

从表 6 - 10 的测度结果及图 6 - 6 的变动趋势可知，中国经济增长质量和效益具有非常高的协调度，其协调度指数均在 0.8 以上，1978—2014 年协调度指数的平均值为 0.96。表明经济增长质量和效益之间具有高度相关性，两者呈现非常相似的变动趋势。由于经济增长质量和效益的协调度一直稳定处于高位水平。因此，两者耦合度主要受发展影响而变动，发展度指数与耦合度指数的变动规律较相似。1978—1990 年，经济增长质量和效益的发展波动性较强，致使耦合度也处于频繁波动态势，未出现显著上升。1991 年以后直至 2001 年，发展度呈相对较快增长，发展度指数从 1.271 上升至 1.724，耦合度指数也从 1.119 逐渐提升至 1.311。2002 年以后，发展度指数开始呈加速增长态势，并带动耦合度指数大幅度提升。分析表明，1978—2014 年中国经济增长质量和效益之间具有一致性，两者协调性较高只是说明两者具有相似的变动趋势和变动幅度，虽然表面看两者处于良好的协调状态，但这是在经济数量快速扩张背景下，两者均发展缓慢所致。按照耦合程度划分标准来看，虽然两者的协调度一直保持在较高水平，但由于发展度较低而呈虚假耦合状态。

4. 经济增长数量、质量和效益的耦合度测算结果

根据前文中给出的计算公式（6 – 15）至公式（6 – 17），经济增长数量、质量和效益的耦合度测算结果见表6 – 11及图6 – 7。

表6 – 11　　　　经济增长数量、质量和效益的耦合度测算结果

年份	协调度	发展度	耦合度	年份	协调度	发展度	耦合度
1978	0.488	0.987	0.694	1997	0.498	1.619	0.898
1979	0.446	0.779	0.590	1998	0.499	1.566	0.884
1980	0.458	0.779	0.597	1999	0.499	1.640	0.905
1981	0.387	0.604	0.484	2000	0.499	1.807	0.950
1982	0.472	0.933	0.664	2001	0.498	1.839	0.957
1983	0.488	1.043	0.713	2002	0.497	1.967	0.989
1984	0.499	1.278	0.799	2003	0.494	2.029	1.001
1985	0.499	1.203	0.775	2004	0.490	2.065	1.006
1986	0.488	1.010	0.702	2005	0.489	2.303	1.061
1987	0.497	1.203	0.773	2006	0.486	2.507	1.103
1988	0.498	1.184	0.768	2007	0.482	2.741	1.149
1989	0.462	0.857	0.629	2008	0.477	2.581	1.109
1990	0.460	0.847	0.624	2009	0.471	2.643	1.115
1991	0.497	1.162	0.760	2010	0.474	3.012	1.195
1992	0.499	1.410	0.839	2011	0.471	3.149	1.218
1993	0.499	1.428	0.844	2012	0.471	3.298	1.246
1994	0.497	1.381	0.828	2013	0.469	3.485	1.278
1995	0.499	1.484	0.860	2014	0.470	3.648	1.309
1996	0.498	1.582	0.887				

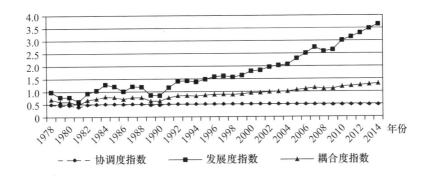

图 6 - 7 1978—2014 年中国经济增长数量、质量和效益
耦合度变动趋势

从表 6 - 11 测度结果及图 6 - 7 变动趋势可知，改革开放以后，中国经济增长数量、质量和效益的协调性一直处于较低的水平，在 1978—2014 年的考察期内处于 0.38—0.5 的范围变动。由于在改革开放之初的最初十多年内，经济发展度的波动性较强，导致经济增长数量、质量和效益的耦合度也处于频繁的波动中而未表现出增长的趋势，具体来说，在 1981 年和 1989 年经济增长数量、质量和效益的发展度达到区间内最低点，耦合度也相应达到最低点。1978—1991 年这一阶段协调度较低，发展度及耦合度的较大波动性导致发展度及耦合度上升幅度并不明显，发展度指数仅从 1978 年的 0.987 上升至 1991 年的 1.162，上升幅度不足 0.2。耦合度指数仅从 1978 年的 0.694 上升至 1991 年的 0.760，上升幅度不足 0.1。1992 年至 2000 年，经济增长数量、质量和效益的协调度、发展度及耦合度的波动性明显降低，均呈现平稳的变动趋势。从具体指数来看，协调度指数一直保持在 0.497 以上的相对较高位水平，发展度指数从 1992 年的 1.410 缓慢上升至 1998 年的 1.566，在发展度略微上升而协调度保持稳定的综合作用下，耦合度指数也从 1992 年的 0.839 缓慢稳定上升至 2000 年的 0.950。

自 21 世纪以来，经济增长数量、质量和效益的发展度、协调度及耦合度变动轨迹开始显著分化。发展度指数呈大幅度增长态势，从

2000 年的 1.807 显著增加至 2014 年的 3.648，增长两倍多；协调度指数从 2000 年的 0.499 下降至 2014 年的 0.470；两者的共同作用致使耦合度指数处于缓慢增长状态，到 2014 年仅增长至 1.309 的水平。分析表明，在改革开放以后，中国经济增长数量、质量和效益的协调度一直处于较低水平，改革之初发展度偏低导致三者的耦合度也较低，然而，即使在 21 世纪以后发展度大幅上升的阶段，三者的协调度较低也显著影响三者的耦合发展并不理想，其具体的耦合方式表现为仅仅依靠数量增长带动系统的发展度相对提高，而三者的协同性偏低对耦合产生了负面效应，不但没有在发展度提高的基础上附加正向协调度而提高总体耦合度，反而通过低水平耦合或系统相悖减小了发展度对耦合的正向效果，发展度的显著提高难以抵消由于协调度恶化而导致的总体耦合度增长缓慢甚至停滞。

三　经济增长数量、质量和效益的耦合效应分析

根据前文的分析，中国经济增长数量、质量和效益的耦合性表现为显著的阶段性特征，其演进轨迹具体可以划分为以下几个阶段，即 1978—1991 年、1992—1999 年以及 2000 年以后。

1. 第一阶段（1978—1991 年）

这一阶段中国经济增长数量、质量和效益的耦合度总体具有较大波动性。从经济增长数量、质量和效益的变动轨迹来看，这一阶段经济增长数量呈现剧烈波动，经济增长质量的波动性也较大，虽然经济增长效益的变动趋势相对平稳，但经济增长效益并没有显著地提升，而是基本保持在较低的水平上。三者的综合作用导致经济增长数量、质量和效益的耦合状态呈低水平耦合。

从制度层面来看，新中国成立以后，我国在高度集中的中央计划经济体制下迈入一条特殊的工业化道路，受工业化优先发展战略的影响，我国在工业化初期阶段选择以工农价格"剪刀差"的方式牺牲农业和农民的利益来筹集工业化启动资金，支援工业发展和城市建设。在此基础上，工业化进程加速推进而农业的发展被挤压和抑制，导致产业结构的严重失衡。然而，工业的跳跃式发展超出了农业的承受能力，出现农村经济严重萎缩、工农差距显著拉大的二元经济结构特征。

1978—1984 年，国民经济从"文化大革命"的严重破坏中逐渐恢复并开始进入经济改革时期。这一时期制度改革的阵地在农村，主要形式是在农村全面推行家庭联产承包责任制。家庭联产承包责任制和统分结合的双层经营体制是在不触及土地等生产资料集体所有权的基础上，对生产要素进行重新分配，通过将生产与分配挂钩，赋予农民生产经营自主权和相应的剩余索取权，这种新的激励制度极大地调动了农民的生产积极性，农业劳动生产率显著提高。在农村改革的推动下，农业发展成就最为突出，农业生产全面、持续高速增长。农业产值占国民生产总值比重迅速上升，农轻重产业的比例趋于协调。到1984 年，广大农村基本实现家庭联产承包责任制标志着我国农村的制度变迁基本结束。由于农村土地制度变迁的能量基本释放，制度创新收益逐渐降低。1984 年以后，我国农业增长率开始降低，1984—1987 年农业增长率只有 4.1%。1985 年开始，中国的经济体制改革进入城市全面推进的阶段，并且针对城市的国有企业为改革重点。延续农村改革的经验，城市改革最初也以收入分配制度改革为突破口。1984—1988 年推行的承包经营责任制和租赁制，尝试通过契约形式划清政府与企业的利益分配关系，这一措施进一步扩大了企业的经营自主权，大幅度促进了工业企业的生产力，企业的经济效益不同程度提高。农村乡镇企业的蓬勃发展也极大地推动了我国的工业化进程。在改革国有企业的同时，非国有经济的发展成为附带的制度创新收益。对国有企业的扩权让利使企业获得部分剩余索取权，企业的利益主体地位得到强化，并形成企业经营者和生产者在提高劳动生产率和资源利用效率方面的激励，促进实现社会财富和劳动者收入的共同增长。然而令人遗憾的是，对国有企业的扩权让利并未从根本上改变政企不分的状况，虽然企业获得了相应权利，但其行为却缺乏有效的约束，经济增长呈现要素驱动、技术创新不足、经济结构水平偏低的特征，经济增长的质量和效益上升较慢。1986 年开始推行的企业经营承包责任制虽然相比旧的体制具有更多激励，但仍没有脱离旧的行政性分权的框架，经济主体只追求短期的投资效益而没有形成长期的投资动机。

从要素层面来看，1978—1984 年工业和农业的劳动生产率迅速提高，资本生产率也显著提高，增量资本产出比从 3.58 下降至 2.22。我国农业平均增长率高达 7.7%，农村居民的收入也随着农村劳动生产率的显著提高而大大增加，城乡人均收入比下降使城乡收入差距出现缩小趋势。但总体上，1978—1991 年全社会劳动生产率增长速度相对缓慢，年均增长率仅为 4.63%。从要素禀赋结构来看，资本、技术等仍然是相对稀缺的生产要素，而低质量、低成本的劳动力要素和自然资源、能源要素构成这一阶段的主要供给要素。

从技术层面来看，在农业领域，中国的基本国情为土地稀缺而劳动力过剩，在改革开放以前，中国农业部门的技术进步就取得了很大成绩，如对化肥、农药、机械的广泛使用，尤其是水利等农业基础设施建设产生的土地改良，因而改革开放以后，农业方面的技术改善相对有限。在工业领域，早在 20 世纪 50 年代，中国就进行了大规模的技术引进工作，主要形式是以成套设备为主进行"产业移植"。产业移植式的技术引进，在短期内推动中国建立起相对完整的国民经济体系，为奠定工业化打下了初步基础。20 世纪 70 年代以后，中国加快了技术引进工作，重点加强石油化工、合成材料工业的技术引进。1977 年前后，技术引进更是呈现极其显著的超高密度和超大强度特征。1978 年签订的 22 项大型引进项目主要集中在煤炭、冶金、化工等重点建设的工业部门。由于改革开放初期我国的产业结构失衡相当严重，具体表现为加工工业与能源及原材料工业矛盾加剧，基础设施与整个国民经济发展的比例严重协调，第三产业发展缓慢。因此，为了纠正畸形的产业结构，在农村经济体制改革推进的同时，政府也重点关注重工业的改造和调整，出台优先发展轻纺工业的政策措施。进入 80 年代中后期，虽然我国继续调整轻重工业关系，但是基础设施和基础产业落后于国民经济发展的状况没有得到扭转，产能过剩的加工工业以惊人的速度增长，而新兴产业和传统产业的改造明显滞后。我国在工业生产尤其是高技术产品的生产领域相对非常落后，多数行业生产能力低下，一些门类甚至为空白，如一些技术含量较高的电子产品等均需要从国外进口。技术水平较低导致这一阶段的经济增长仍然停留在较低水平，经济增长质量和效益难以显著提升。

总体上看，这一时期经济增长数量、质量和效益均处在较低水平上，且在波动中缓慢增长。从旧体制向新体制转变的初期，制度创新的边际收益相对较大构成这一时期经济增长数量、质量和效益相耦合的重要正向作用因素。虽然这一时期继承了前一时期失衡的经济结构，但是在制度变迁的基础上，要素使用效率提升以及对经济结构纠偏的调整政策在一定程度上缓解了经济结构的失衡状态，这两方面也对经济数量、质量和效益的耦合产生了明显的正向促进作用。然而以试验为主的改革主要从释放经济潜力角度提高了经济效率和经济效益，中国经济在赶超战略下遗留的矛盾仍然难以解决，改革的尝试性和反复性也导致经济运行稳定性差，经济的频繁波动导致经济增长数量、质量和效益的协同耦合不能沿着稳定的轨迹演进，而是处于不断的震荡中。另外，社会保障、医疗、教育等方面的改革尚未全面展开，因此社会效益方面的贡献并不显著。

2. 第二阶段（1992—1999 年）

这一阶段中国经济增长数量、质量和效益的耦合趋于稳定。从经济增长数量、质量和效益的变动轨迹来看，这一阶段经济增长数量的波动性显著降低，呈现出平稳增长的趋势。经济增长质量在波动中呈现较明显的增长趋势，而经济增长效益也在较低的水平上开始出现较快增长。三者的共同作用使经济增长数量、质量和效益产生较好的耦合效应，但由于整体的发展度并未上升至高水平阶段，因而此时的耦合只是阶段性的虚假耦合，耦合状态会随着经济增长的方向而继续演化，未来向何种耦合状态发展并不确定。

从制度层面来看，1992 年邓小平南方谈话及其随后召开的中共十四大，将建立社会主义市场经济体制确立为改革方向和发展目标。此后，整体经济体制改革开始从试验探索向全面纵深发展推进。从最核心的国有企业改革来看，国有企业改革跳出了以"放权让利"为内容的政策性调整思路，展开了触及产权关系的制度创新。1992 年以后，特别是中共十五大以后，建立现代企业制度成为国有企业改革的目标。虽然国有企业的产权仍然归国家所有，但是国家在原则上不直接干预国有企业的经营，放任企业在市场竞争中优胜劣汰，对市场管制的放松引致非国有企业的大量涌入。市场竞争加剧显著降低了企业的经营利润率，对国有企业形成技术改革和组织结构优化的动力。至此，宏观经济也开始进入相对良好的状态，经济稳定增长。然而，国企改革和现代企业制度的建立在强化企业利润目标和经济增长目标的同时，导致失业和下岗人数增加。

在国企改革的同时，其他领域的改革也继续向前推进。在宏观经济管理体制改革中，一方面，新的以分税制为核心的财政体制框架被确立；另一方面，以增值税为主体的流转税体系也建立起来。1994年财政分权改革的结果是，大部分财政税收集中于中央而地方政府只得到较低比例的分成。为了得到更多的税收，地方政府将关注重点集中于生产规模和投资规模的扩大上，形成了以追求速度和数量为主的体制。市场体系建设进一步向纵深推进，在生产资料价格双轨制被取消的同时，竞争性商品和服务价格也进一步被放开。并且对外开放进一步扩大，对国外资金、技术、管理经验的利用进行了有益的尝试。随着对外开放和经济体制改革的逐步深入，外商投资迅速发展，这一时期在政策和市场等因素推动下，外商投资主要投向第二产业中的生产性企业，而第一、三产业的投资很少，因此第二产业因外资的推动而迅速发展。虽然这一时期第二产业的超前发展导致经济结构纠偏又出现倒退，经济增长质量提升受到制约，然而宏观经济稳定性增强却是这一时期显著的特征。并且，社会保障、教育等方面的改革开始全面推进，这在一定程度上扩大了经济增长的社会效益。从1993年开始，我国社会主义保障制度进入全面改革阶段，在养老保险、失业保险和医疗保险方面进行了全面探索。1999年全国高等教育大规模扩招显著提高了国民的受教育水平。

从要素层面来看，虽然这一时期的全要素生产率增长率呈下降趋势，从1992年的9.21%下降至1999年的1.54%。但这一时期的全要素生产率增长率是改革开放以来最高的阶段，年平均全要素生产率增长率达4.35%，全要素生产率对经济增长的贡献份额在38%左右。

在继续推进改革的进程中，经济潜力释放仍然对要素生产效率和配置效率产生了显著的正向作用。从要素禀赋结构来看，在教育普及对外技术引进的推动下，我国人力资本水平、技术水平均开始提高，经济加速发展导致资本要素积累水平也显著提高。整体生产要素的数量和质量增加均对经济增长数量、质量和效益的协同发展起到正向促进作用。

从技术层面来看，从 1992 年开始全国又掀起新一轮投资热潮，中国技术引进的规模也更大，呈现出引进、消化和创新并存的特点。技术引进和消化吸收的作用，一是体现在外商直接投资和技术引进直接带来的巨大技术"溢出效应"；二是体现在通过贸易形式获得商品中隐含技术的"溢出效应"。我国通过向发达国家购置设备，积极开展技术引进和模仿，淘汰落后的机器设备等方式，再生产领域实现了技术水平的显著提升，高技术产品出口贸易额逐年增加。但是，这一时期的主要投资领域仍集中在低水平的加工工业，大量小规模、低技术含量的中小型加工企业迅速涌现，进一步加重了产业结构失衡、产业低端化等问题。1990 年我国研发经费投入 125.4 亿元，1999 年增加至 680.2 亿元，在此期间我国研发经费投入总额低于 700 亿元，占 GDP 比重为 0.55%—0.77%。同时，从产业结构的偏离度来看，20 世纪 90 年代以来，我国第二产业的产业结构偏离度越来越大，从 1990 年的 −19.9% 提高至 2000 年的 −23.8%，低技术密集度、重复生产的第二产业加剧了对资源的需求和能源消耗，降低了经济增长的生态效益。我国大中型工业企业 R&D 投入占销售额比重不足 1.5%，而世界百强工业企业的 R&D 投入强度高达 15% 以上，表明我国在技术创新领域的基础投入明显不足，基本还停留在仅仅依靠外资投入来提高产品技术含量并扩大出口阶段。从 1994 年开始，由于我国实施了外汇管理体制改革，人民币汇率并轨引起人民币大幅贬值，对我国外贸增长作用显著。外向型经济发展致使进出口总额迅猛增长，外贸依存度从 1993 年的 31.9% 激增至 1994 年的 42.29%。然而，出口的扩大并不是建立在较高的技术创新水平上，我国的经济主要靠加工组装高科技产品提升了出口产品的技术水平，但从根本上来看，这些高科技产品在我国的生产环节中仅增加了较少的附加值，产品附加值较低严重限制了我国经济增长的效益。并且，过分依赖于外需导致我国的总需求结构失衡，并且加剧了经济运行风险。从社会福利分配来看，收入分配均等性开始恶化，基尼系数从 1992 年的 0.36 上升至 2000 年的 0.406。

总体上来看，在经济体制改革从试验初探向纵深发展使这一时期经济增长数量、质量和效益的耦合性相比于前一时期发生了显著变化。这一时期经济数量开始加速增长，同时伴随改革的推进，经济增长质量和经济增长效益的各维度也取得一定的成就，在特定的发展阶段，三者处于相对协同的状态。制度创新引起的要素生产效率释放对经济增长数量、质量和效益的耦合仍然发挥着较为显著的正面影响，然而模仿式技术创新引起的经济结构失衡已经对经济增长数量、质量和效益的协同耦合产生制约作用，但在正反两方面因素的综合作用下经济增长数量、质量和效益表现出阶段性的协调耦合性。

3. 第三阶段（2000—2014 年）

这一阶段中国经济增长数量、质量和效益的耦合出现降低趋势。从经济增长数量、质量和效益的变动轨迹来看，这一阶段经济增长数量开始呈现加速型指数增长趋势。经济增长质量仍然表现在较小波动中缓慢上升趋势。经济增长效益也呈现稳定的缓慢上升趋势。但是，经济增长数量的过快增长与经济增长质量和效益的缓慢增长不相匹配，虽然整体发展度在经济数量增长的带动下仍然保持大幅上升趋势，但协调度的加速下滑导致耦合度增长基本停滞。因此，这一阶段的耦合效应是从前一期的虚假耦合状态跃迁至系统相悖状态，而未发生系统沿着协同耦合路径稳定发展的合意结果。

从制度层面来看，从 2000 年开始，我国进入完善社会主义市场经济体制的时期。然而，伴随着改革不断向纵深发展，改革的重点也越来越触及深层次的制度障碍，新旧体制之间矛盾抗衡使制度变迁的边际成本上升至抵消边际收益的水平，制度在促进经济增长数量、质量和效益的耦合性方面的作用开始显著降低。具体来看，这一时期在继续完善要素市场、完善社会保障、医疗保障制度等的同时，行政管理体制改革成为重中之重。从本质上来看，我国经济体制改革的进展越来越困难，最主要的障碍就在于行政管理体制改革的滞后。从1978—2000年，我国的体制改革已经取得显著成就，但一些深层次的矛盾仍然未被解决。例如，市场体制和机制不完善，生产要素市场体系发育滞后导致土地、能源及其他紧缺资源难以通过市场价格反映其稀缺程度，在对这些生产要素的使用无法形成有效的激励与约束的条件下，要素需求快速增长便无法受到约束和调节，生产要素的无节制滥用和大规模的低水平重复建设将成为必然。

并且，以经济总量为目标的政府官员政绩考核制度刺激政府通过行政手段过多参与竞争性领域的经济活动，形成了地方政府不计成本、不顾风险的投资热，在行政性投资冲动下重复建设、投资效率低下等问题成为经济效率低下、经济结构失衡的主要原因。同时，也加剧了经济运行的风险，致使宏观经济增长质量的提高受到限制。产权模糊、缺位及和虚置导致企业缺乏自我约束力。体制改革的不彻底导致政府在基础设施建设领域存在大量的行政性垄断，通过行政权力保护自身及相关企业的利益，排斥潜在竞争者的进入。垄断对企业竞争的限制造成企业生产成本居高和企业运行效率低下，严重制约我国产业的发展，尤其在能源、原材料等基础性产业中，政府行政垄断导致资源不受市场需求信息的作用而难以及时有效地调整生产规模，造成产能过剩和资源浪费。自然资源的价格形成机制和调控机制改革滞后，资源能源定价机制尚未市场化。资源价格明显偏低一方面导致高耗能行业的转型升级缺乏利润压力，限制了经济结构的优化；另一方面导致资源的低效使用和严重浪费进而降低生态环境效益。

从要素层面来看，中国在改革开放以后的初级增长阶段获得高速经济增长成就主要是依靠比较优势。低廉的要素使用成本（劳动力、土地、能源、资源）和广阔的国内外市场是刺激经济增长的主要动力。然而，随着经济进入更高级的增长阶段，要素禀赋结构发生变动，先前的要素价格比较优势逐渐丧失，劳动力、能源等要素使用代价的升高制约了经济收益和生产率的边际增量，经济开始呈现出规模报酬递减的特征，为了维持已经形成的大规模生产能力，必然导致生产要素需求量的增加，生产要素有效供给不足伴随要素使用价格的急剧上涨而导致要素使用成本显著增加。

从自然要素的使用来看，重工业优先发展及粗放型经济增长方式导致资源的过度开发和滥用，生态环境严重退化。根据《中国统计年鉴》数据，能源消耗的弹性系数逐年上升，2003年、2004年分别达到1.53、1.59，说明这一时期能源消耗增速显著高于GDP增速，经济增长中的生态环境成本较大。进入21世纪以来，平均能源消耗弹性系数是改革开放以后最高的时期，反映我国的高耗能行业比重大、能源利用效率低。统计数据显示，2008年我国能源消耗总量占世界总量的1/4，单位能耗创造的GDP仅为0.7美元，不及世界平均水平的1/4。2010年我国GDP约占世界的9.5%，但是资源消耗占比却显著偏高，石油消耗量约占世界消耗总量的8%，钢铁占27%，原煤占31%，水泥占40%，氧化铝占25%。居高不下的能源消耗和环境污染导致经济增长效率与生态效益低下，制约了经济增长质量和效益。随着环境污染的负外部性被广泛关注，为治理污染而产生的罚金、税费、预防和治理费用成为将环境污染外部性成本内生化的主要手段，因此，用于维护生态环境经济支出以及防治预期环境退化的投入性支出构成环境污染的治理成本。从资本生产率来看，2000—2013年我国的资本—产出比率从3.45上升至3.768，增量资本产出比从4.28显著上升至7.38，资本生产率的大幅下降表明我国经济增长中投资效率降低，投资效率低下一方面降低了经济效率，另一方面推动投资规模的上升，加剧了需求结构失衡，导致经济增长质量降低。从2000年开始，我国的全要素生产率在波动中呈下降趋势，全要素生产率增长率最高为4.94%，最低为-0.84%，平均全要素生产率增长率仅为1.57%。

从技术层面来看，2001年以来，尤其是WTO的加入导致我国由外商直接投资及贸易的形式获得显著的技术溢出效应。通过引进重大项目和技术，并消化吸收形成我国的技术模仿优势，我国的技术能力显著提高，如基础设施、信息通信、交通运输等产业得到了较快发展。从2001年开始，我国的R&D投入显著增加，其绝对值从895.7

亿元增加至 2014 年的 13312 亿元，14 年间增长了近 14 倍，以相对值衡量的 R&D 强度也从 0.9% 提高到 2.1%。但是，与技术水平先进的发达国家相比，这一比重仍然显著较低，并且，我国的 R&D 投入大部分来自政府，企业投入比重不足 25%。作为技术创新的主体，企业研发投资不足导致我国的产业仍然表现出大规模的低水平重复建设，产业结构的高级化和合理化程度均较低。第二产业中高附加值、高加工度、高技术密集度的现代产业比重仍然较低，第三产业在城市化滞后、体制性约束影响下发展滞后、比重相对较低。2001 年以后，中国重化工业加速发展，重制造业的比重迅速提高，重制造业在工业对经济增长的贡献中所占的比重高达 70% 以上，但新兴产业、高技术产业的比重相对较小，中国的经济增长表现出明显的重化工业主导的特征。虽然高技术产业进口贸易总额占商品进口贸易的比重以及占工业制成品进口额的比重保持较高水平，但中国企业在其中的附加值贡献却一直相对较低。

中国采取的是以技术引进和模仿为主的"外生"技术供给方式，虽然在短期内通过引进技术能够实现投资少、见效快的效果，但这强化了企业对国外的技术依赖，不但浪费了宝贵的生产要素资源，而且严重制约我国产业结构升级，导致经济增长面临陷入模仿陷阱的危险，自主创新不足也会导致产出的附加值低、经济效益差，最终引起增长潜力不足。经济增长过程中不同要素对经济增长贡献作用的提升速度和程度不同，虽然伴随着我国市场化及非国有化程度提高，劳动、资本和技术的效率均明显上升，相同投入下对经济增长的贡献程度不断提高，但资本效率提高的程度以及资本的贡献率远远高于劳动和技术进步。要素生产率的变动从经济效率角度提升了经济增长质量，但是要素生产率不同程度的变动导致资本对劳动的挤出，劳动收入份额的降低、恶化的收入分配的均等性，降低了经济增长的社会效益。

总体上来看，进入 21 世纪以后，我国经济增长数量和质量、效益的矛盾呈扩大化趋势，虽然伴随经济体制改革进程，我国经济增长的效率、稳定性、社会保障、教育、医疗等各个方面都取得显著成绩，但是与经济数量扩张相伴的经济结构失衡、收入分配不平等、生态环境退化等深层次矛盾显著降低了经济增长的正向效应，导致经济增长质量和经济增长效益的提高受到严重限制。前期制度改革的收益逐渐递减，在现有的计划与市场体制相互叠加的制度格局下，经济增长数量、质量和效益的协同耦合出现倒退，从计划向市场体制过渡中经济增长数量和质量、效益的不一致性日益扩大。

四　经济增长数量、质量和效益耦合的阶段性规律与理论解释

经济增长数量、质量和效益的耦合是一个历史演进过程。经济体在经济增长进程中，经济增长数量、质量和效益耦合的内在规律性通过经济增长的阶段性演变反映出来，并展现出不同的特征。由于经济增长数量、质量和效益的耦合状态是在复杂的影响因素作用下产生的，因而其耦合具有不确定性，可能会从低水平耦合逐渐演化至协同耦合的理想状态，也可能从低水平耦合跃迁至系统相悖状态，而无法出现协同耦合的合意结果。一般来说，经济增长的历史过程，首先表现为经济增长数量、质量和效益的低水平耦合阶段；其次则为较低发展度下的虚假耦合阶段；最后演进至高发展度下的协同耦合阶段，但也可能出现高发展度下的系统相悖耦合阶段。而现实中经济增长数量、质量和效益的耦合向何种状态演化，取决于制度的激励方向以及技术水平所能支撑的增长动力方式。

中国经济增长数量、质量和效益的耦合在经历低水平耦合、虚假耦合后并未出现稳定的协同耦合，而是跃迁至系统相悖状态有其必然性。虽然改革开放以来中国所发生的制度变革产生了丰硕的成果，以放权让利为先导的激励机制，通过利益的引导极大地刺激了微观经济主体的生产积极性，但中国的制度变革本质上是对传统体制下利益关系的再调整。在最初的分配关系调整中，中央与地方的财政关系、企业内部劳动者之间的工资制度改革等都仅仅提供了经济主体关注经济收益的激励。随着改革的深入，这种利益调整逐渐深入生产领域，生产要素之间的关系也发生根本变化，这种变化是以确立资本产权为核心的改革实现的。资本的产权确定遏制了计划经济下严重浪费的现象，缓和了资本过度短缺的矛盾，但过于强调资本积累造成了物质资源、自然环境过度使用的代价。并且，虽然制度改革通过生产要素的重组释放了经济体内巨大的能量，但是制度变革并未从根本上改变技术落后的局面。制度激励对企业形成以技术引进实现投资少、见效快的增长效果。加之技术能力的缺乏，也使大部分引进的技术都未真正成为创新源泉，初期引进的技术先进性随着引进设备和工艺的老化而逐渐丧失，外生技术进步没有转化为内生技术进步。虽然从短期来看，无论是技术创新还是技术引进和模仿，都能实现技术提升，增加经济产出。但从整个社会来看，技术进步的两种不同模式，对经济增长数量、质量和效益的耦合路径却形成了截然相反的结果。外生技术进步可以在短期内提高经济增速，但是经济增长的质量和效益却相对提升较慢，在长期的发展中必然导致数量和质量、效益不一致的后果；而内生技术进步在短期可能需要大量投资，且产出效果不确定，造成经济效率低、效益差，但从长期视角看，在攻克核心技术或关键技术以后，创新的收益将成倍增长，经济实现数量增加的同时也能够带动质量和效益提升。总体上，中国经济增长数量、质量和效益的耦合虽然在短期内表现出协同效应，但却没有继续稳定地发展下去，而是发展成系统相悖的结果。原因在于制度激励仍然停留在追求经济效益的层面，制度的激励方向偏离了经济增长数量、质量和效益相耦合的目标。在制度的激励导向下，技术进步也被锁定在以实现短期收益最大化的模仿方式。在经济发展水平较低的时期，这些因素会产生正向作用刺激经济潜力释放、提升经济效率、推动社会福利水平提高等，促使经济增长数量、质量和效益产生阶段性耦合效应。但在长期中，这些激励的边际收益将迅速递减而边际成本迅速增加，负面的影响会导致系统内部的矛盾积累并促使原有的良性耦合效应瓦解，使经济增长数量、质量和效益难以实现真正协同耦合的结果。正如诺斯指出，制度提供了一种经济的刺激结构，随着该结构的演进，他规划了经济朝着增长、停滞或衰退变化的方向（North，1991）。

第三节　经济增长数量、质量和效益耦合的国际比较

对中国经济增长数量、质量和效益耦合的全面评价要从纵向和横向两个视角来进行。纵向视角能够使我们获得三者耦合度的历史演进轨迹，而横向视角有利于我们获得中国与其他国家的差异比较。从理论上讲，不同国家在经济发展阶段、地理条件、制度文化、人口规模以及要素禀赋等方面存在巨大的差异，而且这种异质性对各国经济增长状况的影响是非常显著的，这导致从根本上来讲这些自然条件和发展状况各异的国家之间是不具备绝对的可比性的。原则上，如果要比较各国的经济增长数量、质量和效益的耦合状态的差异，应当将不同的经济体还原在相同的发展阶段进行比较更具合理性，但如此做法至少存在两方面的困难：一方面，获取各个国家数量众多的指标的历史数据存在困难，而且各个国家在统计口径方面的差异导致数据之间不可比；另一方面，如何界定"相同的发展阶段"也存在困难，现有的仅从人均收入或人均国内生产总值角度衡量发展阶段的方法并不完善。由于经济体的相对发展进程处于不同的时空背景下，因此，即使以人均收入衡量的经济发展水平处于相同的阶段，但是从历史发展的角度看，不同时空背景下经济体的经济增长质量状态具有本质的差别，难以进行客观公正的比较。

基于以上考虑，本书认为，将各国的经济增长还原为相同的发展阶段，并在此基础对经济增长数量、质量和效益的耦合性进行国际比较是困难的，而且也并不一定能得到公正合理的对比结果。而将相同时空背景下各国的经济增长数量、质量和效益进行对比更具可操作性和合理性。虽然各个国家的经济发展基础和阶段不同，但通过对这些国家中具有共性特征的国家的归纳和分析，也能够获得各国在经济增长质量和效益状态方面产生差异的原因。因此，本书通过 2014 年的横截面数据对经济增长数量、质量和效益的耦合度进行国别比较，选

取美国、德国、英国等发达国家，日本、韩国等东亚新兴工业化国家，巴西、俄罗斯、印度、越南、土耳其等"金砖四国"和"展望五国"以及老挝、马来西亚邻国等，这些国家具有不同的要素禀赋、自然条件、人口基础及制度文化，其发展阶段也各异，通过对这些具有不同特点的国家进行对比，能够全面考察中国经济增长质量和效益的特征及其与其他国家的差异。

一　各国经济增长数量、质量和效益指数测度

1. 评价指标体系的建立

为了保证研究的统一性和研究结果的可比性，在经济增长数量、质量和效益耦合的国际比较中，我们依然沿用前文所建立的指标体系框架和指标设置。但需要指出，由于国际数据的可获得性限制，前文所建立的指标体系中有一部分指标难以获取。因此，需要对前文建立的指标体系进行适当调整，具体说明如下：

首先，在构建经济增长质量指标体系时，因无法获得各个国家可比的资本存量数据而无法计算全要素生产率，因而采用《全球竞争力报告2014—2015》中的效率增强指数代替；因无法获得各个国家各地区的收入数据而计算出区域差距系数和区域人均收入比，因而经济结构维度中区域结构分项指标舍去；需求结构中最终消费结构数据无法获取，因而居民政府消费比指标舍去；经济潜力维度的制度创新分项指标，因无法选取统一的指标来评价不同国家的市场化程度，因而以世界银行的经济激励机制指数作为制度创新替代指标；技术创新分项指标中专利申请量、国家科技拨款占国家公共财政支出比重两个基础指标替换为全球创新指数、R&D研究人员/百万人指标。

其次，在构建经济增长效益指标体系时，经济效益维度中，工业效益分项指标工业企业资金利税率因无法获得而舍去；农业效益分项指标单位耕地面积产值以单位耕地面积谷物产量代替。社会效益维度中，由于只能获取发展中国家的贫困发生率而缺少发达国家的数据，因此只能舍去减贫效应分项指标；收入均等化分项指标中的城乡居民收入比、城乡居民消费比数据因无法获取而舍去；教育分项指标中每万人大学生数、平均受教育年限指标无法获取，因而以高等院校入学率、教育公共开支占 GDP 比重、每个学生教育支出占人均 GDP 比重指标来替代；医疗卫生分项指标中加入医疗卫生支出占 GDP 百分比指标来衡量医疗卫生事业的发展状况；社会保障分项指标因无法获取基础数据而舍去。生态效益维度中，资源利用分项指标中单位生产总值电耗指标因无法获取而舍去；森林资源净损耗以森林资源净损耗占 GDP 比重指标替代；环境污染分项指标中无法获取单位生产总值"三废"排放量，采用 PM10 指标代替。

2. 基础指标计算及数据来源

由于本书所采用的部分指标需要在搜集到原始数据的基础上进一步计算获得，因而对数据来源及复杂指标的计算方法进行说明：首先，经济增长数量的测度选择 GDP 总量、人均 GDP 及 GDP 增长率三个指标进行衡量，数据来源于世界银行数据库。

其次，在经济增长质量指标体系中，效率增强指数来源于世界经济论坛《全球竞争力报告 2014—2015》中竞争力总指数的分项指数；增量资本产出率采用 2005 年不变价美元计的固定资本形成总额和国内生产总值之比计算获得；劳动生产率指标来源于《国际统计年鉴 2015》，且以 1990 年不变价美元计；产业结构高级化指数和产业结构合理化指数参考干春晖等（2011）的测度方法进行计算，基础的产业结构数据来源于世界银行数据库；投资率、消费率数据来源于《国际统计年鉴 2015》，在此基础上计算出投资消费比；外贸依存度指标利用《国际统计年鉴 2015》中货物和服务进、出口占 GDP 比重的总和获得；劳动者报酬占 GDP 比重根据 OECD 组织 OLIS 数据库中的收入法国内生产总值计算得出，但是据此只能获得加拿大、俄罗斯、南非、土耳其、墨西哥、韩国、德国、意大利、日本、法国、澳大利亚、美国及英国的数据，其他国家的劳动收入份额数据来源于 ILO 全球工资数据库；二元对比系数及二元反差指数利用农业及非农产业的产值比重及就业比重数据计算得出，三次产业产值比重、就业比重、城市化率数据来源于世界银行数据库；经济增长波动系数采用经济增长率的变动率绝对值来刻画；通货膨胀率数据来源于全球宏观经济数据库；CPI 指数、存款利率、贷款利率、M2 增速、经常项目差额/

GDP、外债/GDP 指标数据均来源于世界银行数据库；经济激励机制指标来源于世界银行报告《2012 年全球知识经济指数》中的分类指数；全球创新指数来源于 WIPO 等机构发布的《2015 年全球创新指数报告》；R&D 支出占 GDP 比重、R&D 研究人员/百万人、高科技产品占制成品出口百分比指标来源于世界银行数据库。

最后，在经济增长效益指标体系中，工业增加值占 GDP 百分比、单位耕地面积谷物产量、农业工人人均增加值数据来源于世界银行数据库；服务业人均增加值根据服务业就业人数及服务业增加值数据计算得出；投资效果系数利用同期国民收入增加额与固定资产投资额之比计算获得，原始数据来源于世界银行数据库；对于基尼系数指标，国际上没有每年统计的可靠数据，考虑到基尼系数的变动趋势具有相对稳定性，在短期内不会出现剧烈波动，因此，我们利用联合国统计的 2007 年世界各国基尼系数数据代替；GDP 就业弹性利用 GDP 增长率与就业增长率数据计算获得；就业率、高等院校入学率、教育公共开支占 GDP 比重、每个学生教育支出占人均 GDP 比重、每千人医生数、每千人病床数、医疗卫生支出占 GDP 百分比、预期寿命、森林覆盖率、森林资源净损耗占 GDP 比重、人均二氧化碳排放量数据均来源于世界银行数据库；万美元国内生产总值能耗、PM10 数据来源于《国际统计年鉴 2015》。

为了对中国经济增长数量、质量和效益的耦合程度进行客观公正的评价，我们选取了包括中国在内的 22 个不同发展程度的国家进行综合评价，通过与其他国家的横向对比来判断中国的经济增长数量、质量及效益的水平。

3. 基础指标及维度指数的权重确定

由于基础指标的属性及量纲量级不同，因此在综合评价前要进行必要的处理，为了保证评价的公平性，我们沿用前几章的处理方法。在此基础上，使用 PPM - RAGA 模型来确定基础指标权重以合成维度指数，进一步采用同样的方法确定各维度指数的权重以合成总指数。经济增长质量和效益的指标权重测度结果见表 6 - 12 及表 6 - 13。

表 6-12　　　　　　　　国际比较中的经济增长质量指标权重

维度指数	权重	分项指标	基础指标	权重
经济效率	0.415	要素使用效率	效率增强指数	0.658
			增量资本产出率	0.217
			劳动生产率	0.721
经济结构	0.754	产业结构	产业结构高级化指数	0.176
			产业结构合理化指数	0.573
		需求结构	投资率	0.274
			消费率	0.086
			投资消费比	0.003
			外贸依存度	0.379
		收入分配结构	劳动者报酬占 GDP 比重	0.438
		城乡结构	二元对比系数	0.447
			二元反差指数	0.128
			城市化率	0.080
经济运行	0.310	产出波动	经济增长波动系数	0.094
		价格波动	通货膨胀率	0.104
			CPI 指数	0.836
		金融风险	存贷比	0.036
			M2 增速	0.298
			经常项目差额/GDP	0.387
			外债/GDP	0.207
经济潜力	0.405	制度创新	经济激励机制	0.294
		技术创新	全球创新指数	0.727
			R&D 支出占 GDP 比重	0.239
			R&D 研究人员/百万人	0.038
			高科技产品占制成品出口百分比	0.572

由表 6-12 可见，经济结构维度在总指数中权重最高，为 0.754，说明该维度是影响各国经济增长质量的最主要因素。在基础指标中，产业结构合理化指数、外贸依存度、劳动者报酬占 GDP 比重、二元对比系数指标权重相对较高，均在 0.3 以上，说明这几个指标的差异

是导致各国经济结构差异进而引起经济增长质量差距的主要因素。经济效率和经济潜力维度对各国经济增长质量的影响作用也相当显著，权重分别为 0.415 和 0.405。其中，经济效率维度的效率增强指数和劳动生产率指标权重均达到 0.6 以上，说明这两个因素对经济增长质量影响较大；经济潜力维度的全球创新指数和高科技产品占制成品出口百分比指标权重达 0.5 以上，说明技术创新对经济增长质量具有显著效应。经济运行维度对各国经济增长质量的影响最小，权重仅为 0.310，该维度中 CPI 指数权重最大为 0.836，说明宏观经济运行受到价格波动的影响最显著。

表 6 - 13　　　　　国际比较中的经济增长效益指标权重

维度指数	权重	分项指标	基础指标	权重
经济效益	0.639	工业效益	工业增加值占 GDP 的百分比	0.581
		农业效益	单位耕地面积谷物产量	0.358
			农业工人人均增加值	0.080
		服务业效益	服务业人均增加值	0.407
		整体投资效益	投资效果系数	0.602
社会效益	0.452	收入分配	基尼系数	0.459
		就业	GDP 就业弹性	0.585
			失业率	0.059
		教育	高等院校入学率	0.364
			教育公共开支占 GDP 比重	0.094
			每个学生教育支出占人均 GDP 比重	0.183
		医疗卫生	每千人医生数	0.136
			每千人病床数	0.139
			医疗卫生支出占 GDP 百分比	0.464
			预期寿命	0.125
生态效益	0.622	资源消耗	万美元国内生产总值能耗	0.507
			森林覆盖率	0.186
			森林资源净损耗占 GDP 比重	0.364
		环境污染	人均二氧化碳排放量	0.635
			PM10	0.416

由表6-13可知，经济效益和生态效益维度在总指数中权重相当，分别为0.639和0.622，说明这两方面是影响各国经济增长效益的最主要因素。经济效益维度中，工业增加值占GDP比重和投资效果系数指标权重较高，均在0.5以上，这两个因素显著影响各国的经济效益。生态效益维度中，万美元国内生产总值能耗、人均二氧化碳排放量指标权重在0.5以上，表明这两个指标的差距是各国生态效益差距的主要来源。社会效益维度在三个维度中权重最小，但数值也达到0.452。该维度中基尼系数、GDP就业弹性、医疗卫生支出占GDP比重指标权重较高，成为影响社会效益显著因素。

4. 各国经济增长数量、质量和效益指数测度结果及排序

按照前述方法对经济增长数量、质量和效益进行测度，结果见图6-8、表6-14和表6-15。

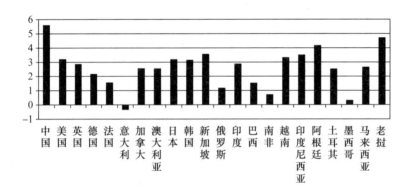

图6-8   2014年经济增长数量指数的横向国际比较

表6-14   经济增长质量指数及排名的国际比较

| 国家 | 维度指数 | | | | 综合指数 |
	经济效率	经济结构	经济运行	经济潜力	经济增长质量
中国	1.301 (14)	1.139 (21)	1.467 (11)	1.501 (12)	2.460 (19)
美国	2.540 (1)	3.312 (3)	1.906 (6)	2.942 (1)	5.331 (3)
英国	2.110 (3)	2.883 (4)	3.927 (3)	2.040 (10)	5.090 (4)

续表

国家	维度指数				综合指数
	经济效率	经济结构	经济运行	经济潜力	经济增长质量
德国	1.776（9）	2.449（6）	1.338（14）	2.318（2）	3.935（7）
法国	1.915（6）	3.554（2）	4.187（2）	2.246（5）	5.679（1）
意大利	1.420（13）	3.736（1）	4.506（1）	1.645（11）	5.466（2）
加拿大	2.048（5）	2.076（11）	1.712（8）	2.165（7）	3.821（8）
澳大利亚	2.060（4）	2.100（10）	1.597（9）	2.096（8）	3.780（9）
日本	1.903（7）	2.544（5）	2.550（4）	2.214（6）	4.393（5）
韩国	1.852（8）	1.541（18）	2.197（5）	2.301（3）	3.541（10）
新加坡	2.179（2）	2.329（8）	1.572（10）	2.294（4）	4.075（6）
俄罗斯	1.167（17）	1.987（13）	0.907（20）	0.936（19）	2.642（16）
印度	1.156（20）	1.561（17）	0.858（21）	0.966（18）	2.313（20）
巴西	1.197（16）	2.307（9）	1.029（18）	1.146（17）	3.018（13）
南非	1.161（18）	2.359（7）	1.441（12）	1.171（15）	3.180（11）
越南	1.101（22）	0.954（22）	0.759（22）	1.162（16）	1.881（22）
印度尼西亚	1.204（15）	1.798（14）	1.167（17）	0.795（21）	2.538（17）
阿根廷	1.486（12）	2.050（12）	1.243（15）	0.814（20）	2.876（14）
土耳其	1.648（10）	1.610（16）	0.972（19）	1.183（14）	2.677（15）
墨西哥	1.156（19）	1.410（19）	1.397（13）	1.244（13）	2.478（18）
马来西亚	1.598（11）	1.356（20）	1.721（7）	2.079（9）	3.059（12）
老挝	1.150（21）	1.611（15）	1.215（16）	0.452（22）	2.250（21）

注：括号中的数字为各个国家的指数排名。

表6-15　　　　　经济增长效益指数及排名的国际比较

国家	维度指数			综合指数
	经济效益	社会效益	生态效益	经济增长效益
中国	1.140（12）	1.362（20）	0.852（21）	1.875（21）
美国	2.716（2）	2.408（16）	1.706（10）	3.887（7）

续表

国家	维度指数			综合指数
	经济效益	社会效益	生态效益	经济增长效益
英国	2.319（5）	3.508（7）	2.086（2）	4.367（2）
德国	2.353（4）	5.547（1）	1.920（5）	5.208（1）
法国	2.637（3）	3.017（11）	1.931（4）	4.251（3）
意大利	2.191（7）	2.299（17）	1.875（6）	3.607（10）
加拿大	1.830（9）	3.375（8）	1.871（7）	3.860（8）
澳大利亚	1.947（8）	3.051（10）	1.783（8）	3.734（9）
日本	2.273（6）	2.478（15）	2.424（1）	4.082（5）
韩国	1.779（10）	4.435（2）	1.517（13）	4.087（4）
新加坡	2.738（1）	2.770（13）	1.580（12）	3.986（6）
俄罗斯	0.867（20）	3.775（5）	1.314（18）	3.079（12）
印度	0.741（22）	1.039（22）	1.341（17）	1.778（22）
巴西	0.915（19）	2.586（14）	1.958（3）	2.973（15）
南非	1.056（16）	3.599（6）	0.836（22）	2.823（17）
越南	0.957（18）	1.761（18）	1.511（15）	2.348（19）
印度尼西亚	1.003（17）	1.599（19）	1.633（11）	2.380（18）
阿根廷	1.064（15）	3.797（4）	1.092（20）	3.077（13）
土耳其	1.156（11）	3.279（9）	1.232（19）	2.989（14）
墨西哥	1.067（14）	4.035（3）	1.516（14）	3.451（11）
马来西亚	1.094（13）	2.937（12）	1.475（16）	2.945（16）
老挝	0.803（21）	1.136（21）	1.769（9）	2.128（20）

注：括号中的数字为各个国家的指数排名。

从横向国际比较来看，较高的经济增速和较大的经济总量使中国经济增长数量指数在所比较的国家中遥遥领先，2014 年中国经济增长数量指数高达 5.59，而排名第二的老挝为 4.71，显著低于中国的水平。除了这两个国家之外，增长数量指数较高（经济增长数量指数大于 3）的国家依次有阿根廷、新加坡、印度尼西亚、越南、美国、日本和韩国。这些国家中，阿根廷、印度尼西亚和越南作为新兴的市场国家，凭借国内丰富的资源禀赋优势、年轻的劳动力供给和稳定的政治局势积极引进外资，加之国内具有巨大消费潜力的中产阶级发展壮大，这些因素综合使之成为最具发展潜力的发展中国家，其经济增速相当突出。美国、日本、韩国和新加坡作为成熟市场经济国家，虽然在全球金融危机的冲击下遭受经济衰退，但是在这些国家凭借自身强大的技术优势带动经济增速逐渐回升。比如，金融危机以后美国政府推出"制造业振兴战略"推动制造业强势增长，制造业产值显著增加的同时竞争力也明显增强。美国在 2010—2013 年制造业的人均产值平均增幅为 3.9%，而全行业在同期内人均平均产值仅有 1.9% 的增幅（Bureau of Economic Analysis，2014）[1]，制造业增加值占 GDP 比重增加了 2.19%，而全球制造业增加值占 GDP 比重则下降了 1%（Levinson，2014）。[2] 排在这些国家之后的英国、德国、加拿大、澳大利亚、印度、土耳其和马来西亚的经济增长数量指数也相对较高，指数值均在 2 以上，表明这些国家经济增长数量的扩张也较为显著。排在最后的国家有意大利、墨西哥和南非，由于金融危机、国内政治、制度等多方面的影响，这些国家的经济出现萎缩，经济数量增长缓慢。

从经济增长质量指数的国际比较来看，排名前五位的依次是法国、意大利、美国、英国和日本，排名后五位的依次是越南、老挝、印度、中国和墨西哥。可以看出，经济增长质量较高的国家均为发达的工业化国家，虽然这些国家在现阶段经济增长速度普遍低于具有较大发展潜力的新兴经济体，但其在增长过程中所积累的矛盾经过漫长的工业化进程逐渐消解，整体社会、经济、制度发展水平较高。而经

① Bureau of Economic Analysis, "Revised Statistics of Gross Domestic Product by Industry: 1997through First Quarter 2014", November 13, 2013, http://www.bea.gov/newsreleases/industry/gdpindustry/2014/gdpind214.htm.

② Marc Levinson, "Job Creation in the Manufacturing Revival", *CRS Report for Congress*, R41898, June 20, 2012.

济增长质量较低的均为现阶段经济增速较快的新兴国家。对于中国、印度等新兴经济体来说，在科技进步、信息化、知识经济等先进技术影响下的压缩工业化虽然能显著缩短工业化进程、推动经济超高速增长，但同时短期内积累的矛盾也更加突出，表现为经济增长数量越高的国家其经济增长质量越差。从中国经济增长质量在横向比较中所处的位置来看，仅排在 22 个国家中的第 19 位，排在中国之后的国家仅有印度、老挝和越南，表明中国的经济增长质量与经济增长数量成绩形成强烈的反差。

为了进一步考察各个国家经济增长质量存在差异的原因，我们对各维度指数详细比较。经济效率维度指数排在前五位的依次是美国、新加坡、英国、澳大利亚和加拿大，排在后五位的依次是越南、老挝、印度、墨西哥和南非。经济效率主要考察要素使用效率，根据基础指标可知，排在前五位的国家平均劳动生产率为 53659.6PPP 美元，而排在后五位的国家平均劳动生产率仅为 11335.6PPP 美元，前者是后者的近 5 倍。以效率增强指数衡量的全要素生产率前者平均是 5.45，而后者仅为 4.16。中国的经济效率维度指数以 1.301 排在第 14 位，低于指数最高的美国 1.239。整体来看，除美国、英国等发达国家经济效率指数显著高于中国外，排在中国之前的发展中国家仅有土耳其、马来西亚和阿根廷。表明中国的经济效率表现相对较好，大部分发展中国家经济效率不如中国，如巴西、俄罗斯、印度等国家的经济效率指数均在 1.2 以下。

经济结构维度指数排在前五位的依次是意大利、法国、美国、英国和日本，排在后五位的依次是越南、中国、马来西亚、墨西哥和韩国。可以看出，经济结构维度指数的排名与经济增长质量综合评价指数的排名具有较高的相关性，这是由于经济结构指数在总指数中权重最大，很大程度上决定了整体经济增长质量排名。同时也表明，经济结构是决定一国经济增长质量的最关键因素。中国的经济结构维度指数以 1.139 排在第 21 位，在 22 个国家中仅高于越南。而排名第一的意大利经济结构维度指数达 3.736，排名前十位的国家经济结构指数均在 2 以上。中国的经济效率、经济运行和经济潜力维度指数排名最差的在第 14 位，而经济结构排名靠后使中国经济增长质量被拉低至第 19 位。韩国、马来西亚等国，其经济结构指数排名与其他的维度指数排名差距也较大，由于经济结构维度权重最大的是产业结构合理化指标，因而表明这些国家存在较严重的产业结构失衡问题，影响总体经济增长质量。

经济运行维度排在前五位的依次是意大利、法国、英国、日本和韩国，排在后五位的依次是越南、印度、俄罗斯、土耳其和巴西。值得注意的是，一些经济增长质量排名靠前的发达国家，如美国、德国等在经济运行维度的排名却相对落后，如德国的经济运行指数仅排在第 14 位，虽然该维度因权重最小而对经济增长质量的影响较小，但却反映出宏观经济运行不稳定已经构成发达国家经济增长质量的负面作用因素。发展中国家中马来西亚、中国等国的经济运行维度指数排名较其他维度指数排名较大幅度领先。中国的经济运行维度指数以 1.467 排在第 11 位，比经济增长质量指数排名领先 8 位，马来西亚的经济运行维度指数以 1.721 排在第 7 位，比经济增长质量指数排名领先 5 位，这两个国家经济结构维度指数仅分别排在第 21 位和第 20 位，表明其高速增长的同时，宏观经济波动被有效控制在较小范围内，经济运行稳定、经济风险较低。

经济潜力维度排名前五位的依次是美国、德国、韩国、新加坡和法国，排名后五位的依次是老挝、印度尼西亚、阿根廷、俄罗斯和印度。从基础指标可知，前五名国家的全球创新指数均达到 52 以上，R&D 强度均在 2% 以上，R&D 研究人员密度均在 4000 人/百万人以上。而排名靠后的国家创新能力均相对较低，如老挝、印度和印度尼西亚的 R&D 强度不足 1%，R&D 研究人员密度不足 330 人/百万人。虽然俄罗斯和阿根廷的 R&D 研究人员密度较高，但全球创新指数仅为 37 左右。中国的经济潜力指数以 1.501 排第 12 位，领先于经济增长质量指数排名 7 位。基础指标中，全球创新指数为 44.66，高于所比较的所有发展中国家，但低于发达国家平均值 55 的水平；R&D 强度为 1.2%，R&D 人员密度为 1089 人/百万人，虽高于发展中国家 1% 和 945 人/百万人的平均水平，但远远低于发达国家 2.42% 和

4483 人/百万人的平均水平。

从经济增长效益的国际比较来看，经济增长效益指数排名前五位的依次是德国、英国、法国、韩国和日本，排名后五位的依次是印度、中国、老挝、越南和印度尼西亚。可以看出，经济增长效益和经济增长质量的排名具有一致性，大多数国家经济增长质量和效益的排名相差不超过 4 位。其中，加拿大、澳大利亚、新加坡的经济增长效益和经济增长质量的排名完全一致。表明经济增长质量较高的发达工业化国家其经济增长效益也相对较高，而中国、印度、印度尼西亚等新兴经济体，在较低的经济增长质量影响下，经济系统外溢到社会、生态环境的负面作用也较大，导致其经济增长效益相对落后较低。中国经济增长效益的排名位于 22 个国家中第 21 位，比经济增长质量的排名还落后 2 位，表明相对于经济增长数量在横向比较中的良好表现，中国经济增长质量和经济增长效益水平远不尽如人意。

为了进一步考察各个国家经济增长效益存在差异的原因，我们对各维度指数详细比较。经济效益指数排在前五位的依次是新加坡、美国、法国、德国和英国，排在后五位的依次是印度、老挝、俄罗斯、巴西和越南。经济效益主要考察工业、农业及服务业的投入产出比，根据基础指标可知，排名前五位国家的农业和服务业经济效益大幅度领先，其农业工人人均增加值达到 60665 美元/人的平均水平，服务业人均增加值达到 94984 美元/人的平均水平。而排名后五位的国家人均农业增加值平均仅为 2700 美元/人，服务业人均增加值平均为 9392 美元/人。中国的经济效益指数以 1.140 排在第 12 位，领先于除土耳其以外所比较的所有发展中国家。研究发现，大多数国家的经济效益指数排名与总增长效益指数排名具有较高的相关性，表明经济效益是影响经济增长效益最关键的因素。然而，值得注意的是，中国的经济增长效益比经济效益排名落后 8 位，表明社会效益和生态效益指数排名落后显著降低了总体增长效益。

社会效益维度指数排在前五位的依次是德国、韩国、墨西哥、阿根廷和俄罗斯，排在后五位的依次是印度、老挝、中国、印度尼西亚和越南。该维度中权重较大的指标是 GDP 就业弹性、基尼系数及医疗卫生支出占 GDP 的百分比，排名靠前的国家共有的特征表现在基尼系数处于 0.35 以下的较低水平、GDP 增长与就业增长较同步，医疗卫生支出占比重基本达到 10% 以上。中国的社会效益指数以 1.362 排在第 20 位，不但落后于所比较的发达国家，也远不如大多数发展中国家。从基础指标来看，中国的基尼系数高达 0.47，仅低于所比较国家中的南非、巴西和阿根廷，而 GDP 就业弹性只有 0.05，低于所有比较的国家。表明中国经济高增长下的收入不平等、低就业拉动效应产生了巨大的社会负效益，造成社会效益显著低于经济效益的状况。值得注意的是，美国、法国、日本、意大利等国的社会效益维度指数排名相对落后于其他维度及总指数排名，表明其经济增长带来的社会方面的正效应相对较低，而韩国、俄罗斯、南非、阿根廷等国社会效益维度指数排名较大幅度领先于其他维度及总指数排名，表明其经济增长带来的社会发展方面成绩显著，经济增长的社会正效应较高。

生态效益维度指数排在前五位的依次是日本、英国、巴西、法国和德国，排在后五位的依次是南非、中国、阿根廷、土耳其和俄罗斯。该维度中万美元国内生产总值能耗、人均二氧化碳排放量及 PM10 指标权重较大。排名靠前的国家单位生产总值能耗均在 2 吨标准煤/万元以下，PM10 均在 30 微克/立方米以下，人均二氧化碳排放量在 10 公吨以下。而排名靠后的国家单位生产总值能耗及 PM10 指数均显著偏高，表明与这些国家在取得经济高速增长的正向经济效益的同时，也获得了相当大负向生态效益，经济成果背后付出的是隐性的生态环境代价。中国的生态效益指数以 0.852 排在第 21 位，与经济增长效益的排名相一致，表明生态效益不高是制约经济增长效益的重要负面影响因素。在基础指标中，中国的单位 GDP 能耗仅低于俄罗斯、老挝和云南，高于其他所有国家，而 PM10 则以 82.44 微克/立方米高于除印度之外所有国家，PM10 指数较高的南非、印度尼西亚、墨西哥等国也不到 50 微克/立方米，表明相比于经济增长数量，中国经济增长的生态效益在国际比较中处于相当差的水平。值得注意的是，与其他维度指数及总指数排名相比，巴西、老挝等国的生态效益指数排名领先 10 多位，表明这些国家在经济增长的同时并未带来生态环境的显著恶化，其采取的是一种生态环境友好的可持续发展方式。

二 各国经济增长数量、质量和效益耦合度测度及比较分析

为了进一步考察各国经济增长数量、质量和效益的耦合性，利用耦合测度模型对两两之间及三者之间的耦合度进行测算，得到的结果见图 6 - 9 至图 6 - 12。

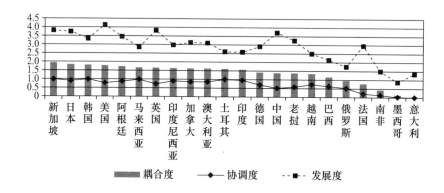

图 6 - 9　各国经济增长数量和质量的耦合度测算结果

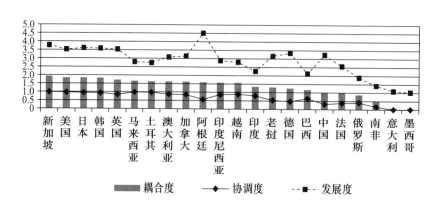

图 6 - 10　各国经济增长数量和效益的耦合度测算结果

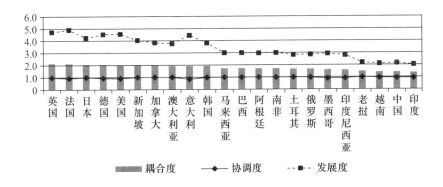

图 6-11 各国经济增长质量和效益的耦合度测算结果

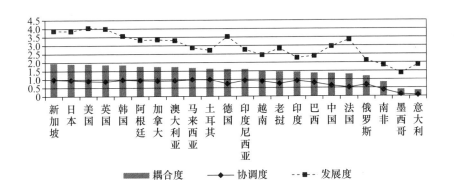

图 6-12 各国经济增长数量、质量和效益的耦合度测算

　　从经济增长数量和质量耦合关系的国际比较来看，耦合度排名前五位的分别是新加坡、日本、韩国、美国和阿根廷，耦合度排名后五位的分别是俄罗斯、法国、南非、墨西哥和意大利。排名靠前的国家在经济增长数量和质量较高的协调度和发展度的综合作用下耦合度也达到平均 1.82 的较高水平，如新加坡、日本、韩国、阿根廷的经济增长数量和质量协调度均在 0.9 以上，发展度均在 3.3 以上，美国虽然协调度略低，但发展度达到 3.8 以上。排名靠后的国家中除法国之外，其他国家的经济增长数量和质量的协调度和发展度均较低。法国的发展度指数达到 3，但协调度指数仅为 0.206，两者的共同作用使耦合度指数仅为 0.782。俄罗斯、南非等国的协调度均不超过 0.5，

发展度也在 1.8 以下，总体耦合度指数低于 1 而排在最后。中国经济增长数量和质量的耦合度指数以 1.387 排在第 14 位。具体来讲，中国经济增长数量和质量的协调度指数以 0.519 排在第 18 位，发展度以 3.709 排在第 5 位。可以看出，中国经济增长数量和质量的耦合度水平表现为较高发展度和较低协调度的综合结果。

从经济增长数量和效益耦合关系的国际比较来看，耦合度排名前五位的分别是新加坡、美国、日本、韩国和英国，排名后五位的分别是法国、俄罗斯、南非、意大利和墨西哥。可以看出，其与经济增长数量和质量耦合度的排名具有较高一致性，排名前五位和后五位的国家基本没变，只是内部排序稍有变动。排名靠前的国家经济增长数量和效益的协调度均在 0.93 以上（除英国略低为 0.84），发展度均在 3.5 以上，综合作用下耦合度也处于高于 1.7 的水平。排名靠后国家的协调度（不足 0.4）、发展度（不足 2.5）均较低，两者共同作用使耦合度指数均在 1 以下。中国经济增长数量和效益的耦合度指数以 1.018 排在第 17 位。其中，协调度指数以 0.320 排在第 19 位，发展度以 3.238 排在第 8 位。可以看出，中国经济增长数量和效益的协调度较经济增长数量和质量的协调度还要低，显著偏低的协调度使耦合度也被拉至较低水平。除中国之外，阿根廷、老挝、德国的增长数量和效益的协调度较发展度排名也显著落后。

从经济增长质量和效益耦合关系的国际比较来看，耦合度排名前五位的分别是英国、法国、日本、德国和美国，排名后五位的分别是印度尼西亚、老挝、越南、中国和印度。可以看出，所列的国家中除意大利的经济增长质量和效益的协调度略低（指数为 0.842）之外，其他国家的协调度指数均在 0.9 以上，平均值达到 0.965。表明各国的经济增长质量和效益具有相当高的一致性。在协调度均处于较高水平条件下，两者的耦合度主要由发展度决定。排名前五位国家的发展度均在 4.2 以上，平均值达 4.588，耦合度平均值为 2.08。排名后五位国家的发展度均在 2.2 以下，平均值仅为 2.116，耦合度则仅为 1.42。中国经济增长质量和效益的耦合度指数以 1.413 排在第 21 位，发展度指数以 2.148 排在第 20 位。中国经济增长质量和效益的发展度不仅显著低于发达国家，与发展中国家相比也显得较差，其严重制约了两者的耦合度。

从经济增长数量、质量和效益三者耦合关系的国际比较来看，耦合度排名前五位的分别是新加坡、日本、美国、英国和韩国，排名后五位的分别是法国、俄罗斯、南非、墨西哥和意大利，中国在这些国家中排名倒数第六位。从具体数值来看，排名前五位的国家在经济增长数量、质量和效益的协调度、发展度及耦合度上均处于较高水平，其中协调度指数均在 0.9 以上，平均为 0.94，发展度指数均在 3.5 以上，平均为 3.87，耦合度指数的平均值达 1.91。而排名后五位的国家三者的协调度、发展度及耦合度水平均较低，其协调度指数平均值仅为 0.35，发展度指数平均值为 2.11，两者综合作用下耦合度指数平均值仅为 0.82，不足排名前五位国家平均值的 1/2。从中国的数据来看，经济增长数量、质量和效益的综合发展度以 2.95 的水平排在所比较国家的第 8 位，但协调度仅为 0.63，协调度较低导致三者的耦合水平也较差，耦合度指数仅为 1.36。作为与中国同处于加速发展的印度尼西亚、越南、印度等国，虽然这些国家经济增长的发展度不及中国，但是其增长数量、质量和效益的协调性较中国更好，平均在 0.9 左右，这些国家的三者耦合度均高于中国而排在中间的位置。

以上分析表明，从国际比较视角来看，中国相比于其他国家存在显著的经济增长数量和质量、效益耦合较差的状况。中国经济增长数量指数排在第 1 位，而经济增长质量和效益分别排在第 19 位和第 21 位。具体来讲，经济结构是制约经济增长质量的显著负面因素，而社会效益和生态效益均对经济增长效益具有显著负面作用。从三者的耦合关系来看，经济增长数量和经济增长质量、效益之间具有较低的协调度，经济增长数量相对较高整体上提高了其发展度，这两方面的共同作用使中国经济增长数量和质量、经济增长数量和效益的耦合度在国际比较中处于中等偏下的位置。经济增长质量和效益的协调度较高，但是其发展度显著偏低，综合作用下的耦合度也处于非常低的水平，在国际排名中仅位于印度之上。

三 经济增长数量、质量和效益耦合的国际比较对中国的启示

为了对中国经济增长数量、质量和效益的耦合状态进行客观公正的评价，我们选取了包括中国在内的 22 个不同发展程度的国家进行综合评价和比较，通过与其他国家的横向对比来判断中国的经济增长数量、质量及效益的水平，根据中国与这些不同特征的国家的比较我们得到以下几个方面的启示：

首先，经济增长质量和效益水平的提高是经济长期演进的结果。从经济增长质量和效益水平的横向比较发现，指数较高的国家均为发达工业化国家，而指数较低的则绝大部分为发展中国家。总体上看，现阶段发达国家的经济增长速度虽然不及发展中国家，但其增长质量和效益水平普遍较高。据此我们可以推断，发达工业化国家所具有的较高水平的增长质量和效益是经济增长进程中长期积累的结果。虽然发展中国家经济数量增长明显快于发达国家，但这些国家的增长质量和效益却显著偏低，表明经济增长数量在短期内能够迅速扩大而实现总量规模的赶超，但经济增长质量和效益的提高却是长期缓慢的过程，在短期内无法实现跨越。发达国家经过长期的经济演化，经济系统内部已经形成经济增长数量、质量和效益协同耦合发展的自组织机制，即小幅度的经济数量增长也能产生外溢效应而使经济增长质量和效益也相应改善。而发展中国家经济系统内部尚未形成经济增长数量、质量和效益协同耦合发展的自组织机制，经济数量增长与经济增长质量和效益的提高并不具有协调性，三者甚至出现背离的趋势，单纯的经济数量增长难以在短期内带动整体经济增长质量和效益的提高。

其次，经济增长数量、质量和效益耦合程度高低与经济发展阶段具有较高的相关性。从经济增长数量、质量和效益的耦合来看，发达国家三者的协调耦合程度普遍较高，而发展中国家则相对较低，尤其是现阶段经济增长速度较快的新兴经济体，其经济增长数量和质量、效益之间的不协调性更加突出。据此我们可以推断，经济增长数量、质量和效益的耦合状态是随着经济发展阶段而不断变化的，在经济增长的初级阶段，单纯的高速经济增长是经济系统的显著特征，而增长

质量和效益往往处在起始的较低水平且提升缓慢或因被忽视而发展滞后，这两方面的因素导致增长数量与增长质量和效益发生背离，经济增长数量、质量和效益之间耦合性较差是多数发展中国家普遍存在的现象。随着经济向高级阶段发展，经济超高速增长的状态逐渐减弱致使经济数量增长趋缓，经济增长逐渐回归追求质量和效益的本质，三者之间的耦合关系逐渐加强。因此，对各国经济增长的比较可知，经济增长数量、质量和效益之间耦合性较低是特定经济发展阶段所具有的普遍规律，只是不同发展中国家的严重程度不同，在不同的经济发展时期，经济增长数量、质量和效益之间的耦合状态存在一定的客观性。

最后，经济增长数量、质量和效益的耦合度提升既不是特定阶段下绝对不可改变的，也不是必然会随着经济增长而自发实现的，其可以通过采取相应的措施引导而改善。虽然整体上发展中国家经济增长数量、质量和效益的协调耦合程度不及发达工业化国家，但其中也不乏一些国家在增长质量和效益方面具有值得关注的成就。例如，作为与中国经济转型形成鲜明对比的俄罗斯，其经济增长效益方面的成绩远远好于中国，其社会效益指数排名处于所比较国家中的第五位，而中国仅位于22个国家中的第20位，虽然其经济增长数量不及中国，但在此基础上却实现了社会效益方面的超越。由此表明，虽然经济增长数量是经济增长质量和效益提高的前提条件，但不会因为经济数量增长缓慢就必然导致经济增长质量和效益的提高受阻，并且，三者之间的协同耦合并不必然会在经济系统内部自发实现，而是需要系统外部因素的作用。通过外部力量的引导，可以在有限的经济数量增长的同时，形成提高经济增长质量和效益的正向作用，进而推动经济增长步入经济增长数量、质量和效益协同演进的轨道。

总体上，经济增长数量、质量和效益之间的耦合状态是客观的经济发展阶段和水平，以及主观的经济增长方式共同作用的结果。实现经济增长数量、质量和效益的耦合统一并不是一蹴而就的，而是需要在长期的经济演化发展中形成经济系统内部的良性循环。矫正经济增长数量、质量和效益之间耦合较差的状况既需要认清现阶段所处的经济发展历史时期，避免超越现实客观条件而采取的不切实际的做法，也需要从主观角度寻找影响三者耦合的制约因素，积极采取相应措施规避其负面影响作用，进而促进三者协同耦合发展的实现。

第七章　实现中国经济增长数量、质量和效益耦合的机制

　　前面的研究结果显示，中国经济增长数量、质量和效益的协同耦合性具有显著的阶段性时变特征，在不同时期制约经济增长数量、质量和效益相耦合的主导因素不同，三者的耦合状态总体表现为各层次多维因素的非线性叠加的结果，前期阶段对三者耦合具有正向促进作用的因素在后一期可能成为显著的制约因素。因此，在中国经济进入新常态时期，必须首先明确限制经济增长数量、质量和效益耦合的影响因素的新变化，在此基础上才能进一步分析三者协同耦合发展的实现机制。

第一节　中国经济增长数量、质量和效益耦合制约因素的新变化

一　制度的扭曲性固化

　　改革开放之初，我国继承的经济制度是新中国成立以来所实施的计划经济体制，其主要特征是生产资料公有制、指令性计划指导和以按劳分配为主，与此相伴的是城乡二元制度。1978—1984年，我国开始向市场经济体制转变改革，农村实施家庭联产承包责任制，城市的国有企业改革也逐渐展开，但这一过渡时期仍然是以计划经济为主、市场调节为辅。1992年以后，计划经济体制改革全面推进，社会主义市场经济体制进一步确立，市场在国家宏观调控下开始对资源配置起基础性作用，改革重心从农村完全转移至城市，城市的经济体制改革

全面展开并向纵深发展。经过 30 多年的经济改革和制度变迁，我国的经济体制发生重大变化。具体表现为公有制经济比重大幅度降低，而非公有制经济发展迅速，市场在绝大多数商品的价格调节中起基础性作用。并且，城乡二元制度改革也取得了一定的进展，农民的选择空间和福利水平显著扩大。

然而，我国从计划经济体制向市场经济体制转型的制度变迁仍未完成，新阶段的制度框架既不是计划经济体制，也不是成熟完善的市场经济体制，而是"过渡型扭曲体制"（李佐军，2014）。[①] 为了减小由计划经济体制向市场经济体制变迁的阻力，以双轨制为特征的经济体制运行方式在过渡期发挥了重要作用，但这也造成经济体制逐渐固化为市场与计划相互交叠的扭曲型体制。具体表现为：特权或权贵主义很普遍、很多竞争性行业的垄断很强大、影响市场公正性的优惠政策广泛盛行，而城乡户籍、土地、福利制度不统一的城乡分割严重，教育、医疗、宗教等公共品过度市场化，电力、水、石油、天然气等主要能源资源价格被人为压低。这种过渡体制虽然具有很强的资源动员和整合能力，但建立在要素价格扭曲基础上实现的资源低成本大规模使用仅仅具有显著的短期经济刺激效应，而从长远来看，会产生不平衡、不协调、不可持续等一系列问题，过渡型扭曲体制也是制约我国经济增长质量和效益提高的根本原因。

二　要素成本全面上升

要素条件的变化表现为要素禀赋结构发生转变，其根本原因在于要素成本的变化。首先，从劳动力要素来看，曾经作为比较优势的基础廉价劳动力推动了我国劳动密集型产业的发展，但目前劳动力成本出现上升趋势，人口老龄化加速，人口红利不断下降，劳动力比较优势在周边国家的低廉劳动力成本冲击下逐渐丧失。国家统计局统计公报数据显示，我国 60 岁以上人口在 2013 年末已达到 2.02 亿，占全国总人口的比重为 14.9%，其中 65 岁以上人口占总人口比重达9.7%。其次，从资源、能源要素来看，我国加工制造业迅速发展引

---

① 李佐军：《第三次大转型：中国经济拐点下的战略选择》，中信出版社 2014 年版。

发的需求增加推动了原材料和能源的成本上涨，大宗商品的价格在高位震荡。根据统计数据显示，在 2001—2010 年（除 2002 年、2009 年外）原材料购进价格指数每年增加，其中黑色金属和有色金属的增幅尤为明显，平均增幅分别达到 20% 和 25% 左右。2011 年，我国进口的谷物价格平均上涨 43.9%，铁矿石进口也达到 160—166 美元/吨的历史最高价格，而国际油价相比于 2004 年的水平也上涨了 4 倍。除此之外，2011 年以来全国煤炭价格也处于高位波动，电力、天然气的价格均逐渐上升。能源和原材料价格的居高不下，推高了我国经济的运行成本（全毅，2012）。[①] 最后，从技术要素来看，过去通过后发优势引进国外先进技术显著缩短了我国实现工业化所需的时间，然而随着向国际前沿技术的不断接近，技术模仿的空间越来越小，而知识产权保护的加强致使技术创新的成本越来越升高。一方面，国外技术先进国家对知识产权的保护增强显著增加了我国通过技术引进模仿创新的成本；另一方面，为了推进自主创新我国也逐渐开始加强知识产权保护，企业自主创新投入、申请和购买专利，知识产权保护和购买的总费用成本都明显提高。

　　除生产要素的成本上升之外，我国节能减排的成本也显著上升。占世界总人口 19.2% 的中国在 2012 年 GDP 总量占世界总量的 11.4%，然而一次性能源消耗总量却占世界的 21.9%。作为制造业大国，我国有 220 多种产品的产量居世界第一，2010 年我国制造业占全球制造业总产值份额达 19.8%，超过占比为 19.4% 的美国，成为全球第一大制造国。但是，按照微笑曲线，我国多数制造企业处于加工、组装等低附加值、低利润率的产业价值链低端位置，产业结构以高耗能、高污染、低技术密集度的传统产业为主。学者对我国能源效率的研究显示，2011 年我国能耗强度是美国的 3 倍、日本的 5 倍，电力、钢铁、有色金属等 8 个行业单位产品平均能耗比世界先进水平高出近 50%，我国在承受着大量的资源消耗、环境污染成本的同时却仅

　　[①]　全毅：《国际经济环境的演变趋势与我国经济转型》，《世界经济与政治论坛》2012年第 4 期。

能获得微薄的经济利润。在能源低效利用导致的节能成本增加的同时，环境保护的成本也显著上升，2010 年我国环境污染治理投资达 6654.2 亿元，比上年增加 47%，占 GDP 的 1.67%，其中城市环境基础设施建设投资与建设项目"三同时"环保投资分别增长 68.2% 和 47.0%。

三 技术创新的机遇和障碍并存

在改革开放以后，由于中国与发达国家存在显著的技术差距，因而以后发优势广泛地从先进国家引进技术、设备和外资，显著提高了我国的技术创新水平并缩小与先进国家的差距。有关研究数据显示，1979—2009 年，我国技术进步的平均增长幅度为 3.3%，技术进步对经济增长的贡献率达 37.18%；进入 20 世纪 90 年代以来，这一数据一直维持在 35% 左右。然而，经过 30 多年的经济发展，中国的技术水平已经发生显著变化，并且全球新的技术革命正在展开，这一系列的背景变化导致影响中国经济增长数量、质量和效益耦合的技术因素出现新的特征。首先，新的技术革命浪潮成为机遇。目前全球正在经历新的技术革命展开期，以云计算、大数据、物联网、移动互联网、虚拟现实为标志的技术突破在全球范围迅速兴起，而这些新的信息技术应用模式的改变为中国经济增长模式转变提供了难得的机遇。

其次，技术引进的外溢效应减弱。一方面，我国在一般技术层面已经接近国际技术前沿，进一步模仿的空间缩小；另一方面，在核心技术层面先进国家的知识产权保护越来越强，而我国的自主研发能力受到人力资本和体制条件的制约在短期内难以大幅提升。这两方面导致现阶段我国的技术创新陷入无法继续模仿而自主创新尚未确立的"瓶颈"期。2014 年中国社科院发布的《经济蓝皮书》指出，中国工业的高端环节大量依赖进口，如 2012 年我国生产的手机、计算机、彩电等电子产品中，核心芯片的 80%、液晶面板的 70% 依赖于进口（对信息安全至关重要的路由器、基础软件等更是如此）。轿车的年产量突破 1000 万辆，但核心技术不足导致发动机、液压、传动和控制技术等关键零部件全部依靠进口。即使是先进的高铁技术中，轴承、轮毂、轴等关键零部件仍然依靠进口。

第二节　中国经济增长数量、质量和效益
相耦合的目标模式

　　前面的分析表明，制约中国经济增长数量、质量和效益耦合度提升的因素在于以下几个方面：第一，在制度层面，传统的赶超型经济发展战略使追求数量型经济增长的扭曲体制被固化，而创新缺乏导致经济发展方式在路径依赖作用下沿着传统体制模式继续前进。并且，市场体制和机制的不完善导致社会福利分配不均、生态环境成本过高。第二，在要素层面，高质量的人力资本要素积累不足，经济增长依赖能源、资源等自然要素的大量供给，要素生产效率不高。第三，在技术层面，拥有自主知识产权的内生性技术要素供给不足，而外生性技术引进和模仿成为产业发展中主要的技术创新方式，经济结构被限制在低端化和非均衡性的低效率配置下。

　　这些基本的因素映射在经济增长数量、质量和效益的各个层面表现为，经济增长数量单纯呈指数增长，经济效率维度增长缓慢、经济结构维度失衡成为制约经济增长质量的"软肋"，社会效益、生态效益维度与经济效益维度的增长趋势相悖也限制了经济增长效益。基于此，经济增长数量、质量和效益相耦合的机制应该重点体现在对经济增长质量的效率和结构维度、经济增长效益的社会和生态效益维度的提升。具体来讲，在提高经济增长质量方面，应完善创新驱动机制、人力资本积累机制及结构转化机制，在提高经济增长效益方面，应完善福利分配机制及人与自然协调发展机制。分析表明，经济步入新常态阶段，经济增长数量、质量和效益相耦合的目标模式应为建立在创新的基础上，以创新带动要素禀赋结构升级、经济结构优化、社会福利分配平衡、人与自然协调发展等内容，从而实现整体经济增长数量、质量和效益的协同一致性。具体的转化机制如图 7-1 所示。

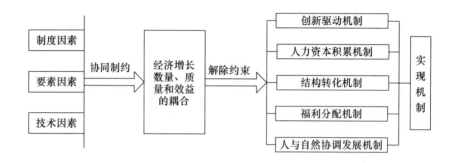

图 7-1　中国经济增长数量、质量和效益耦合的转化机制

第三节　中国经济增长数量、质量和效益耦合的实现机制

经济增长数量、质量和效益耦合效应的提升，取决于将制约经济增长数量、质量和效益协同的因素转化为促进因素，而这些因素的转化需要构建相应的机制来实现。本节从创新驱动机制、人力资本积累机制、结构转化机制、福利分配机制、人与自然协调发展机制的角度阐释经济增长数量、质量和效益相耦合的实现机制。

一　创新驱动机制

熊彼特（2006）[1] 最早将"创新"定义为建立一种新的生产函数，实践中就是将新的生产要素和生产条件组合引进生产体系中形成新的生产能力，最终获得潜在利润。创新的五种基本形式为产品创新、工艺创新、市场创新、资源配置创新及组织创新。随着创新理论的发展，《英国创新驱动型经济报告》首次对创新驱动经济进行了界定：创新驱动经济是那些从个人的创造力、技能和天分中获取发展动力的企业以及那些通过知识产权的开发可创造潜在财富和就业机会的

---

[1] ［美］熊彼特：《经济发展理论》，邹建平译，中国画报出版社 2012 年版，第 68—73 页。

活动。根据这些具体内容，可将创新驱动总结为以制度、科技、产业、知识等多维创新形成的经济增长动力结构体系。

创新驱动对于实现经济增长数量、质量和效益耦合的作用机制在于：第一，制度创新作为使制度规则体系更有效率的制度调整与变迁，能够从本质上改变传统增长模式中以增长数量为目标的激励结构，通过经济增长、福利分配均等化、生态环境保护等多重发展目标的设定，对经济主体形成新的激励和约束结构，引导其转向具有更高效率、更低社会生态成本的经济增长方式。第二，科技创新作为创新驱动的内核，是突破传统生产要素对经济社会发展的桎梏，革新我国依靠传统生产要素驱动经济增长固化模式的根本条件。首先，科技创新通过科学、技术、信息、知识、人力资本等智力资源的使用改变了资源利用形式和资源配置效率，在提高传统资源利用效率的同时拓展了新型资源的利用范围，从而解决了要素不可持续供给的难题，在此基础上减少对不可再生资源的滥用和浪费，改变传统工业化模式造成的生态环境代价过高。其次，科技创新引致的技术革新、工艺再造、产品创新催生新行业和新部门的出现，对新兴产业的需求扩张缓解了传统产业需求不足引发的产能过剩危机，从而增强了国民经济抵御风险的能力，在一定程度上能够平滑经济波动，实现经济平稳持续增长。最后，科技创新带动的自主创新能力提升能够突破发达国家对我国的技术封锁，改变我国长期依赖国外核心技术的现状，实现在日益激烈的全球竞争中把握经济发展的主动权，占领国际产业分工的制高点。第三，产业创新作为创新驱动的最终形态，是提高经济增长质量和效益重要方面。首先，科技领域的重大突破和创新，催生一批批新兴产业的孕育和成长，并且以其特有的生命力成为新的经济增长点，成为经济增长的新引擎，推动经济结构的重大调整和社会经济发展模式转变。其次，产业创新创造的新商机与新机遇为经济增长提供了新的红利空间和利润维度，以扩大社会财富总量的方式提高了经济增长的福利水平，产业创新通过要素的转移实现了资源配置的帕累托改进，增强了经济增长的潜力。

从中国的经济增长实践来看，在制度方面，改革带来的制度创新收益逐渐递减，现有制度框架下形成的激励和约束机制更多地体现为对现存体制的路径依赖以及对既得利益集团的利益维护，在实现经济增长质量和效益的提高过程中必然会发生利益分配格局的深刻变革，需要新的制度环境提供保障，但目前的制度条件并不完善。在技术创新方面，以最核心的 R&D 投入来看，我国全社会 R&D 经费投入迅猛增长，研发强度不断加大，有效地支撑了经济社会的持续发展。根据《中国科技统计年鉴》数据，2013 年我国全社会 R&D 总经费为 11906 亿元，全社会研发投入强度为 2.09%。然而，我国整体研发强度仍然较低，从规模以上企业分行业来看，39 个行业中仅有 8 个行业的研发强度超过了 1%。并且，研发资源的地区分布十分不均衡，东、中、西和东北四大地区的 R&D 经费内部支出所占比重分别为 67.01%、14.67%、12.04% 和 6.28%。按照国际水平比较，2012 年我国的基础研究投入强度不足 1‰，然而创新能力较强的发达和新兴工业化国家普遍高于 4‰，即使创新能力较弱的发展中国家也普遍高于 2‰。在产业创新方面，我国重大装备制造业中，70% 的数控机床、76% 的石油化工装备、80% 以上的集成电路芯片制造装备、100% 的光纤制造装备为国外产品所占领。在通信、半导体、生物、医药和计算机等行业，60%—90% 的专利授权数由外国公司获得。而具有战略意义的航空设备、精密仪器、医疗设备、工程机械等高技术产品则 80% 以上依赖进口（张宇，2008）。[①] 根据《中国产业地图 2010—2011》数据显示，我国每个已开放产业的前 5 名企业都由外资公司控制，我国 28 个主要产业中有 21 个由外资拥有多数的控制权。

以上的分析表明，实现中国经济增长数量、质量和效益的耦合，必须提高经济增长的创新能力，实施创新驱动的具体内容包括：第一，继续推动制度创新，改善制度环境。制度的功能在于提供激励和约束机制，制度创新的目的就是通过制度体系的重构为创新型经济提供激励导向，具体包括政府职能转变、完善市场机制、创新体制改革、法律法规建设等多个方面。第二，加强以自主创新为核心的技术

[①] 张宇：《中国模式》，中国经济出版社 2008 年版，第 476 页。

创新。一方面，要培育创新型企业，建立创新驱动主体。从世界经济发展趋势看，具有强大创新能力的企业在推动科学研究、产业变革及国际竞争中具有重要作用，培育创新型企业，就是围绕产业转型升级、战略性新兴产业培育等目标，建立以市场需求为导向，具有自主研发、产品设计、生产营销等系统性技术创新体系的微观生产主体。另一方面，要促进产业创新，构建现代产业体系。产业创新的本质是产业结构的优化升级，目的是实现产业层次和能力上的突破。具体来讲，就是在把握世界新科技发展大趋势和全球产业竞争格局变化最新动向的基础上，结合本国不断发展变化的要素禀赋结构及实际需求，进行科技和创新布局，发展具有国际竞争力的新兴产业，构建先进、绿色、环保、高科技的现代产业体系，推动产业结构的全面优化升级。

二　人力资本积累机制

人力资本对经济总量增长的作用在新古典经济增长理论以及内生经济增长理论中都受到强调。新增长理论认为，人力资本积累和研究开发的作用体现在两个方面：一是扩张生产可能性边界；二是避免资本的规模报酬递减，实现经济的长期持续增长。人力资本的基本属性在于，其与物质资本之间存在互补性。卢卡斯（1988）认为，除非人力资本与物质资本平行增长，否则单纯的实物资本积累必将面临回报率大幅下降。并且，只有通过教育获得的技能和知识与实物资本恰当地结合，才能对生产率增长起到显著正向贡献。表明如果没有人力资本投资与物质资本之间相匹配，则任何一方的作用都将难以充分发挥，呈现出显著的边际收益递减效应。[1] 速水佑次郎（1995）指出，人力资本积累在有效引进前沿技术的社会能力方面具有门槛效应，只有通过教育投资所积累的人力资本达到门槛，才能在实物资本投资中赢利，在引进世界前沿技术中获益。[2] 因此，人力资本投资在短期内

---

[1]　Robert E. Lucas Jr. , "On the Mechanics of Economic Development", *Journal of Monetary Economics*, Vol. 22, Issue 1, July 1988, pp. 3 –42.

[2]　速水佑次郎：《发展经济学：从贫困到富裕》，社会科学文献出版社 2009 年版，第 58—84 页。

投资回报率可能很低，在增长过程中必须做好长期准备，承担相对沉重的教育投资负担，直到人力资本和物质资本存量达到适宜快速经济赶超的较高水平。

由此可见，人力资本积累是实现经济增长数量、质量和效益相耦合的要素支撑。第一，人力资本积累能够改善劳动力要素的供给质量。劳动力要素质量改善一方面提高了劳动生产率；另一方面使资本和人力资本的相对富裕程度发生变化，为经济增长过程中减少资本投入、改变资本驱动经济增长的方式提供了要素条件，这两方面都能够显著提高经济增长质量和经济增长效益。第二，人力资本积累是技术创新的重要来源。如果人力资本结构与产业结构转化不匹配，将导致物质资本得不到充分运用、先进技术不能有效实施，并且造成失业增加、经济波动和收入差距扩大（靳卫东，2010）。[①] 人力资本不仅能够促进传统产业的改造升级，也会促进新兴产业的产生和发展。第三，人力资本积累改善了普通劳动者获得就业的能力，促进其参与经济增长进程，进而获得福利分配的改善。人力资本要素使用效率的提高是改善资本和劳动要素收入份额的重要途径，在此基础上实现收入分配的均等化并提高增长的社会效益。正如舒尔茨（1961）曾经指出："改善穷人福利的决定性生产要素不是空间、能源和耕地，而是人口质量的改善和知识增进。"

从我国的经济增长实践来看，我国劳动者的整体技能水平仍然偏低，高技能人才仍然缺乏是制约经济增长数量、质量和效益之间相协同的重要因素。虽然改革开放以后尤其是 90 年代中后期的教育产业化式扩张培养了大量学历型人才，显著增加了我国居民的受教育机会及全社会的人力资本水平，但人力资本供给与市场需求结构存在错位。我国教育体系的普及化和精英化致使学历型人才在市场中供大于求，而专业技能型人才存在结构性短缺。我国技术人员的统计数据显示，目前中国 1.4 亿职工中高级技工和中级技工职称的技术工人比重

---

① 靳卫东：《人力资本与产业结构转化的动态匹配效应：就业、增长和收入分配问题的评述》，《经济评论》2010 年第 6 期。

分别为 3.5% 和 35%，而发达国家中高级职工比例高达 40% 以上。并且，我国三次产业中不同层次的人力资本分布存差异较大，其中，第三产业集中了约 70% 的高级人力资本，且该比重呈上升趋势；第二产业尤其是重工业中的比重约为 20%；而高级人力资本在第一产业的配置比例极低。中国人力资源市场信息监测中心数据显示，技能劳动者和专业技术人员的岗位需求和求职人数比率在 2003 年以后一直保持在 1.5∶1 以上，而 2010—2012 年的比率超过了 2∶1。中高端人才的过度教育和人力资本投入的短期浪费是我国人力资本要素的典型特征，教育培养体系与产业结构的不匹配严重制约了我国产业结构转型升级，拉低了经济增长的质量和效益。

分析表明，经济旧常态下经济增长数量、质量和效益不协调的一个重要制约因素在于我们仅仅注重劳动力的数量增长，过分依赖对低廉劳动力人口红利的依赖。要实现中国经济增长数量、质量和效益的协同耦合，重点要关注人力资本的积累，将发挥人口数量优势转变为发挥人力资本优势。人力资本积累途径主要有两个，即体力投资和智力投资。体力投资是对营养和健康的投资，智力投资即为广义的教育，智力投资为产业机构升级和技术创新提供了智力支持。人力资本的积累机制既包括社会积累的宏观层次，也包括个体积累的微观层次（刘强、黄蓓，1998）。[①] 在宏观的社会积累层面：一是通过市场机制的优化配置，带动人力资源的开发利用；二是构建人力资本投资与回报的应接机制，使整个社会对人力资本积累提供良好的激励，进而提高社会积累效果；三是通过增加教育和培训投资、普及职业教育，改变劳动力市场的供需结构，使不适应市场职业的劳动者成为满足市场需要的劳动者。在微观的个体积累层面：一是通过微观企业的激励机制提高人力资本的投资回报率，促进个人主动对人力资本进行投资；二是依靠内容完备的契约制度保证人力资本的效用发挥；三是劳动者利用教育和职业培训提高自身的知识水平和工作能力，实现与产业结构及技术结构的相匹配。

[①] 刘强、黄蓓：《论人力资本积累机制及其政策选择》，《经济问题》1998 年第 3 期。

三 结构转化机制

在理想的经济条件下，经济系统内部各产业部门具有相同的生产效率，在此条件下，经济增长只能通过简单的扩大要素投入的增长方式，或进一步的技术进步带动要素使用效率提高的方式来实现。然而现实经济中，经济系统内部各个产业部门之间存在生产效率差异，这构成结构效应产生的基本势能。结构转化的本质是资源流动基础上要素的重新配置，在此过程中，即使没有要素投入增加或技术进步作用，也会由于资源配置效率的提高而优化经济增长质量和经济增长效益：第一，结构转化能够改变要素的需求结构，结构的转化升级必然引起生产要素的需求变化，通过结构的优化减少对能源资源等有限要素的利用和污染排放，改善经济增长的生态效益；第二，结构转化能够改善要素配置效率，在相同的要素投入下通过结构转化带来要素配置方式变动产生效率提高，并进一步提高整体经济增长效率；第三，结构转化能够改变经济的运行机制，合理的经济结构能够通过各层次、各维度的关联效应、反馈效应和组织效应产生经济系统运行的自我维持稳定机制，进而实现经济增长的稳定性提高。

第六章的实证分析结果也表明，经济结构维度对经济增长质量的贡献是负向的，进而制约了经济增长质量和数量的耦合。从我国的经济增长实践来看，1978 年改革开放以前，我国实行的是计划经济体制下以重工业优先发展的经济赶超战略和高积累、低消费的经济发展模式。1978 年以后，虽然计划经济体制逐渐被市场经济体制所取代，但是以重工业为主导的产业结构及高投资积累的需求结构在路径依赖作用下仍然继续保留。在此条件下，生产要素的分配大幅度地向资本倾斜，劳动和资本所得与其贡献不相匹配。而以牺牲农业为工业发展提供原始资金积累的机制使农业在工业化进程中承担着沉重的积累负担并失去自身从传统农业向现代农业转变的机会，农村剩余劳动力转移受限，农村居民家庭收入低下且农村社会保障体系发展缓慢，城乡二元经济结构特征突出。在需求结构方面，居民消费需求的增长赶不上长期高投资率形成的生产能力，投资需求的超常增长导致经济偏离均衡增长路径，在一定程度上出现了消费需求不足、产能过剩的情况。

基于以上分析，实现经济增长数量、质量和效益相耦合的结构转化机制的具体内容包括以下方面：第一，产业结构从非均衡向均衡转化。要将以制造业为主导的产业结构转化为以现代服务业特别是生产性服务业、战略性新兴产业以及高新技术产业为主导的产业结构；提高绿色、低碳、环保产业及新能源、新材料产业的比重，构建资源节约型、环境友好型产业结构；着力发展具有竞争力的战略性新兴产业，形成具有自主创新能力的现代产业体系；振兴现代装备制造业，发展高端制造业和劳动技术密集型产业，实现对现有工业的改造和升级。第二，需求结构从投资和出口拉动向消费拉动转化。提高消费需求特别是提高农村居民消费需求，适当控制并优化投资需求和优化净出口需求。第三，收入分配结构从重资本向重劳动力转化。第四，城乡结构从二元向一元转化。切实解决"三农"问题和农民工问题，合理提高城镇化率以实现农民工市民化；加强城镇规划和建设，提高城镇管理水平，通过新型城镇化来改善资源在部门之间、地区之间的配置效率，实现城镇化与经济发展的协调适应性；在农村普及城市的生产和生活方式以及物质文明和精神文明，缩小城乡发展差距。第五，区域结构从非协调向协调转化。在继续发挥东部地区优势作用的基础上，加大对中西部地区的政策倾斜，实现西部开发、中部崛起、老工业基地振兴的区域经济统筹协调发展，使革命老区、民族地区、边远地区与全国发展步伐相一致。

四　福利分配机制

经济增长的最终目的是使所有社会成员能够相对平等地获得福利水平的提高，实现经济增长成果在全社会范围内的均等分配，在经济增长过程中弱势群体也能够分享到经济增长的利益。因此，改善福利分配是促进实现经济增长数量、质量和效益耦合统一的重要方面：首先，福利分配的均等化本身就体现了经济增长的公平性目标的实现，改善社会福利公平性本质上是提高经济地位低下的群体在全社会的相对经济地位的过程，因此，收入分配的均等化能够减少社会矛盾的积累，提高经济增长的社会效益。其次，收入分配公平程度的提高，能够使低收入群体获取更多的财富和资产，进行教育投资和人力资本积累，进而增加低收入群体的就业机会并提高未来获得收益的能力，最终提高整个社会经济的生产能力，增加经济产出。

然而从实践角度来看，改革开放以来与取得巨大经济成果相伴的，却是贫富差距日益拉大、利益矛盾日益突出，以矫正社会分配不公、保证发展成果共享为核心的社会利益格局调整成为新常态时期备受关注的问题。改革开放以前我国施行的是公有制下的计划经济，居民收入渠道单一，城镇居民的收入来源基本只有从国有企业、机关和事业单位等获得的劳动收入。而随着改革开放，一方面国有企业实现了以利改税、建立现代企业制度的放权让利式改革，另一方面大量个体、私营、三资等非国有企业迅速扩张并充分发展，所有制结构发生的多元化变革使人们收入渠道多样化，工资外收入增长较快，加之国家提出以一部分人先富起来的效率优先为指导思想的宏观发展战略，两者相结合共同导致我国收入分配差距不断扩大。1978—1984 年城乡基尼系数变化很小，1985—1989 年基尼系数从 0.16 上升至 0.23，到 20 世纪 90 年代中期以后，尤其是进入 21 世纪以来，收入分配差距显著扩大，城乡基尼系数上升至 0.35，而总体基尼系数突破 0.45。

通过经济系统的自然增长并不能自动形成公平、合理的福利分配，由于市场经济本质上是以效率为导向的，资源的配置和经济增长成果的分配都是以效率为标准实施的，因此，在市场机制作用下社会福利分配往往体现出结果的非公平性。在市场机制发育不完善的经济转型国家，福利分配机制更是存在诸多缺陷，不但在政府干预的作用下导致市场效率难以最大限度地发挥，而且在扭曲的增长目标下福利分配差距更加严重，存在效率与福利标准均难以实现的状况。在初次分配领域，企业之间、地区之间、垄断行业与竞争性行业之间存在巨大的收入分配差距，而在再分配领域，公共支出更偏向于富裕群体。从市场机制角度看，市场经济主要通过市场竞争并按个人资源禀赋及要素贡献率来决定收入分配，其中，生产要素不仅包括土地、资本等，也包括人力资本、信息、知识、组织管理等，人们获得这些资源禀赋的机会和条件在很大程度上是不平等的，而市场机制以竞争法则予以分配势必导致收入分配差距；另外，市场失灵导致的以非法手段获取收入的现象突出，制度不健全带来的再分配调节手段和功能严重不足促使收入差距进一步扩大。从城乡制度设计角度看，农村的经济体制改革一度使农民收入获得增长，但由于农民占有的生产资料较少、生产方式和生产环境落后，大量的剩余劳动力长期滞留在农村，致使农民收入水平提高有限，与城市居民收入水平差距拉大，而国家通过财政和金融手段最大限度地将资金投入城市工业部门，这种投融资体制向城市的严重倾斜进一步制约了农村经济体制改革和农村经济发展。

以上分析表明，在我国经济转型时期，要实现经济增长数量、质量和效益相耦合，必须建立以"纠正市场失灵，减少权力垄断"为核心的福利分配机制，具体的内容包括：首先，对于市场竞争机制导致的收入分配不平等，要通过再分配政策进行合理、有效的调节。政府要在公共产品和服务供给方面不断提高公平性，完善社会保障、福利分配、税收征收等制度框架。其次，对于市场失灵导致的收入差距，要深化改革完善市场竞争机制、放松管制和促进市场自由化，完善法制秩序并加强执法力度，遏制公共权力直接或间接参与财富分配，减少垄断对财富的瓜分，控制利用公共资源过度获取个人收入的现象。最后，对于城乡发展不均衡导致的收入差距，要努力提高农村发展水平，加速推进城镇化，转变经济发展政策向城市倾斜的局面，加大对农村地区经济增长的支持力度。

五　人与自然协调发展机制

自然与经济社会是具有双向交互作用的两个系统。第一，生态环境和自然资源是经济增长的必要物质条件。经济增长过程本质上是人类利用一定的生产工具进行物质资源转化的过程，在进行各类经济生产活动时，经济主体一方面要不断地向自然生态系统索取能源、资源等原材料，另一方面也要向自然生态系统排放废弃物。因此，生态系统在经济增长过程中承担着物质能源供应和废弃物吸纳的双重责任。第二，过度的生态环境破坏和资源消耗制约经济持续增长的能力。自然资源和生态环境本身具有一定的自净再生能力，但是该能力的发挥需要一定的时间周期。在经济增长的初期阶段，人类对自然资源的索取和生态环境的污染尚处于自然界可控制的范围内，伴随着经济规模的不断扩大，对生产要素投入需求的显著增加导致过度的自然资源消耗和生态环境退化，当资源消耗和环境污染超出自然生态系统的承载能力时，就会出现资源短缺危机和环境危机，制约经济的进一步发展。

人与自然的非协调发展对实现经济增长数量、质量及效益耦合性的制约作用在于：第一，过度的自然资源消耗造成资源短缺，使自然要素成为经济增长的"瓶颈"。人与自然协调发展就是经济增长过程对自然要素的索取不超出其自然的再生能力，而经济生产及生活的废弃物排放不超出其自然的自净能力，从而保证自然系统为经济社会系统提供连续不断的资源能源供应和废弃物能量吸收能力，在自然要素充分供给的基础上确保经济持续增长，提高经济增长的生态效益。第二，生态破坏和环境污染导致人类生存环境恶化，恶化的环境通过疾病等方式威胁人类自身的健康。人与自然协调发展是保障人类良好生存环境的基础，经济增长带给人类物质生活享受的同时为人类提供良好的生存空间能够提高人们的福利水平，增加经济增长的社会效益实现。

从中国的现实情况来看，随着我国的低成本、压缩式工业化进程的推进，尤其是目前处于重工业化阶段，生态环境资源对经济增长数量、质量和效益协同耦合的硬约束越来越强化。作为一个人均资源拥有量相对短缺、生态环境相对脆弱的人口大国，我国的水土流失、能源枯竭、森林锐减、草原退化、气候变迁、水污染、生物灭绝等方面的生态问题显著高于世界平均水平。以重化工业为主导的产业结构和粗放式的经济发展模式致使我国的能源、资源、环境与经济数量扩张的矛盾十分尖锐。统计数据显示，按可比价格计算，改革开放以来我国 GDP 增长了 10 多倍，然而矿产资源的消耗却增长了 40 多倍。自然矿产资源具有的不可再生性约束，导致资源短缺已经明显构成目前很多行业发展的"瓶颈"和障碍。比如，我国铝土矿资源比较匮乏，静态保证年限仅 10 年且保有的矿产质量较长，因此，我国铝土矿主要依赖于进口，然而高达 60% 以上的对外依存度致使对我国铝行业的发展构成严重威胁。王小鲁等（2009）的研究结果表明，我国经济增长的 TFP 平均贡献为 3% 左右，但如果考虑环境资源约束，则仅有0.93%。此外，中国经济增长中能源效率也显著落后，单位 GDP 能耗是世界平均水平的 3 倍、日本的 7 倍及德国的 5 倍。资源过度开采和环境污染导致当前经济增长仅有较低的生态效益，却承担着过高的生态代价。

　　以上的分析表明，推动经济增长数量、质量和效益的协调耦合，必须打破传统增长中无限度攫取自然生态要素的路径依赖与锁定效应，从人与自然协调发展角度建立经济运行机制。具体的内容包括：第一，在经济发展过程中注重社会经济规律与自然生态规律的有机结合，将经济系统与生态系统的功能对接起来，在保持生态系统容纳能力的条件下，实现经济系统的可持续增长。第二，完善产业结构调整中的环境保护制度体系。加强环境监管、环保执法的力度，在排放许可和环境影响评价的基础上严格控制污染排放总量。第三，将积极发展低碳经济纳入经济增长目标，采取以低能耗、低污染、低排放为基础的经济增长模式降低生态环境代价。大力发展循环经济，在冶金、化工、建材、电力等高污染、高耗能的行业探索发展绿色循环经济的有效模式。第四，强化自然生态的保护管理，坚持以保护优先、开发有序为原则，限制不合理的资源开发活动，重点关注对水源、森林、草原、土地、海洋等自然资源的保护。

第八章 实现中国经济增长数量、质量和效益耦合的路径和政策

在我国经济转型增长进程中，经济增长数量、质量和效益之间存在的不相协同耦合呈总体上升的变动态势。虽然我国长期以来一直采取相应措施努力提高经济增长的质量和效益，但是在不同的阶段，制约经济增长数量、质量和效益相耦合的因素会发生显著变化并呈现新的特征。因此，有必要认清新的经济现实，对宏观经济政策做出相应调整以期实现经济增长数量、质量和效益的耦合。基于此，本章进一步探讨在新的增长阶段，实现中国经济增长数量、质量和效益耦合统一的转型路径和政策。

第一节 实现中国经济增长数量、质量和效益相耦合的路径

一 经济发展战略转型——由赶超型战略向竞争型战略转型

在追求经济增长数量、质量和效益相耦合的阶段，必须从传统追赶型战略的实施转向实施新的竞争型发展战略。竞争型战略的核心是科技竞争优势，并且要在知识、品牌、技术、管理、制度等方面形成动态竞争力。其具体内容包括：一是在技术层面实现以自主创新取代跟随模仿；二是在产业发展层面注重"中国创造"而非"中国制造"；三是在要素投入层面加强人力资本和科技创新；四是在竞争优

势层面以品牌优势取代低成本价格优势（刘志彪，2011）。① 只有通过从追赶型向竞争型发展战略转变，才能破解自然禀赋约束，发挥人的创造性，在战略性新兴产业领域建立体现绝对优势的国际竞争力，实现经济增长质量和效益的提高。

实现竞争型发展战略的具体路径在于：第一，在比较优势的基础上，实现产业结构的转型升级。通过对出口产品和产业的动态比较优势的主动培育，争取国内产业在国际产业分工和国际贸易中的有利地位，通过产业结构升级，形成一簇处于较高技术层次的主导产业，实现由贸易大国向贸易强国转变。第二，提升传统产业技术含量，并加快发展高新技术产业。对传统劳动密集型、资源密集型产业实施技术改造，推广高新技术在农业、交通、电力、机械等传统产业中的利用，通过提升产品的技术含量增强其竞争力。第三，转变政府职能，为企业、产业发展创造有利的竞争环境。以市场机制的完善为根本向企业提供公平的竞争环境，激发企业的创新意识。建立健全政策、法律法规、知识产权保护制度，为企业创新和竞争提供激励。另外，通过加大科研投入、加强科技推广，强化企业的竞争意识。

二　经济体制转型——由数量型向质量效益型体制转型

从速度数量型向质量效益型体制转型，是从以经济总量和经济增长速度为硬性指标引诱和促使各级经济政治主体片面追求经济增长的速度和数量，转向以关注经济增长的质量和效益为目标引导政府实施经济调节、市场监管、社会管理和公共服务职能。从速度数量型体制向质量效益型体制转型的具体内容包括：

第一，行政管理体制的转型。首先，政府要从主要行使经济职能向创造良好发展环境、提供优质公共服务、维护社会公平正义的社会服务职能转变。其次，确保政府在经济增长过程中发挥合理作用，要将配置资源的基础性作用让位与市场，通过制度建设不断完善市场机制进而减少对市场的过度干预，在有效监管经济运行的基础上，注重

① 刘志彪：《从后发到先发：关于实施创新驱动战略的理论思考》，《产业经济研究》2011 年第 4 期。

合理发挥宏观调控功能以弥补市场的失灵。最后，建立经济社会环境全面发展的政绩考核机制。完善政府政绩考核和官员晋升激励机制，摆脱原有的重经济增长数量、轻经济增长质量和效益的粗放经营的传统落后观念，加快转变政府官员的增长目标导向，使其与实现经济增长数量、质量和效益相协同的目标方向相一致，形成经济与社会和谐、人与自然和谐的新理念，在干部绩效考核中加入结构优化、效益改善、生态环境保护等考核内容修订原有唯 GDP 的单一考核标准，激励各级政府在保增长的同时，重视生产方式转变和产业结构调整，以新的激励约束机制推动经济增长数量、质量和效益的耦合。

第二，要素价格形成机制的转型。经济理论表明，价格扭曲会降低资源配置的效率。由于要素市场化改革滞后，价格的不合理管制致使我国存在严重的生产要素价格扭曲。要素价格的扭曲，一方面导致企业在生产中对生产要素的低效率使用，产生严重的资源浪费和环境污染，降低生态效益；另一方面，生产要素价格的扭曲也形成了与之相适应的收入分配格局，产生巨大的负面社会效益。政府干预下的要素价格扭曲是造成我国粗放型经济增长方式锁定的主要缘由（林毅夫等，2007）。① 转型要素价格形成机制，首先，最大限度地减少政府对要素价格的控制，将资源、要素等凡是能由市场定价的都交由市场确定。其次，限定在重要公用事业、公益性服务、网络型自然垄断环节范围内实施政府定价，对于这些垄断性、基础性资源产品，在政府定价中要充分反映出其稀缺性和供求关系。

第三，投融资体制转型。虽然现行的投融资体制打破了传统计划经济体制下的高度集中的投资管理模式，投融资主体多元化、资金来源多渠道化、投融资方式多样化，但仍然存在企业投资决策权尚未完全落实、市场配置资源的决定性尚未充分发挥的缺陷。因此，突破传统的投资驱动增长方式的途径在于：第一，改变财政主导型储蓄—投资机制，进一步拓宽投融资渠道，鼓励企业、社会资金参与，实现多层次、多元化、多渠道的复合型投融资体制。第二，提高投融资效

---

① 林毅夫、苏剑：《论经济增长方式的转换》，《管理世界》2007 年第 11 期。

率，降低融资成本，分散融资风险。构筑储蓄灵活转化为投资的机制，提高融资和资金流通效率，促使整个经济流程的循环顺畅，通过减少资本漏损促进经济增长和社会财富增加。

第四，科技体制的转型。其一，体制机制的建立要体现鼓励原始创新、集成创新以及引进消化吸收再创新的基本原则。通过完善相关的法律法规，加强知识产权的运用和保护，构建技术创新的激励机制。其二，政府要从宏观的角度全面整合社会科技力量和资源，通过体制调整和政策制定构建国家创新体系。市场则要从微观角度形成技术创新的市场需求导向机制，发挥其在企业研发方向确定、技术路线选择及创新要素配置中所起的信号作用。其三，产学研的创新要注重相互之间的协同发展机制。不仅要以科研院所为主要的研发主体，更要强化企业在技术创新中的主体地位，通过产学研的合作明确市场需求、提高研发能力、改善资金约束等。

三　经济增长动力转型——从要素驱动向创新驱动转型

不同的经济发展阶段，驱动经济增长的动力机制不同。迈克尔·波特在《国家竞争优势》中将经济发展划分为四个阶段：第一阶段是天然资源、自然环境及廉价劳动力等基本生产要素导向的发展阶段；第二阶段是大规模投资、改善技术装备为经济发展主要因素的投资导向的发展阶段；第三阶段是产品、工艺流程、市场营销等表现卓越的创新导向的发展阶段；第四阶段是经济走入衰退的富裕导向阶段。按照波特的论述，很显然我国现在正处于要素与投资作为增长动力的发展阶段，要实现中国经济增长数量、质量和效益相耦合，必须转型经济增长的动力，向创新驱动阶段迈进。创新驱动发展就是在现有创新资源基础上，以企业为创新主体，依照创新的特点、过程、形式等，依托市场配置创新资源，形成大量创新型企业，政府进行制度创新，促进创新成果转移扩散，通过一批创新型产业提升国家竞争力，进入创新型国家行列，依靠创新带动经济持续发展（马胜利、姜博，2014）。[①] 实现创新驱动的具体路径包括以下几个方面。

---

① 马胜利、姜博：《中国创新驱动发展的路径选择》，《党政干部学刊》2014 年第 12 期。

第一，以制度创新作为基础保障。没有合适的制度条件，既不能有突破性的创意，也不可能有重大的创新，合适的制度条件在于：要有一个由市场主体投资构成的体制；要有一个公平竞争的市场环境；要有一套政府在税收、信贷、奖励方面帮助创新者的优惠政策；要有一套严格的知识产权保护制度；要有一套激励创新者的机制，包括企业内部的产权分享制度等（厉以宁，2012）。[①] 因此，实施创新驱动关键在于制度的保障作用，通过创新出有效率的制度，为微观经济主体创造公平的市场竞争环境及良好的创新环境，鼓励和引导创新。总体上，制度创新的目标在于法律激励、体制激励及财税激励，具体内容包括：其一，建立完善的产权制度以明确创新主体在创新成果及收益方面的权益，为创新主体提供有效的激励保证；其二，完善市场体制机制，加强市场竞争、矫正要素价格扭曲、减少垄断以形成广泛的竞争和淘汰机制，使企业重新进行成本和收益的权衡，产生提升企业创新能力的外部压力；其三，制定合理有效的财政补贴的税收优惠政策，为社会收益较大而私人成本较大的基础研究、自主创新提供补偿机制，产生鼓励企业进行原始创新的内生动力。

第二，以知识创新作为动力源泉。知识创新作为通过科学研究获得新的自然科学和技术科学知识的过程，其目的是追求新发现，探索新规律，创立新学说，创造新方法，积累新知识，是不断增进技术创新和制度创新所需知识的过程。知识创新的重点在于基础研究领域的突破，其具体的实现路径在于：首先，加大对基础研究的投入力度。原始创新的根源在基础研究领域，但基础研究的周期长、见效慢、投入产出比较低，因此，基础研究领域的突破要以长期持续的科研投入为支撑。其次，发挥大学在知识创新中主体作用。大学不仅是知识传播的主要承担者，也是知识创新的主体；不仅是技术人才的培养基地，更是新思想、新技术诞生的摇篮。最后，加强知识产权的保护，保障创新主体对创新成果的收益激励。

---

① 厉以宁：《创意创新离不开制度条件》，http://finance.sina.com.cn/review/hgds/20120108/100411151086.shtml。

　　第三，以科技创新作为核心支撑。传统的技术创新概念是指根据经济目标或应用要素，开发出新的技术和创造出技术应用的新组合，并应用于知识创新或生产实践，洪银兴（2013）指出，知识经济的到来使以源于生产经验的技术改进为侧重点的技术创新，转向更加重视生产力转化效率、经济效益和市场价值的科技创新。[①] 由此可知，科技创新的关键在于科学发现与生产实践之间的对接，其核心在于自主创新。在企业层面，自主创新是企业通过自身的努力或联合攻关探索技术突破，并以此为基础推动后续环节的创新，最终完成技术商品化、获得商业利润。而在国家层面，自主创新是指一个国家不依赖对外技术引进的条件下仅仅依靠自身力量独立地进行技术开发的创新活动（傅家骥等，1998）。[②]

　　第四，以产业创新为实现目标。产业创新的目标在于构建以高端制造、品牌引领、低碳发展为特征的现代产业体系。在开放经济背景下，一个国家的产业结构决定了其在世界经济技术体系及全球产业分工格局中的定位。通过产业创新实现从低附加值、低加工度、低技术密集度向高附加值、高加工度、高技术密集度转变，才能突破在国际产业链中的低端锁定状态，提高本国在全球经济竞争中的优势。产业创新使驱动经济增长的引擎从传统的重工业向新兴的高新技术产业转变，在此过程中经济增长的要素需求结构发生变动，人力资本要素为主替代了传统的能源资源要素，促进经济增长质量和经济增长效益的实现。

　　第五，以文化创新作为智力支持。实现创新驱动发展既需要正式制度的规范和引导，也需要非正式制度的鼓励和激励。文化作为非正式制度的重要内容，文化创新体现了创新观念的重要方面。文化创新就是以宣传普及科学知识、科学方法和科学精神，在全社会形成崇尚科学、尊重人才的社会氛围，倡导鼓励竞争、敢于冒险、宽容失败的创新精神。注重文化建设，构建自主创新的文化观念，激发人们的创

---

① 洪银兴：《论创新驱动经济发展战略》，《经济学家》2013 年第 1 期。
② 傅家骥、仝允恒：《技术创新学》，清华大学出版社 1998 年版，第 96—97 页。

新意识和创新热情，为创新活动提供更广阔空间的文化模式和文化环境（袁炯，2010）。①

四　经济增长方式转型——从成本外生化向成本内生化转型

经济增长数量、质量和效益不协同一致的一个重要方面就在于经济增长的社会效益和生态效益显著滞后于经济效益增长，从而总体上拉低了经济增长效益。与经济增长的社会效益和生态效益偏低相对等的也就是经济增长的社会成本和生态成本较高，造成这一结果的直接原因在于经济体在进行增长决策过程中，将社会成本和生态成本作为非必须承担的外部成本而排除在考虑范围之内。解决社会福利分配不均、资源过度开发和环境污染问题的根本途径在于将外部成本内部化，即在一定的制度安排下，将经济主体的经济活动所产生的社会收益或社会成本，转为私人收益或私人成本。并将社会、资源、环境成本转化为数量指标计入经济核算，从而实现经济增长系统的外生成本被纳入经济决策中，使经济主体产生公平分配、节约资源和降低污染的内在激励，实现最优的社会福利水平以及资源利用和环境污染水平。实现社会、生态成本内生化的增长方式具体路径主要包括：

第一，建立社会成本合理分摊机制。首先，政府应破除唯 GDP 是首的政绩观，倡导社会公平包容、生态可持续发展、人的价值实现的政绩观，将经济稳定、社会和谐、生态优化等作为经济增长成果的综合考核标准。其次，健全法律法规规范市场秩序，通过限制恶性竞争、矫正市场垄断等方式降低增长的社会福利成本，以公平竞争、人人有机会的方式让全体居民参与经济增长过程，使经济增长的成果普惠全体公民。最后，完善税收制度、社会转移支付制度及社会保障体系以减少经济增长对弱势群体的冲击。政府应主动承担起为经济活动创造有利外部环境、克服市场经济缺陷的职能，解决好居民的失业、医疗、教育及住房等基本问题，加大农村居民和城市低收入弱势群体的社会保障制度建设。通过对低技能劳动者、贫困人口的扶助、救济、指导和培训增加其参与经济增长的机会，保障其最基本物质生活

---

① 袁炯：《解读文化创新体系》，《实践》（思想理论版）2010 年第 6 期。

条件。

第二，建立生态环境成本内生机制。首先，明确界定产权。生态破坏、环境污染问题的产生是企业私人成本与社会公共成本相分离的结果，即企业生产对生态环境损害所发生的成本（治理环境的费用与居民受到的损害）企业并不承担，而是转嫁给社会承担。解决生态环境成本问题的关键是污染产权的界定，通过产权的界定明确企业所需承担的成本，进而改变企业的投资、生产决策。其次，推进财税体制改革。通过财政税收政策的调整，形成合理有效的税收和补贴方式控制经济主体的行为，从利益机制上鼓励企业进行技术改造和节能减排。再次，深化资源性产品价格改革。一是要建立反映真实的资源稀缺程度、市场供求关系和环境损害成本的要素定价机制，通过价格机制鼓励资源的高效率利用和减少浪费。二是要积极推进环保收费制度改革，环境排污收费制度要体现环境退化和污染治理成本。建立健全污染者付费制度，提高排污费征税率（易培强，2011）。① 最后，加强企业节能减排的动机和技术能力。中国资源环境问题的根源在于工业技术的弱原创性和强模仿性（成金华、吴巧生，2007）。② 企业应改变以单纯的经济效益为利润动机的决策方式，通过环境产权的制度约束，将污染成本纳入会计核算并进行经济—环境综合收益决策。在降低生态环境成本的激励下，以技术手段创新达到减少资源消耗、提高资源效率的目标，突破可再生能源开发的关键技术扩展能源边界。

五　经济结构转型——从多元化向高级化经济结构转型

我国经济增长数量、质量和效益耦合较差的关键在于经济结构被长期锁定在低端位置。虽然经过改革开放以后 30 多年的发展，我国经济结构实现了从单一向多元化的转变，但经济结构高级化程度仍然不高。例如，产业结构具体表现为劳动密集型、资本密集型以及知识、技术密集型产业均具有一定规模，但普遍技术含量不高。具体来

① 易培强：《论经济增长速度与质量效益》，《湖南师范大学社会科学学报》2011 年第 6 期。

② 成金华、吴巧生：《中国工业化进程中的环境问题与"环境成本内化"发展模式》，《管理世界》2007 年第 1 期。

讲，产业结构中农业生产率显著偏低，制造业尤其是传统制造业的比重过高，而服务业尤其是现代服务业的比重过低；在高科技制造业中，大部分还处于"微笑曲线"的底端，关键技术、核心技术均被国外发达国家垄断；在追求高速增长的格局下，产生了大批过剩的生产能力。产业结构高级化是指产业的科技水平、科技含量、集约化程度提高，产业结构向高加工度化和高附加值化进化，产业分工进入高端价值链的过程。优化产业结构的具体内容包括两个方面：一是要发展新兴产业、潜力产业和高技术产业；二是要化解产能过剩。前者主要解决增量问题，而后者主要解决存量问题。

首先，在发展新兴产业、潜力产业和高技术产业方面：第一，通过落实各项税收优惠政策、完善知识产权保护制度、完善金融服务体系等优化政府的政策支撑服务，为产业转型升级提供政策支持和制度保障体系；第二，加大资金投入，通过完善风险投资机制加强对新兴产业、潜力产业、高技术产业的资金投入，通过吸引国内外的投资机构进入潜力产业、高新技术产业领域，实现风险投资主体的多元化；第三，激发市场主体的创新动力，通过智力要素、技术要素参与创新收益分配激发市场主体的创新积极性，鼓励创新主体多领域的参与区域合作、国际合作，以多种形式吸引资本、技术及各类创新要素，增强产业技术创新能力；第四，加强现代服务业的基础性保障作用。现代服务业包括三个层次：一是信息服务、金融保险等生产性服务业的发展；二是提供基础设施的如通信、交通、房地产等辅助产业的发展；三是旅游、文化、医疗保健、教育等配套产业的发展。

其次，在化解产能过剩方面，第一，加快转变政府职能，将政府的投资决策权交由市场和企业，最大限度减少不正当的政府干预，采取简政放权体制改革激发各级主体的积极性和创造性。深化新形势下官员考核制度改革，切断政府与"僵尸企业"和产能过剩企业之间的不正当利益联系，让市场主体真正按照市场规律和市场需求来确定产能和组织生产，减少重复建设和资源浪费。第二，推动价格机制改革，实现生产要素价格的市场化。破除政府主导的土地、资本等重要资源要素分配模式，重视市场机制的调节作用，通过市场上产品价格和要素价格改革，规避不合理价格信号对企业形成的错误导向，引导资本和劳动在不同部门的优化配置，进而以生产要素从生产效率相对较低的部门流向生产效率相对较高的部门而实现过剩产能的出清。第三，注重技术进步在化解产能过剩中的作用，通过技术研发和引进改造传统工业，增强传统产业产品的知识密集度和附加值。积极开发新产品，通过智能、数字、网络等高新技术的应用改善产品质量，形成品牌效应，将落后产能升级为先进产能。第四，以节能降耗和环境保护为重点，通过开发和应用新技术、新装备改变传统产业的工艺流程，提高传统产业生产率和资源利用率，逐步淘汰过剩产能、落后产能及污染产能。第五，从需求端入手，扩大中西部地区市场和农村市场，通过扩大市场的方式消化过剩产能。

第二节　实现中国经济增长数量、质量和效益相耦合的政策取向

在传统的经济增长模式下，我国主要采取需求管理政策来刺激经济增长，这导致的结果是经济增长数量、质量和效益之间相背离，三者的耦合度不断下降。新常态阶段的本质要求体现在经济增长数量、质量和效益的耦合统一，因而这一时期宏观经济政策不应局限在需求侧的短期刺激上，而应与供给侧的产业政策、人力资本政策、创新政策及社会政策相结合，构建扩大生产可能性边界的长效机制。由此可见，本书认为实现中国经济增长数量、质量和效益相耦合的政策取向在于，以放松需求抑制为核心的短期政策和以解除供给约束为核心的长期政策相结合。

一　短期政策——放松需求抑制

1. 实施积极的财政政策和稳健的货币政策

第一，发挥财政政策在扩大内需和改善民生中的重要作用。继续推进结构性减税，加大对企业研发、设备更新活动的支持，促进现代服务业的发展和产业结构优化升级。改善财政支出结构，加强对民生

保障、科技创新、生态保护等方面的关注，在保证教育和民生领域政府开支的前提下，尽量减少建设性、一般性支出。第二，发挥财政政策在促进增长、稳定物价、防范金融风险中的积极作用。创新运用多种政策工具及组合以保证货币信贷和社会融资的合理增长，促进金融资源配置向实体经济、"三农"领域以及小微企业倾斜。在保证重点工程资金需求的前提下，重点支持交通、环保、信息等基础设施建设。鼓励民间资本参与金融机构入股及重组改造，推进民间资本建立民营银行。深入排查、防控、化解各种区域性、系统性金融风险及隐患。

2. 挖掘内需潜力

首先，通过财政、税收政策大力发展劳动密集型产业与现代服务业，在促进产业结构转型的同时保障提供就业机会，通过提高就业来增加居民工资收入、提高人均可支配收入水平，增加中等收入群体比重，矫正因收入结构不合理而造成的消费弹性过低。其次，通过财政转移支付建立完善的社会保障体系，扩大和提高教育、医疗、失业、养老、住房等社会公共服务的覆盖范围和服务质量，减轻社会消费的负担，改善消费预期。重点关注农村地区和欠发达地区的社会保障，通过对广大农村地区和中西部欠发达地区的发展政策倾斜提高其人均收入水平，以其消费潜力的释放扩大国内需求。最后，积极稳妥地推进城市化进程以释放内需潜力，通过加快农村转移人口的市民化形成巨大的消费需求，在消纳巨大过剩生产能力的同时继续创造基础设施、住宅等投资需求，使中国经济实现新的平衡。

3. 提高投资效率和出口竞争力

首先，通过产权制度建立、资本市场培育等方式降低交易成本、融资成本，减少政府对经济活动的直接干预，加强政府的间接引导，降低政府的直接投资。其次，利用财政政策引导资源在不同产业及行业间流动，促进产业结构调整。通过财政减税政策扶持新兴产业发展，通过财政支出政策促进传统产业改造升级，降低对落后产业的政策支持，进而形成对落后产业严峻的生存约束，倒逼其淘汰退出或转型升级，以改变投资方向的方式提高投资效率。最后，减少对低要素

成本、低附加值、低技术集约度、低知识含量的低端产品的出口依
赖。通过加大技术创新力度提高产品的科技含量，执行严格的国际标
准，优化产品生产规模、改进产品质量和提高产品竞争力，以具有自
主品牌、高附加值、高科技含量的高端产品满足世界市场需求。通过
出口产品的多元化和高级化减轻国际贸易市场波动对我国的经济冲
击，减少国外贸易保护主义对我国出口的反倾销调查。

二　长期政策——解除供给约束

1. 产业政策

第一，抑制重工业部门过快增长，限制产能过剩行业的投资，尽
量减少对传统产业尤其是产能过剩产业的刺激措施。鼓励和扶持低库
存水平的行业发展，通过产品应用示范、新产品购买补贴等方式，推
广新技术和新产品的市场消费需求，为新兴行业的发展创造良好的
条件。

第二，合理选择关键领域，大力支持技术创新。将同时具备前沿
技术水平和科技创新能力，并且能够广泛带动相关联行业发展的产业
确立为国家产业发展目标，在政策上予以导向性扶持和资金支持，提
升其国际竞争力，如新型材料工业、运输设备制造业等。

第三，在产业政策的制定和实施中，将各种产业、各种产品的资
源能源消耗和生态环境影响作为重要的考虑因素，严格限制高能耗、
高浪费、重污染产业的发展，积极扶持科技先导型、资源节约型、环
境友好型产业的发展。一方面，加强企业的环境保护意识观念，鼓励
企业进行节能生产、降耗生产。通过增加对环境友好、资源节约的低
碳行业、绿色环保产业的政策支持力度，大力发展循环经济。另一方
面，加强市场在节能减排方面的竞争，通过有效的市场竞争机制对高
资源环境成本企业形成利润空间减少的压力，以倒逼机制实现淘汰、
关闭一批高耗能、高污染的企业。

第四，将产业转型升级建立在技术进步的基础上，一方面，重视
技术进步在高新技术产业中的核心作用；另一方面，重视技术进步和
技术改造在污染性产业的治理中的作用。加大对 3D 打印、新能源、
新材料、云计算、物联网等处于第三次工业革命核心地位的关键技术

的研发投入，通过核心技术的突破建立自主创新基础，提高产业转型升级的原动力。

第五，调整现行偏向国有大中型企业的产业政策体系，在不涉及国家安全和重大国家利益的领域，降低产业政策的扶持补贴和保护力度，提高国有企业的自生能力。鼓励和扶持具有较强竞争力和发展前景的民营企业参与金融、教育、医疗、电力、信息等垄断行业的公平竞争，促进资源在行业内不同所有制之间的有效转移，提高资源配置效率。

第六，在继续发展劳动密集型产业、能源原材料产业的同时，将机械装备制造业、电子产品制造业、精细化学工业、信息技术产业等技术密集型、知识密集型产业发展置于战略性地位。

2. 人力资本政策

第一，由于广泛性的社会人力资本积累具有公共产品的特性，因此，应发挥政府在人力资本投资中的主体作用。特别是在当前经济下行压力加大的情况下，要确保财政支出优先保障教育投入。同时，要改善财政性教育经费的分配与投向，调整教育投资结构，平衡地区投资，努力缩小区域、城乡差距，逐步实现城乡基本教育公共服务的均等化。加大对基础教育尤其是农村和偏远地区的教育投资以及对中小学在健康安全等方面的投入，提高中西部民族地区居民、贫困地区居民、农村居民、低收入居民、流动人口等弱势群体的教育机会及健康状况。

第二，保障教育供给质量。要重视学前教育，均衡发展九年义务教育，基本普及高中教育。大力发展职业教育，尤其是高等职业教育，为社会经济发展培养不同层次的实用型专业技术人才。高等教育要适度发展、内涵式发展，并且高等教育要根据未来产业发展的趋势，强化工业设计、软件开发、物流管理、品牌推广、市场营销等领域应用型人才的培养。并且，对高技能人才的培养应采取学校教育、企业培训及个人自学相结合的多元化培养方式。

第三，改革教育体制，更新人才培养观念。彻底改变基础教育阶段填鸭式应试教育模式，提高创新能力、创业意识等综合素质培养。

改变传统的单一办学模式，建立多样化的人才培养机制，加强学校之间、学校与科研机构之间、学校与企业之间以及国际交流合作等多种联合培养方式，形成开放式、多样式的人才培养体制，增强教育的活力和竞争力。

3. 创新政策

第一，确立企业在创新决策—技术研发—科技创新—成果转化—创新应用—产业发展链条中的主体地位。首先，在完善技术创新市场导向机制基础上，大型企业应在创新中发挥自身的骨干作用并带动中小企业激发创新活力；而应用型技术研发机构应加快市场化、企业化改革。其次，应加大企业创新的投入力度，为促进企业科技人员开发新产品、使用新技术创造条件。企业结合自身的产品特点、发展背景、财力基础等发展条件选取适宜的产品创新、市场创新、技术创新及商业创新模式，在市场竞争中走出符合企业自身比较优势的自主创新道路。再次，应加快企业技术创新激励机制建设。通过股权、期权、现金流分享权等多种形式给予研发创新人员以奖励激励，落实管理、技术、创新等无形生产要素参与分配，通过对创新积极性和创新潜力合理有效的物质、精神激励形成创新示范效应和带动效应。最后，促进企业开放合作式技术创新。一方面，企业对内可以与高等院校、科研机构等在研发、试验、生产、销售等环节建立创新合作、风险共担和成果共享的利益关系；另一方面，企业对外要以全球视野谋划和推动创新，通过整合全球资源，面向全球布局创新网络，建立海外研发中心，并购、合资、参股国外创新型企业和研发机构等形式提高创新能力。

第二，完善知识产权管理制度和执法体制。合理有效的制度设计是保障创新型经济发展的重要支撑。在创新中必须对知识产权这一核心要素进行严格有效的管理。首先，应完善知识产权法律制定和实施等相关工作，严肃查处各种知识产权侵权行为，加大对违法行为的处罚力度。鼓励知识产权中介机构的组建，提高权利人的知识支持力度和降低维权成本。其次，应防止因知识产权滥用所致的市场竞争秩序破坏和公众合法权益受损。知识产权保护和反垄断政策应合理搭配，防止滥用知识产权制定垄断高价、限制竞争行为。最后，企业应充分保护和开发利用创新成果。对自主研发的创新成果要以及时申报专利等方式实施保护，通过对知识产权的有效运用和保护，促进创新要素的高效流动和有效配置。

第三，改革科技体制和教育体制，为创新提供知识、技术和人才支撑。首先，改变现有科研教育领域行政化的状态，尊重科研和教育的独立性。突出创新型科技人才队伍建设，围绕重点学科领域和方向培养创新人才和团队成为中坚力量。其次，营造尊重知识、尊重劳动、尊重创造的社会环境，为科研人员建立宽松的科研平台。以创新实绩、同行评价、市场评价作为人才评价的重要参考指标，收入分配政策要体现知识价值导向、技术参与分配的原则，以重实绩和重贡献的薪酬制度提高科研人员成果转化收益分享比例，突出体现创新成果的人才激励和评价体系。最后，构建现代科研教育管理制度，加强高等教育的竞争与合作。改进现行的科研评价制度，从单纯地重视数量转向重视质量，更多关注科技成果本身的创新性和对社会的贡献，减少科研评价的"功利化"取向，鼓励科研人员做出原创性研究成果。

第四，优化财政金融制度。在财政和税收政策上，全面落实对科技、创新、研发活动的税收优惠和政策补贴等，对于效果良好的技术创新、科学研究、企业研发等活动，予以适当的财政补贴和奖励，鼓励企业在关键技术领域和前沿核心技术领域进行创新，努力形成一批具有自主知识产权的关键技术，使自主创新与世界科技新趋势保持同步。在金融和投资政策方面，加大对企业技术创新的融资支持，鼓励风险资本、私人股权、贷款机构开发多元化贷款模式、产品和服务对技术创新型企业进行投资和介入。同时，完善资本市场并构建以风险投资为核心的股权投资体系，建立新型科技创新融资平台，针对不同发展阶段的科技企业提供多样化的投融资服务，解决企业在创新中的融资约束问题。

第五，推动政府职能向服务创新转变。发挥政府在体现国家意志的战略领域已经市场失灵的公共领域的作为，起到对市场的引导和补充作用。作为公共产品提供者，政府应从注重管理转向创新服务，尤其要对前沿技术、关键技术、公益技术等具有显著外部性的科学技术公共产品提供服务支持。例如，应由国家主导进行大规模的基础科学研究。基础研究由于投入规模大、投资周期长、应用性相对较弱，其较大的直接投入是大部分企业没有动力也没有能力承担的。然而，基础研究领域在自主创新中处于核心地位，基础研究的突破所引致的应用技术创新，会产生几何增长效应，因此，这类研究应由政府主导来推动。

4. 社会政策

第一，深入实施就业优先的发展战略。首先，公共财政应倾斜于符合国家产业政策导向的小微企业和劳动密集型产业，减轻这类企业的税收负担，充分发挥其在吸纳城乡劳动力就业中的作用。其次，财政支出应倾斜于民生福利，加大对困难群体的扶持力度。完善和落实促进大学生、农民工、就业困难人员等重点群体就业的优惠政策。鼓励支持高校毕业生通过多渠道、多形式灵活就业。加快推进新型城镇化建设，加紧消除流动就业的制度壁垒，完善职业培训—就业服务—劳动维权"三位一体"的就业服务体系，为农村劳动力创造更多的就业机会。此外，通过就业援助政策和工作保障制度改善困难群体的就业状态。最后，应加强配套措施改革。具体来看，一是要通过加强职业技术人才培养，建立劳动者终身职业培训体系，健全社会化职业培训网络来全面提高就业能力；二是要通过加快形成统一规范灵活且覆盖城乡的人力资源市场和人才服务体系来发挥市场在人才配置中的基础性作用，提升就业服务能力；三是要通过健全劳动标准体系和劳动关系协调机制改善劳动条件、加强对劳动者的权益保障。

第二，积极完善社会保障制度。一是要通过深化改革尽快实现对所有群体的全覆盖。继续加大财政向社会保障领域的投入力度，依据我国经济发展水平和各方面承受能力，使社会各类成员都能够分享社会经济发展的成果。通过机关事业单位养老保险制度改革，逐步解决养老"双轨制"的问题，逐步缩小不同性质的单位中同类人员之间的待遇差。二是要强化激励引导机制，完善城乡居民养老激励机制，引导群众早参保、多缴费、持续参保，提高保障意识。通过构建健全的社会监督体系，让广大参保人员、缴费单位等参与社会保障基金的监督，减少诈骗、挪用、冒领、盗窃等管理漏洞的发生，提高居民对社保基金的信任度。三是加速推进社会保险的城乡统筹，努力实现将新农保和城居保整合为制度统一的城乡居民基本养老保险体系。在此基础上，加快推进基础养老金全国统筹，既要注重全国的统一公平又要兼顾地区发展和生活水平差异。四是推动多层次社会保险的发展，以发展补充性社会保险和商业保险等措施来满足人们日益变化的需求。

第三，深入推进医疗卫生改革发展。首先，要进一步健全全民医保体系，努力实现基本医疗保险全覆盖。在不断提高职工医保、城镇居民医保和新农合三项基本医疗保险参与率的同时，重点做好农民工、非公有制经济组织从业人员、灵活就业人员、关闭破产企业退休人员、困难企业职工以及低保家庭成员、城乡低收入家庭参加城镇居民医保或新农合的保障工作。其次，要不断提升公共卫生服务水平和医疗服务质量。一方面，要积极实施全面的健康行动计划，推进国家基本公共卫生服务项目，重点做好重大疾病防治、流动人口公共卫生服务等重要领域的卫生工作。另一方面，要进一步加强医疗服务质量管理，完善国家、省级医疗质量管理与控制体系及医疗服务监管法规制度，监管和规范医疗服务行为、质量，切实落实公立医疗机构提供城乡居民基本医疗服务的主体地位，引导非公立医疗机构向高水平、规范化发展，优化医疗服务资源配置。

参考文献

［1］［德］赫希曼：《经济发展战略》，经济科学出版社 1991 年版。

［2］［德］马克思、恩格斯：《马克思恩格斯全集》，人民出版社 1973 年版。

［3］［德］马克思、恩格斯：《马克思恩格斯全集》第 46 卷（上），人民出版社 1979 年版。

［4］［美］H. 钱纳里、S. 鲁宾逊、M. 赛尔奎因：《工业化和经济增长的比较研究》，吴奇、王松宝等译，上海三联书店 1989 年版。

［5］［美］阿玛蒂亚·森：《以自由看待发展》，任赜、于真译，中国人民大学出版社 2002 年版。

［6］［美］保罗·萨缪尔森、威廉·诺德豪斯：《宏观经济学》（第 19 版），萧琛主译，人民邮电出版社 2010 年版。

［7］［美］道格拉斯·C. 诺斯：《经济史中的结构与变迁》，陈郁、罗华平译，上海人民出版社 1994 年版。

［8］［美］道格拉斯·诺斯、罗伯特·托马斯：《西方世界的兴起》，厉以平、蔡磊译，华夏出版社 2009 年版。

［9］［美］德内拉·梅多斯、乔根·兰德斯、丹尼斯·梅多斯：《增长的极限》，李涛、王智勇译，机械工业出版社 2013 年版。

［10］［美］凡勃仑：《有闲阶级论》，蔡受百译，商务印书馆 1997 年版。

［11］［美］霍利斯·钱纳里、莫伊思·赛尔奎因：《发展的型式：1950—1970》，李新华等译，经济科学出版社 1988 年版。

［12］［美］蕾切尔·卡森：《寂静的春天》，吕瑞兰、李长生、鲍冷艳译，上海译文出版社 2015 年版。

［13］［美］鲁迪格·多恩布什、斯坦利·费希尔：《宏观经济学》，
中国人民大学出版社 1997 年版。

［14］［美］迈克尔·P. 托达罗、斯蒂芬·C. 史密斯：《发展经济
学》，聂巧平等译，机械工业出版社 2014 年版。

［15］［美］迈克尔·波特：《国家竞争优势》（下），中信出版社
2012 年版。

［16］［美］西蒙·库兹涅茨：《现代经济增长》，戴睿、易诚译，北
京经济学院出版社 1989 年版。

［17］［美］熊彼特：《经济发展理论》，邹建平译，中国画报出版社
2012 年版。

［18］［苏］B. D. 卡马耶夫：《经济增长的速度和质量》，陈华山、左
东观、何剑等译，湖北人民出版社 1983 年版。

［19］［匈］亚诺什·科尔奈：《突进与和谐的增长》，张晓光等译，
经济科学出版社 1988 年版。

［20］［英］A. C. 庇古：《福利经济学》，朱泱、张胜纪、吴良健译，
商务印书馆 2006 年版。

［21］［英］阿尔弗雷德·马歇尔：《经济学原理》，彭逸林等译，人
民日报出版社 2009 年版。

［22］［英］阿瑟·刘易斯：《经济增长理论》，商务印书馆 1983
年版。

［23］［英］大卫·李嘉图：《政治经济学及赋税原理》，郭大力、王
亚南译，译林出版社 2011 年版。

［24］［英］罗伊·哈罗德：《动态经济学》，黄范章译，商务印书馆
2003 年版。

［25］［英］马尔萨斯：《政治经济学原理》，厦门大学经济系翻译组
译，商务印书馆 1962 年版。

［26］［英］亚当·斯密：《国民财富的性质和原因的研究》，唐日松
译，华夏出版社 2009 年版。

［27］［英］约翰·梅娜德·凯恩斯：《就业、利息和货币通论》，魏
埙译，陕西人民出版社 2011 年版。

［28］白重恩、钱震杰：《国民收入的要素分配：统计数据背后的故事》，《经济研究》2009 年第 3 期。

［29］白重恩、谢长泰、钱颖一：《中国的资本回报率》，《比较》第 28 期。

［30］蔡昉、王德文：《中国经济增长可持续性与劳动贡献》，《经济研究》1999 年第 10 期。

［31］蔡昉、杨涛：《城乡收入差距的政治经济学》，《中国社会科学》2000 年第 4 期。

［32］曹东勃、秦茗：《金融创新与技术创新的耦合》，《财经科学》2009 年第 1 期。

［33］曹俊文：《生态经济效益指标体系的设置原则》，《统计与决策》2002 年第 12 期。

［34］曹立：《路径与机制：转变发展方式研究》，新华出版社 2014 年版。

［35］曹鹏：《技术创新的历史阶段性研究》，东北大学出版社 2002 年版。

［36］曹勇、赵莉、苏凤娇：《企业专利管理与技术创新绩效耦合测度模型及评价指标研究》，《科研管理》2011 年第 10 期。

［37］曹佑、张如兵：《我国经济增长质量的内涵、考核基准及实证分析》，《云南财贸学院学报》1994 年第 2 期。

［38］常春凤：《改革开放三十年：中国经济波动与宏观调控的回顾与反思》，《经济学家》2009 年第 2 期。

［39］钞小静、惠康：《中国经济增长质量的测度》，《数量经济技术经济研究》2009 年第 6 期。

［40］钞小静、任保平：《中国经济增长质量的时序变化与地区差异分析》，《经济研究》2011 年第 4 期。

［41］车士义、郭琳：《结构转变、制度变迁下的人口红利与经济增长》，《人口研究》2011 年第 2 期。

［42］陈斌开、林毅夫：《发展战略、城市化与城乡收入差距》，《中国社会科学》2014 年第 1 期。

［43］陈宏、银路：《工业部门与国民经济其他部门经济效益的关系研究》，《工业技术经济》1994 年第 2 期。

［44］陈继勇、周琪：《经济增长动力耦合与全球经济再平衡》，《武汉大学学报》（哲学社会科学版）2011 年第 6 期。

［45］陈彦斌、姚一旻：《中国经济增长的源泉：1978—2007 年》，《经济理论与经济管理》2010 年第 5 期。

［46］陈宇学：《创新驱动发展战略》，新华出版社 2014 年版，第 103 页。

［47］陈宗胜、宗振利：《二元经济条件下中国劳动收入占比影响因素研究——基于中国省际面板数据的实证分析》，《财经研究》2014 年第 2 期。

［48］成金华、吴巧生：《中国工业化进程中的环境问题与"环境成本内化"发展模式》，《管理世界》2007 年第 1 期。

［49］程大中：《中国服务业增长的特点、原因及影响——鲍莫尔—富克斯假说及其经验研究》，《中国社会科学》2004 年第 2 期。

［50］程虹、李丹丹：《一个关于宏观经济增长质量的一般理论——基于微观产品质量的解释》，《武汉大学学报》（哲学社会科学版）2014 年第 3 期。

［51］褚可邑：《完善市场经济中的宏观经济效益指标体系》，《中国统计》1999 年第 6 期。

［52］达松海：《一种评价工业经济效益的新方法》，《数量经济技术经济研究》1991 年第 3 期。

［53］戴武堂：《论经济增长质量及其改善》，《中南财经政法大学学报》2003 年第 1 期。

［54］单豪杰：《中国资本存量 K 的再估算：1952—2006》，《数量经济技术经济研究》2008 年第 10 期。

［55］单薇：《基于熵的经济增长质量综合评价》，《数学的实践与认识》2003 年第 10 期。

［56］单晓娅、陈森良：《经济增长质量综合评价指标体系设计》，《贵州财经大学学报》2001 年第 6 期。

[57] 单莹洁、苏传华：《基于耦合协调度的区域创新系统绩效评价研究——以河北省为例》，《科技管理研究》2011 年第 22 期。

[58] 董会忠、薛惠锋、宋红丽：《基于耦合理论的经济——环境系统影响因子协调性分析》，《统计与决策》2008 年第 2 期。

[59] 董敏杰、梁泳梅：《1978—2010 年的中国经济增长来源：一个非参数分解框架》，《经济研究》2013 年第 5 期。

[60] 董晓宇、郝灵艳：《中国市场化进程的定量研究：改革开放 30 年市场化指数的测度》，《当代经济管理》2010 年第 6 期。

[61] 杜志雄、肖卫东、詹琳：《包容性增长理论的脉络、要义与政策内涵》，《中国农村经济》2010 年第 11 期。

[62] 段文斌、尹向飞：《中国全要素生产率研究述评》，《南开经济研究》2009 年第 2 期。

[63] 樊纲、王小鲁、马光荣：《中国市场化进程对经济增长的贡献》，《经济研究》2011 年第 9 期。

[64] 樊纲、王小鲁、朱恒鹏：《中国市场化指数：各地区市场化相对进程 2011 年报告》，经济科学出版社 2011 年版。

[65] 樊潇彦、袁志刚：《我国宏观投资效率的定义与衡量：一个文献综述》，《南开经济研究》2006 年第 1 期。

[66] 方必和、程志宏、刘惠萍：《投影寻踪模型在国民经济综合评价中的应用》，《运筹与管理》2005 年第 5 期。

[67] 方创琳、杨玉梅：《城市化与生态环境交互耦合系统的基本定律》，《干旱区地理》2006 年第 1 期。

[68] 方建中：《产业转型升级的范式转换：从分立替代到耦合互动》，《江海学刊》2013 年第 6 期。

[69] 方迎风、童光荣：《经济增长质量的衡量标准：福利还是效率?》，《宏观质量研究》2014 年第 3 期。

[70] 费仲虎：《经济效益评价方法与经济体制改革——经济体制改革的一个新的探索》，《管理世界》1987 年第 1 期。

[71] 封志明、郑海霞、刘宝勤：《基于遗传投影寻踪模型的农业水资源利用效率综合评价》，《农业工程学报》2005 年第 3 期。

［72］付强、付红、王立坤：《基于加速遗传算法的投影寻踪模型在水质评价中的应用研究》，《地理科学》2003 年第 2 期。

［73］傅家骥、仝允恒：《技术创新学》，清华大学出版社 1998 年版。

［74］干春晖、郑若谷、余典范：《中国产业结构变迁对经济增长和波动的影响》，《经济研究》2011 年第 5 期。

［75］高帆：《中国二元经济结构转化：轨迹、特征与效应》，《学习与探索》2007 年第 6 期。

［76］高萍、孙群力：《工业化进程对中国区域经济增长的影响》，《统计研究》2008 年第 8 期。

［77］桂正耀：《试论社会效益与经济效益的关系》，《科研管理》1996 年第 1 期。

［78］郭峰：《产业集群与区域创新耦合机制研究》，《学习论坛》2006 年第 7 期。

［79］郭金喜：《传统产业集群升级：路径依赖和"蝴蝶效应"耦合分析》，《经济学家》2007 年第 3 期。

［80］郭晶、刘菲菲：《中国服务业国际竞争力的重新估算——基于贸易增加值视角的研究》，《世界经济研究》2015 年第 2 期。

［81］郭克莎：《论经济增长的速度与质量》，《经济研究》1996 年第 1 期。

［82］郭庆旺、贾俊雪：《中国潜在产出与产出缺口的估算》，《经济研究》2004 年第 5 期。

［83］郭庆旺、贾俊雪：《中国全要素生产率的估算：1979—2004》，《经济研究》2005 年第 6 期。

［84］郭熙保：《工业化、城市化与经济发展》，《东南学术》2002 年第 3 期。

［85］国家统计局综合司课题组：《我国经济增长动力及其转换》，《调研世界》2014 年第 12 期。

［86］郝生宾、于渤、吴伟伟：《企业网络能力与技术能力的耦合度评价研究》，《科学学研究》2009 年第 2 期。

［87］何枫、陈荣、何林：《我国资本存量的估算及其相关分析》，

《经济学家》2003 年第 5 期。

[88] 何海林、涂建军、孙祥龙等：《中国人口结构与经济结构耦合的关联分析》，《西南大学学报》（自然科学版）2013 年第 10 期。

[89] 何锦义、刘晓静、刘树梅：《当前技术进步贡献率测算中的几个问题》，《统计研究》2006 年第 5 期。

[90] 何强：《要素禀赋、内在约束与中国经济增长质量》，《统计研究》2014 年第 1 期。

[91] 贺铿：《中国投资、消费比例与经济发展政策》，《数量经济系数经济研究》2006 年第 5 期。

[92] 宏观经济分析课题组：《关于中国经济速度、结构、效益关系的研究》（上），《管理世界》1995 年第 3 期。

[93] 宏观经济分析课题组：《关于中国经济速度、结构、效益关系的研究》（下），《管理世界》1995 年第 4 期。

[94] 宏观经济效益综合评价课题组：《关于全面提高宏观经济效益及其综合评价指标体系的初步研究》，《管理世界》1993 年第 3 期。

[95] 洪银兴：《对新中国经济增长质量的系统评价》，《福建论坛》（人文社会科学版）2010 年第 7 期。

[96] 洪银兴：《论创新驱动经济发展战略》，《经济学家》2013 年第 1 期。

[97] 洪银兴：《论经济增长的速度、效益和波动》，《社会科学战线》1993 年第 6 期。

[98] 洪英芳：《新时期人力资源开发与提高经济增长质量和效益研究》，《人口学刊》2002 年第 6 期。

[99] 胡鞍钢、郑京海：《中国全要素生产率为何明显下降》，《中国经济时报》2004 年 3 月 26 日。

[100] 胡志军、刘宗明、龚志民：《中国总体收入基尼系数的估计：1985—2008》，《经济学》（季刊）2011 年第 4 期。

[101] 黄梦圆等：《基于投影寻踪模型的长三角经济发展与生态效率

耦合协调性研究》，《湖北农业科学》2015 年第 16 期。

[102] 黄鹏章：《正确处理经济效益、社会效益和环境效益的关系》，《河北大学学报》1989 年第 4 期。

[103] 黄少安：《关于制度变迁的三个假说及其验证》，《中国社会科学》2000 年第 4 期。

[104] 黄铁苗：《论综观经济效益》，《求索》1998 年第 1 期。

[105] 黄铁苗：《市场经济与经济效益》，《广东审计》1996 年第 7 期。

[106] 黄铁苗、蒋鑫：《基于管理视角下的经济增长质量和效益问题研究》，《学术研究》2013 年第 12 期。

[107] 黄勇峰、任若恩、刘晓生：《中国制造业资本存量永续盘存法估计》，《经济学》（季刊）2002 年第 2 期。

[108] 黄灼明：《经济效益范畴的历史考察——兼谈时代呼唤综观经济理论的发展》，《当代经济研究》1998 年第 2 期。

[109] 汲凤翔、张英花：《改革和完善经济效益指标体系的设想》，《统计研究》1991 年第 3 期。

[110] 纪玉荣：《宏观经济效益问题评价与分析的统计研究》，《科技致富向导》2009 年第 10 期。

[111] 贾俊雪、郭庆旺：《中国经济周期波动特征变化与宏观经济稳定政策》，《经济理论与经济管理》2008 年第 7 期。

[112] 江澜：《投影寻踪模型在国民经济综合评价中的应用》，《漳州师范学院学报》（自然科学版）2009 年第 2 期。

[113] 蒋晓娟、王月菊、陈兴鹏等：《中国人口—经济—空间—社会城市化耦合协调的时空演变分析》，《兰州大学学报》（社会科学版）2015 年第 5 期。

[114] 金菊良、魏一鸣、丁晶：《水质综合评价的投影寻踪模型》，《环境科学学报》2001 年第 4 期。

[115] 金菊良、魏一鸣、付强：《农业生产力综合评价的投影寻踪模型》，《农业系统科学与综合研究》2001 年第 4 期。

[116] 金菊良、杨晓华、丁晶：《基于实数编码的加速遗传算法》，

《四川大学学报》（工程科学版）2000 年第 4 期。

[117] 金理：《我国经济学界近年来关于社会主义经济效果问题的讨论》，《经济研究》1963 年第 1 期。

[118] 金珊：《试论社会主义的经济效果》，《经济研究》1961 年第 9 期。

[119] 靳卫东：《人力资本与产业结构转化的动态匹配效应：就业、增长和收入分配问题的评述》，《经济评论》2010 年第 6 期。

[120] 康梅：《投资增长模式下经济增长因素分解与经济增长质量》，《数量经济技术经济研究》2006 年第 2 期。

[121] 寇晓东、薛惠锋：《1992—2004 年西安市环境经济发展协调度分析》，《环境科学与技术》2007 年第 4 期。

[122] 雷钦礼：《中国经济结构的演化及其增长效益的测度分析》，《统计研究》2007 年第 11 期。

[123] 冷崇总：《构建经济发展质量评价指标体系》，《宏观经济管理》2008 年第 4 期。

[124] 李宾、曾志雄：《中国全要素生产率变动的再测算：1978—2007 年》，《数量经济技术经济研究》2009 年第 3 期。

[125] 李稻葵、刘霖林、王红领：《GDP 中劳动份额演变的 U 型规律》，《经济研究》2009 年第 1 期。

[126] 李凤瑞、魏丽华：《以提高经济增长质量和效益为中心促进经济持续健康发展》，《领导之友》2013 年第 2 期。

[127] 李富强、董直庆、王林辉：《制度主导、要素贡献和我国经济增长动力的分类检验》，《经济研究》2008 年第 4 期。

[128] 李国良、李忠富：《中国建筑业 1997—2007 年竞争环境评价》，《系统管理学报》2010 年第 6 期。

[129] 李国良、李忠富、付强：《基于投影寻踪模型的企业绩效评价研究》，《运筹与管理》2011 年第 4 期。

[130] 李洪侠：《衡量经济增长质量和效益的指标体系研究》，《经济与管理战略研究》2014 年第 3 期。

[131] 李京文：《关于经济增长方式的几个问题》，《市场经济导报》

1996 年第 7 期。

[132] 李京文：《快速发展的中国经济》，社会科学文献出版社 1996 年版。

[133] 李静、孟令杰、吴福象：《中国地区发展差异的再检验：要素积累抑或 TFP》，《世界经济》2006 年第 1 期。

[134] 李俊霖：《经济增长质量的内涵与评价》，《生产力研究》2007 年第 15 期。

[135] 李平、钟学义、王宏伟等：《中国生产率变化与经济增长源泉：1978—2010 年》，《数量经济技术经济研究》2013 年第 1 期。

[136] 李强、魏巍：《制度变迁对中国经济增长质量的非线性效应分析》，《经济与管理研究》2015 年第 12 期。

[137] 李荣富：《安徽省市域经济增长质量动态模糊综合评价——基于改进的 AHP—FCE 集成模型》，《安徽农业大学学报》（社会科学版）2014 年第 1 期。

[138] 李荣富、王萍、傅懿兵：《安徽各市经济增长质量动态多指标综合评价——基于面板数据投影寻踪模型》，《淮北师范大学学报》（哲学社会科学版）2013 年第 5 期。

[139] 李荣富、王萍、傅懿兵：《经济增长质量综合评价指标体系与模型构建探究》，《淮北师范大学学报》2013 年第 4 期。

[140] 李盛成：《发展质量理论探析》，《理论与改革》1999 年第 5 期。

[141] 李实：《中国收入分配格局的变化与改革》，《北京工商大学学报》（社会科学版）2015 年第 4 期。

[142] 李驷：《经济效果和产品质量》，《经济研究》1959 年第 8 期。

[143] 李小明：《中国经济波动与增长的福利成本分析》，《数量经济技术经济研究》2013 年第 4 期。

[144] 李小平、朱钟棣：《国际贸易、R&D 溢出和生产率增长》，《经济研究》2006 年第 2 期。

[145] 李延军、金浩：《经济增长质量与效益评价研究》，《工业技术

经济》2007 年第 2 期。

[146] 李永友：《我国需求结构失衡及其程度评估》，《经济学家》2012 年第 1 期。

[147] 李岳平：《经济增长质量评估体系及实证分析》，《江苏统计》2001 年第 5 期。

[148] 李治国、唐国兴：《资本形成路径与资本存量调整模型——基于中国转型时期的分析》，《经济研究》2003 年第 2 期。

[149] 李周为、钟文余：《经济增长方式与经济增长质量测度评价指标体系研究》，《中国软科学》1999 年第 6 期。

[150] 李佐军：《第三次大转型：中国经济拐点下的战略选择》，中信出版社 2014 年版。

[151] 李祚泳：《投影寻踪的理论及应用进展》，《大自然探索》1998 年第 1 期。

[152] 厉以宁：《创意创新离不开制度条件》，http：//finance. sina. com. cn/review/hgds/20120108/100411151086. shtml。

[153] 梁润、余静文、冯时：《人力资本对中国经济增长的贡献测算》，《南方经济》2015 年第 7 期。

[154] 廖重斌：《环境与经济协调发展的定律评判及其分类体系——以珠江三角洲城市群为例》，《热带地理》1999 年第 2 期。

[155] 林伯强、蒋竺均：《中国 CO_2 的环境库兹涅茨曲线预测及影响因素》，《管理世界》2009 年第 4 期。

[156] 林毅夫：《论经济发展战略》，北京大学出版社 2005 年版。

[157] 林毅夫、蔡昉、李周：《中国的奇迹：发展战略与经济改革》，上海人民出版社 2002 年版。

[158] 林毅夫、刘培林：《经济发展战略与公平、效率的关系》，《中外管理导报》2002 年第 8 期。

[159] 林毅夫、刘培林：《中国的经济发展战略与地区收入差距》，《经济研究》2003 年第 3 期。

[160] 林毅夫、苏剑：《论经济增长方式的转换》，《管理世界》2007 年第 11 期。

[161] 刘嫦娥、李允尧、易华:《包容性增长研究述评》,《经济学动态》2011 年第 2 期。

[162] 刘富江:《我国工业经济效益的状况、特点及对策》,《中国工业经济研究》1991 年第 10 期。

[163] 刘国光:《论经济改革与经济调整》,江苏人民出版社 1983 年版,第 228 页。

[164] 刘海英、赵英才、张纯洪:《人力资本"均化"与中国经济增长质量关系研究》,《管理世界》2004 年第 11 期。

[165] 刘宏业:《试论技术进步与社会效益增长》,《科学管理研究》2004 年第 3 期。

[166] 刘辉煌、李峰峰:《动态耦合视角下的收入分配、消费需求与经济增长》,《中国软科学》2013 年第 12 期。

[167] 刘嘉宁:《战略性新兴产业与区域产业结构升级耦合机制分析》,《求索》2011 年第 7 期。

[168] 刘娟:《工业经济效益指标体系的再思考》,《统计研究》1999 年第 2 期。

[169] 刘立峰:《消费与投资关系的国际经验比较》,《经济研究参考》2004 年第 72 期。

[170] 刘强、黄蓓:《论人力资本积累机制及其政策选择》,《经济问题》1998 年第 3 期。

[171] 刘瑞、黄炎:《中国经济潜在增长率的再估计》,《社会科学辑刊》2015 年第 1 期。

[172] 刘瑞翔:《探寻中国经济增长源泉:要素投入、生产率与环境消耗》,《世界经济》2013 年第 10 期。

[173] 刘诗白:《关于社会主义经济效果两个理论问题的初步探讨》,《汉江论坛》1962 年第 9 期。

[174] 刘树成:《论又好又快发展》,《经济研究》2007 年第 6 期。

[175] 刘树成:《论中国经济增长与波动的新态势》,《中国社会科学》2000 年第 1 期。

[176] 刘涛、黄强:《经济效率与经济效益之比较》,《上海统计》

1997 年第 10 期。

[177] 刘伟:《中国经济增长前景及面临的挑战》,《中国工商管理研究》2013 年第 1 期。

[178] 刘伟、李绍荣:《转轨中的经济增长与经济结构》,中国发展出版社 2005 年版。

[179] 刘伟、张辉:《中国经济增长中的产业结构变迁和技术进步》,《经济研究》2008 年第 11 期。

[180] 刘霞辉、张平、张晓晶:《改革时代的经济增长与结构变迁》,格致出版社 2008 年版,第 81 页。

[181] 刘小鲁:《我国创新能力积累的主要途径:R&D,技术引进,还是 FDI?》,《经济评论》2011 年第 3 期。

[182] 刘小瑜、汪淑梅:《基于集对分析法的我国经济增长质量综合评价》,《江西社会科学》2014 年第 12 期。

[183] 刘亚建:《我国经济增长效率分析》,《思想战线》2002 年第 2 期。

[184] 刘耀彬、李仁东、宋学锋:《中国城市化与生态环境耦合度分析》,《自然资源学报》2005 年第 1 期。

[185] 刘志彪:《从后发到先发:关于实施创新驱动战略的理论思考》,《产业经济研究》2011 年第 4 期。

[186] 刘志强:《宏观经济评价指标体系研究》,《世界经济》1998 年第 8 期。

[187] 逯进、陈阳、郭志仪:《社会福利、经济增长与区域发展差异——基于中国省域数据的耦合实证分析》,《中国人口科学》2012 年第 3 期。

[188] 逯进、周惠民:《中国省域人力资本与经济增长耦合关系的实证分析》,《数量经济技术经济研究》2013 年第 9 期。

[189] 吕冰洋、郭庆旺:《中国要素收入分配的测算》,《经济研究》2012 年第 10 期。

[190] 吕健:《城市化驱动经济增长的空间计量分析:2000—2009》,《上海经济研究》2011 年第 5 期。

[191] 罗连发：《产品质量如何决定经济增长质量——基于山区的实证研究》，《武汉大学学报》（哲学社会科学版）2014 年第 3 期。

[192] 罗序斌：《中部地区经济发展质量评价》，《当代经济》2009 年第 13 期。

[193] 马建新、申世军：《中国经济增长质量问题的初步研究》，《财经问题研究》2007 年第 3 期。

[194] 马胜利、姜博：《中国创新驱动发展的路径选择》，《党政干部学刊》2014 年第 12 期。

[195] 孟德友等：《基于投影寻踪模型的河南县域交通与经济协调性评价》，《地理研究》2013 年第 11 期。

[196] 牛文元：《可持续发展理论的内涵认知》，《中国人口资源与环境》2012 年第 5 期。

[197] 潘梅村、龚祖英：《论经济增长的整体效益》，《世界经济文汇》1997 年第 2 期。

[198] 彭德芬：《经济增长质量的研究》，华中师范大学出版社 2002 年版，第 3 页。

[199] 彭国华：《中国地区全要素生产率与人力资本构成》，《中国工业经济》2007 年第 2 期。

[200] 钱伯海：《试论社会主义经济效果的指标体系》，《中国经济问题》1963 年第 10 期。

[201] 钱争鸣、陈韦彦：《我国工业经济效益指标评价与主成分分析的实证研究》，《统计研究》1999 年第 7 期。

[202] 乔为国：《中国高投资率、低消费率研究》，社会科学文献出版社 2007 年版。

[203] 秦鲁：《评价工业企业经济效益指标体系研究》，《中国工业经济研究》1994 年第 2 期。

[204] 邱国栋、马巧慧：《企业制度创新与技术创新的内生耦合》，《中国软科学》2013 年第 12 期。

[205] 全毅：《国际经济环境的演变趋势与我国经济转型》，《世界经

济与政治论坛》2012 年第 4 期。

[206] 冉茂盛、毛战宾：《人力资本对经济增长的作用机理分析》，《重庆大学学报》（社会科学版）2008 年第 1 期。

[207] 人力资本结构研究课题组：《人力资本与物质资本的匹配及其效率影响》，《统计研究》2012 年第 4 期。

[208] 任继周：《草地农业生态学》，中国农业出版社 1995 年版，第 14 页。

[209] 任继周：《系统耦合在大农业中的战略意义》，《科学》1999 年第 6 期。

[210] 沈坤荣、傅元海：《外资技术转移与内资经济增长质量——基于中国区域面板数据的检验》，《中国工业经济》2010 年第 11 期。

[211] 沈坤荣、李猛：《中国潜在产出和产出缺口的测算：1952—2008》，《首都经济贸易大学学报》2010 年第 5 期。

[212] 沈坤荣、李子联：《中国经济增长的动力与约束》，《经济学动态》2011 年第 1 期。

[213] 沈谊、周三多：《评价工业经济效益的指标体系探讨》，《经济研究》1983 年第 8 期。

[214] 世界环境与发展委员会：《我们共同的未来》，王之佳、柯金良译，吉林人民出版社 1997 年版。

[215] 世界银行：《1992 年世界发展报告：发展与环境》，中国财政经济出版社 1992 年版。

[216] 世界银行：《2000/2001 年世界发展报告：与贫困作斗争》，中国财政经济出版社 2001 年版。

[217] 世界银行增长与发展委员会：《增长报告——可持续增长和包容性发展的战略》，中国金融出版社 2008 年版。

[218] 司增绰、邵军：《中国经济增长的动力源泉：基于文献的梳理研究》，《江苏师范大学学报》（哲学社会科学版）2015 年第 3 期。

[219] 宋斌：《中国经济增长质量的测度与区域比较研究——基于包

容性增长视角的分析》,《宏观质量研究》2013 年第 3 期。

[220] 宋海岩等:《改革时期中国总投资决定因素的分析》,《世界经济文汇》2003 年第 1 期。

[221] 宋明顺、张霞、易荣华等:《经济发展质量评价体系研究及应用》,《经济学家》2015 年第 2 期。

[222] 宋伟、闫超:《区域知识产权保护力度与创新能力的耦合度分析》,《华东理工大学学报》(社会科学版) 2010 年第 1 期。

[223] 速水佑次郎:《发展经济学:从贫困到富裕》,社会科学文献出版社 2009 年版。

[224] 随洪光:《FDI 资本效应对东道国经济增长质量的影响分析》,《现代管理科学》2011 年第 1 期。

[225] 随洪光:《外商直接投资与中国经济增长质量提升——基于省际动态面板模型的经验分析》,《世界经济研究》2013 年第 7 期。

[226] 孙琳琳、任若恩:《中国资本投入和全要素生产率的估算》,《世界经济》2005 年第 12 期。

[227] 孙平军、丁四保、修春亮:《北京市人口—经济—空间城市化耦合协调性分析》,《人口问题研究》2012 年第 5 期。

[228] 孙冶方:《讲经济就是要以最小的耗费取得最大的效果——孙冶方同志 1981 年 3 月在经济效果理论问题讨论会上的录音讲话》,《计划经济研究》1981 年第 15 期。

[229] 陶长琪、齐亚伟:《中国全要素生产率的空间差异及其成因分析》,《数量经济技术经济研究》2010 年第 1 期。

[230] 佟哲晖:《论宏观综合经济效益指标》,《财经问题研究》2000 年第 2 期。

[231] 托马斯等:《增长的质量》,《增长的质量》翻译组译,中国财政经济出版社 2001 年版,第 29 页。

[232] 王干梅、姜学民、时正新、王全新:《试论农业生态经济系统的循环》,《贵州社会科学》1984 年第 6 期。

[233] 王光伟:《论经济增长速度和经济效益》,《苏州大学学报》

（哲学社会科学版）2000 年第 4 期。

［234］ 王积业：《关于提高经济增长质量的宏观思考》，《宏观经济研究》2000 年第 1 期。

［235］ 王金照、王金石：《工业增加值率的国际比较》，《经济纵横》2012 年第 8 期。

［236］ 王利、张炳发、初凤英：《关于对经济增长质量进行测度的探讨》，《技术经济》1999 年第 8 期。

［237］ 王玲、Adam Szirmai：《高技术产业技术投入和生产率增长之间关系的研究》，《经济学季刊》2008 年第 3 期。

［238］ 王茜茜等：《基于投影寻踪法的武汉市"两型社会"评价模型与实证研究》，《生态学报》2011 年第 20 期。

［239］ 王顺久、李跃清：《投影寻踪模型在区域生态环境质量评价中的应用》，《生态学杂志》2006 年第 7 期。

［240］ 王顺久、杨志峰：《区域农业生态环境质量综合评价投影寻踪模型研究》，《中国生态农业学报》2006 年第 1 期。

［241］ 王顺久、杨志峰、丁晶：《关中平原低下水资源承载了综合评价的投影寻踪方法》，《资源科学》2004 年第 6 期。

［242］ 王薇、任保平：《数量型经济增长与质量型经济增长的比较及转型路径》，《人文杂志》2014 年第 4 期。

［243］ 王薇、任保平：《我国经济增长数量与质量阶段性特征：1978—2014 年》，《改革》2015 年第 8 期。

［244］ 王文博：《经济增长质量统计指标体系研究》，《统计与信息论坛》2001 年第 1 期。

［245］ 王小鲁：《中国经济增长的可持续性与制度变革》，《经济研究》2000 年第 7 期。

［246］ 王小鲁、樊纲、刘鹏：《中国经济增长方式转换和增长可持续性》，《经济研究》2009 年第 1 期。

［247］ 王小鲁、樊纲等：《中国经济增长的可持续性——跨世纪的回顾与展望》，经济科学出版社 2000 年版，第 35 页。

［248］ 王雅林、何明升：《论现代化的发展质量》，《社会学研究》

1997 年第 3 期。

[249] 王永锡、袁文平：《关于社会主义经济效果的实质》，《经济研究》1962 年第 9 期。

[250] 王玉梅：《企业技术创新动态发展过程中知识管理与人才管理耦合演化过程分析》，《理论与探索》2011 年第 6 期。

[251] 王琢：《论经济效果问题》，《经济研究》1959 年第 8 期。

[252] 卫兴华：《经济发展方式与经济增长方式的关系》，《人民日报》2011 年 2 月 14 日第 7 版。

[253] 卫兴华、黄桂田：《提高经济增长质量和效益的若干理论与实践问题研究》，《学术月刊》1997 年第 1 期。

[254] 魏礼群：《重在经济增长数量、质量和效益的统一》，《求是杂志》2009 年第 8 期。

[255] 魏双凤：《论综观经济效益及其指标体系》，《科学·经济·社会》1987 年第 4 期。

[256] 翁媛媛、高汝熹：《中国经济高增长模式的质量与动态效率判断》，《经济与管理研究》2011 年第 9 期。

[257] 翁媛媛、高汝熹：《中国经济增长动力分析及未来增长空间预测》，《经济学家》2011 年第 8 期。

[258] 吴传清：《我国区域经济质量提升的制度安排》，《区域经济评论》2013 年第 11 期。

[259] 吴敬琏：《实现合意的新常态要靠改革》，《新金融》2015 年第 1 期。

[260] 吴敬琏：《体制性障碍阻碍了经济增长方式的转变》，《农村工作通讯》2013 年第 1 期。

[261] 吴明涛、刘颖、石瑶：《基于投影寻踪模型的企业会计信息质量评价》，《辽宁工程技术大学学报》（社会科学版）2012 年第 4 期。

[262] 吴勤堂：《产业集群与区域经济发展耦合机理分析》，《管理世界》2004 年第 2 期。

[263] 吴显悦、王荣川：《资金利税率是考核经济效益的最佳指标》，

《地质技术经济管理》1997 年第 6 期。

[264] 吴玉鸣、张燕：《中国区域经济增长与环境的耦合协调发展研究》，《资源科学》2008 年第 1 期。

[265] 吴振坤：《新编简明经济学词典》，天津人民出版社 1990 年版。

[266] 伍海华、王继勋：《改革十年我国宏观经济效益的多元统计评价》，《经济评论》1993 年第 1 期。

[267] 伍世安：《转变经济发展方式的制度性障碍分析》，《企业经济》2012 年第 2 期。

[268] 武鹏：《改革以来中国经济增长的动力转换》，《中国工业经济》2013 年第 2 期。

[269] 武义青：《经济增长质量的度量方法及其应用》，《管理现代化》1995 年第 5 期。

[270] 夏力：《对经济增长效益的制度性分析》，《湖北社会科学》2006 年第 3 期。

[271] 向书坚、郑瑞坤：《增长质量、阶段特征与经济转型的关联度》，《改革》2012 年第 1 期。

[272] 项俊波：《中国经济结构失衡的测度与分析》，《管理世界》2008 年第 9 期。

[273] 肖红叶、李腊生：《我国经济增长质量的实证分析》，《统计研究》1998 年第 4 期。

[274] 谢钰敏、魏晓平：《基于结构耦合模型的企业技术能力研究》，《科技管理研究》2011 年第 23 期。

[275] 谢忠秋：《我国经济增长的速度、结构、质量、效益相关性研究》，《经济管理》2006 年第 22 期。

[276] 熊勇清、李世才：《战略性新兴产业与传统产业耦合发展的过程及作用机制探讨》，《科学学与科学技术管理》2010 年第 11 期。

[277] 徐现祥、舒元：《基于对偶法的中国全要素生产率核算》，《统计研究》2009 年第 7 期。

［278］徐玉莲、王玉冬、林艳：《区域科技创新与科技金融耦合协调度评价研究》，《科学学与科学技术管理》2011 年第 12 期。

［279］许涤新：《生态经济学的几个理论问题》，《生态经济》1987 年第 1 期。

［280］许坚：《生态效益与生态经济效益的界定——兼与张叶先生商榷》，《生态经济》1994 年第 2 期。

［281］许宪春：《90 年代我国服务业发展相对滞后的原因分析》，《管理世界》2000 年第 6 期。

［282］颜鹏飞、李酣：《以人为本、内涵增长和世界发展——马克思主义关于经济发展质量的思想》，《宏观质量研究》2014 年第 1 期。

［283］颜双波：《我国教育与经济发展耦合协调度研究》，《教育评论》2015 年第 1 期。

［284］颜双波、张连成：《潜在产出与产出缺口的界定与测算方法》，《首都经济贸易大学学报》2007 年第 1 期。

［285］杨丹萍：《产业集群与技术创新的耦合机理分析》，《中国流通经济》2005 年第 8 期。

［286］杨钧、苑小丰：《中国 R&D 投入与经济增长质量问题实证研究》，《宏观质量研究》2014 年第 2 期。

［287］杨亮、丁金宏：《社会保障、经济发展与区域差异——基于中国省域数据的耦合实证分析》，《经济与管理》2014 年第 1 期。

［288］杨万平、杜行：《中国经济增长源泉：要素投入、效率提升还是生态损耗》，《西安交通大学学报》（社会科学版）2015 年第 4 期。

［289］杨武、杨淼：《中国科技创新与经济发展耦合协调度模型》，《中国科技论坛》2016 年第 3 期。

［290］杨玉珍：《中西部地区生态—环境—经济—社会耦合系统协同发展研究》，中国社会科学出版社 2014 年版。

［291］叶初升：《发展经济学视野中的经济增长质量》，《天津社会科学》2014 年第 2 期。

［292］叶浩等：《投影寻踪模型在地下水水质评价中的应用》，《水文地质工程地质》2005 年第 5 期。

［293］叶宗裕：《关于多指标综合评价中指标正向化和无量纲化方法的选择》，《浙江统计》2003 年第 4 期。

［294］易纲、樊纲、李岩：《关于中国经济增长与全要素生产率的理论思考》，《经济研究》2003 年第 8 期。

［295］易培强：《论经济增长速度与质量效益》，《湖南师范大学社会科学学报》2011 年第 6 期。

［296］于洪菲、田依民：《中国 1978—2011 年潜在产出和产出缺口的再估算》，《财经科学》2013 年第 5 期。

［297］余泳泽：《改革开放以来中国经济增长动力转换的时空特征》，《数量经济技术经济研究》2015 年第 2 期。

［298］俞安军、韩士专、张顺超：《利用 C—D 函数测算中国经济增长的质量及方式》，《统计与决策》2007 年第 24 期。

［299］袁富华：《中国经济结构性减速、转型风险与供给面改革》，《中国党政干部论坛》2015 年第 2 期。

［300］袁炯：《解读文化创新体系》，《实践》（思想理论版）2010 年第 6 期。

［301］岳希明、张曙光：《我国服务业增加值的核算问题》，《经济研究》2002 年第 12 期。

［302］战明华、许月丽：《规模和产业结构的关联效应、城市化与经济内生增长》，《经济科学》2006 年第 3 期。

［303］张长征、李怀祖：《中国教育公平与经济增长质量关系实证研究：1978—2004》，《经济理论与经济管理》2005 年第 12 期。

［304］张车伟、张士斌：《中国劳动报酬份额变动的"非典型"特征及其解释》，《人口与发展》2012 年第 4 期。

［305］张国强、温军、汤向俊：《中国人力资本、人力资本结构与产业结构升级》，《中国人口资源与环境》2011 年第 10 期。

［306］张鸿鹰、钟文余：《改革以来我国宏观经济效益的综合评价》，《数理统计与管理》2000 年第 3 期。

［307］张建华、王鹏：《中国全要素生产率：基于分省份资本折旧率的再估计》，《管理世界》2012 年第 10 期。

［308］张军：《资本形成、工业化与经济增长：中国的转轨特征》，《经济研究》2002 年第 6 期。

［309］张军、吴桂英、张吉鹏：《中国省际物质资本存量估算：1952—2000》，《经济研究》2004 年第 10 期。

［310］张军、章元：《对中国资本存量 K 的再估计》，《经济研究》2003 年第 7 期。

［311］张军扩：《"七五"期间经济效益的综合分析——各要素对经济增长贡献率的测算》，《经济研究》1991 年第 4 期。

［312］张兰英：《论发展的质量》，《武夷学院学报》2006 年第 3 期。

［313］张连城、李方正：《中国需求结构失衡判定的国际比较》，《首都经济贸易大学学报》2014 年第 4 期。

［314］张平：《致力推动中国经济从高速转向高效增长》，《求是》2013 年第 9 期。

［315］张少华、蒋伟杰：《中国全要素生产率的再测度与分解》，《统计研究》2014 年第 3 期。

［316］张胜旺：《可持续发展模式下经济效益与生态效益的关系》，《生态经济》2013 年第 2 期。

［317］张首魁、党兴华：《技术创新网络组织绩效研究：基于结点耦合关系的视角》，《软科学》2009 年第 9 期。

［318］张卫华、赵铭军：《指标无量纲化方法对综合评价结果可靠性的影响及其实证分析》，《统计与信息论坛》2005 年第 3 期。

［319］张先治：《建立评价企业经济效益指标体系的探讨——对现行考评企业经济效益指标体系的评价》，《求是学刊》1998 年第 5 期。

［320］张欣莉、任仕泉、罗利：《企业竞争力评价的投影寻踪模型》，《数理统计与管理》2005 年第 4 期。

［321］张妍、尚金城、于相毅：《城市经济与环境发展耦合机制的研究》，《环境科学学报》2003 年第 1 期。

[322] 张宇：《中国模式》，中国经济出版社 2008 年版，第 476 页。

[323] 赵璟、党兴华：《城市群空间结构演进与经济增长耦合关系系统动力学仿真》，《系统管理学报》2012 年第 7 期。

[324] 赵小勇等：《投影寻踪模型的改进及其在生态农业建设综合评价中的应用》，《农业工程学报》2006 年第 5 期。

[325] 赵彦云、王军：《宏观经济效益统计的核算、评价与分析》，《统计研究》1991 年第 3 期。

[326] 赵英才、张纯洪、刘海英：《转轨以来中国经济增长质量的综合评价研究》，《吉林大学社会科学学报》2006 年第 3 期。

[327] 赵志耘、吕冰洋：《资本积累与技术进步的动态融合：中国经济增长的一个典型事实》，《经济研究》2007 年第 11 期。

[328] 赵志耘、杨朝峰：《中国全要素生产率的测算与解释：1979—2009 年》，《财经问题研究》2011 年第 9 期。

[329] 郑超愚、胡乃武：《中国通货膨胀的历史趋势与结构因素》，《北京行政学院学报》2009 年第 1 期。

[330] 郑京海、胡鞍钢：《中国改革时期省际生产率增长变化的实证分析（1979—2001 年）》，《经济学》（季刊）2005 年第 1 期。

[331] 郑若谷、干春晖、余典范：《转型期中国经济增长的产业结构和制度效应》，《中国工业经济》2010 年第 2 期。

[332] 郑绍濂、胡祖光：《经济系统的经济效益度量的综合指标——全要素生产率的研究和探讨》，《系统工程理论与实践》1986 年第 1 期。

[333] 郑世林、张宇、曹晓：《中国经济增长源泉再估计：1953—2013》，《人文杂志》2015 年第 11 期。

[334] 郑玉歆：《全要素生产率的再认识——用 TFP 分析经济增长质量存在的若干局限》，《数量经济技术经济研究》2007 年第 9 期。

[335] 支道隆：《谈如何设置一个能反映技术进步的综合经济效益指标》，《财经问题研究》1991 年第 2 期。

[336] 周家华：《论经济增长整体效益》，《江苏经贸职业技术学院学

报》2003 年第 2 期。

［337］周黎安：《中国地方官员的晋升锦标赛模式研究》，《经济研究》2007 年第 7 期。

［338］周小亮：《新常态下中国经济增长动力转换：理论回溯与框架设计》，《学术月刊》2015 年第 9 期。

［339］朱承亮、岳宏志、李婷：《中国经济增长效率及其影响因素的实证研究：1985—2007 年》，《数量经济技术经济研究》2009 年第 9 期。

［340］朱方明、贺立龙：《经济增长质量：一个新的诠释及中国现实考量》，《马克思主义研究》2014 年第 1 期。

［341］朱杰堂：《资金利税率取代经济效益综合指数的实证研究》，《郑州航空工业管理学院学报》2000 年第 1 期。

［342］左其亭、陈嘻：《社会经济——生态环境耦合系统动力学模型》，《上海环境科学》2001 年第 12 期。

［343］E. 多马：《经济增长理论》，郭家麟译，商务印书馆 1983 年版。

［344］ADB, *Eminent Persons Group Report*, Asian Development Bank, Manila, 2007.

［345］ADB, *Fighting*, *Poverty in Asia and the Pacific*：*The Poverty Reduction Strategy*, Asian Development Bank Institute, Manila, 1999.

［346］Ali Ifzal, Zhuang Juzhong, "Inclusive Growth toward a Prosperous Asia：Policy Implications", *ERD Working Paper Series*, 97, 2007.

［347］Ali Ifzal, Son Hyun H., "Defining and Measuring Inclusive Growth：Application to The Philippines", *ERD Working Paper Series*, 98, 2007.

［348］Ali Ifzal, Son Hyun H., "Measuring Inclusive Growth", *Asian Development Review*, Vol. 24, Issue 1, Jan. 2007, p. 11.

［349］Alwyn Young, "Gold into Base Metals：Productivity Growth in the People's Republic of China During the Reform Period", *Journal of Political Economy*, Vol. 111, No. 6, Dec. 2003, pp. 1220 – 1261.

［350］Alwyn Young, "Substitution and Complementarity in Endogenous Innovation", *The Quarterly Journal of Economics*, Vol. 108, Issue 3, Aug. 1993, pp. 775 – 807.

[351] Alwyn Young, "The Tyranny of Numbers: Confronting the Statistical Realities of the East Asian Growth Experience", *The Quarterly Journal of Economics*, Vol. 110, Issue 3, Aug. 1995, pp. 641 – 680.

[352] A. Charnes, W. W. Cooper and E. Rhodes. "Measuring the Efficiency of Decision Making Units", *European Journal of Operational Research*, Vol. 2, Issue 6, Nov. 1978, pp. 429 – 444.

[353] Burak Guneralp, Michael K. Reilly and Karen Seto, "Capturing Multicolor Feedbacks in Urban Land Change: a Coupled System Dynamics Spatial Logistic Approach", *Environment and Planning B: Planning and Design*, Vol. 39, Issue. 5, Jan. 2012, pp. 858 – 879.

[354] Bureau of Economic Analysis, "Revised Statistics of Gross Domestic Product by Industry: 1997 Through First Quarter 2014", November 13, 2013, http://www.bea.gov/newsreleases/industry/gdpindustry/2014/gdpind214.htm.

[355] Charles P. Kindleberger, "The Terms of Trade and Economic Development", *The Review of Economics and Statistics*, Vol. 40, No. 1, Part 2. Problems in International Economics, Feb. 1958, pp. 72 – 85.

[356] Dale W. Jorgenson, ZVI Griliches, "Issues in Growth Accounting: A Reply to Edward F. Denison", *Survey of Current Business*, Vol. 52, No. 5, May 1972, pp. 65 – 94.

[357] Daron Acemoglu, Simon Johnson and James A. Robinson, "Institutions as a Fundamental Cause of Long – Run Growth", *Handbook of Economic Growth*, Vol. 1, Part A, 2005, pp. 385 – 472.

[358] David Backus, Patrick J. Kehoe, "International Evidence on the Historical Properties of Business Cycles", *American Economic Review*, Vol. 82, No. 4, Sep. 1992, pp. 864 – 888.

[359] Douglas W. Caves, Laurits R. Christensen, W. Erwin Diewert, "The Economic Theory of Index Numbers and the Measurement of Input, Output, and Productivity", *Econometricay*, Vol. 50, No. 6, Nov. 1982, pp. 1393 – 1414.

[360] Dudley Seers, "The Birth, Life and Death of Development Economics", *View Issue TOC*, Vol. 10, Issue 4, Oct. 1979, pp. 707 – 719.

[361] Dwight Heald Perkins, "Reforming China′Economic System", *Journal of Economic Literature*, Vol. 26, No. 2, Jun. 1988, pp. 601 – 645.

[362] Edward B. Barbier, "The Concept of Sustainable Economic Development", *Environmental Conservation*, Vol. 14, Issue 2, Sum. 1987, pp. 101 – 110.

[363] Felipe J. , *Macroeconomic Implication of Inclusive Growth: What are the Questions*, Asian Development Bank, Manila. Processed, 2007.

[364] Gary H. Jefferson Thomas G. Rawski and Yuxin Zheng, "Growth, Efficiency, and Convergence in China′ State and Collective Industry", *Economic Development and Cultural Change*, Vol. 40, No. 2, Jan. 1992, pp. 239 – 266.

[365] Gene M. Grossman, Elhanan Helpman, "Trade, Knowledge Spillovers, and Growth", *European Economic Review*, Vol. 35, Issues 2 – 3, Apr. 1991, pp. 517 – 526.

[366] Gregory C. Chow, "Capital Formation and Economic Growth in China", *The Quarterly Journal of Economics*, Vol. 108, Issue 3, Aug. 1993, pp. 809 – 842.

[367] Gustav Ranis, John C. H. Fei, "A Theory of Economic Development", *The American Economic Review*, Vol. 51, No. 4, Sep. 1961, pp. 533 – 565.

[368] Jess Benhabib and Mark M. Spiegel, "The Role of Human Capital in Economic Development Evidence from Aggregate Cross – Country Da-

ta", *Journal of Monetary Economics*, Vol. 34, Issue 2, Oct. 1994, pp. 143 – 173.

[369] John B. Taylor, Michael Woodford, *Handbook of Macroeconomics*, Elsevier, 1999.

[370] John H. Holland, "Genetic Algorithms and the Optimal Allocation of Trials", *SIAM Journal on Computing*, Vol. 2, Issue 2, 1973, pp. 88 – 105.

[371] J. B. Kruskal, "Linear Transformation of Multivariate Data to Reveal Clustering", *Multidimensional Scaling: Theory and Applications in the Behavioural Sciences*, 1972, pp. 179 – 191.

[372] Kaldor N. *Causes of the Slow Rate of Economic Growth of the United Kingdom: An Inaugural Lecture*, Cambridge University Press, 1966.

[373] Karl E. Weick, "Educational Organization as Loosely Coupled Systems", *Administrative Science Quarterly*, Vol. 21, No. 1, Mar 1976, pp. 1 – 19.

[374] Kenneth Arrow, "The Economic Implications of Learning by Doing", *Review of Economic Studies*, Vol. 29, Issue 3, 1962, pp. 155 – 173.

[375] Klasen Stephan, "Measuring and Monitoring Inclusive Growth: Multiple Definitions, Open Questions, and Some Constructive Proposals", *ADB Sustainable Development Working Paper Series*, Jun. 2010, pp. 7 – 12.

[376] Lam Alice, "Organization Innovation", *Handbook of Innovation*, Oxford University Press, 2004.

[377] Lant Pritchett, "Where Has All the Education Gone?", *The World Bank Economic Review*, Vol. 15, Issue 3, Oct. 2001, pp. 367 – 391.

[378] Levy M. E, *Fiscal Policy, Cycles and Growth*, National Industrial Conference Board, 1963.

［379］ Ludwig Von Bertalanffy, *General System Theory*, University Press of Colorado, 1968.

［380］ M Peneder, "Structural Change and Aggregate Growth", *Structural Change and Economic Dynamics*, Vol. 14, 2002, pp. 427 – 448.

［381］ Marc Levinson, "Job Creation in the Manufacturing Revival", *CRS Report for Congress*, R41898, June 20, 2012.

［382］ Mckinley Terry, "Inclusive Growth Criteria and Indicators: an Inclusive Growth Index for Diagnosis of Country Progress", *ADB Sustainable Development Working Paper Series*, June 2010, pp. 10 – 14.

［383］ Mun Heng Toh and Wai Choong Ng, "Efficiency of Investments in Asian Economies: Has Singapore Over – Invested", *Journal of Asian Economics*, Vol. 13, Issue 1, January – February 2002, pp. 52 – 71.

［384］ Paul M. Romer, "Increasing Returns and Long – Run Rrowth", *The Journal of Political Economy*, Vol. 94, No. 5, Oct. 1986, pp. 1002 – 1037.

［385］ Ravi Kanbur and Xiaobo Zhang, "Fifty Years of Regional Inequality in China: a Journey through Central Planning, Reform, and Openness", *Review of Development Economics*, Vol. 9, Issue 1, February 2005, pp. 87 – 106.

［386］ Raymond W. Goldsmith, "A Perpetual Inventory of National Wealth", *Studies in Income and Wealth*, Vol. 14, 1951, pp. 5 – 73.

［387］ Richard Bellman, "On the Approximation of Curves by Line Segments Using Dynamic Programming", *Communications of the ACM*, Vol. 4, Issue 6, June 1961, p. 284.

［388］ Robert Barro, "Quantity and Quality of Economic Growth", *Journal Economia Chilena (The Chilean Economy)*, Vol. 5, Issue 2, 2002, pp. 17 – 36.

［389］ Robert E. Hall, Charles I. Jones, "Why Do Some Countries Produce

So Much More Output Per Worker than Others?", *The Quarterly Journal of Economics*, Vol. 114, Issue 1, Feb. 1999, pp. 83 – 116.

[390] Robert E. Lucas Jr., "On the Mechanics of Economic Development", *Journal of Monetary Economics*, Vol. 22, Issue 1, July 1988, pp. 3 – 42.

[391] Robert J. Hodrick and Edward C. Prescott, "Postwar US Business Cycles: An Empirical Investigation", *Journal of Money, credit, and Banking*, Vol. 29, No. 1, Feb. 1997, pp. 1 – 16.

[392] Robert M. Solow, "A Contribution to the Theory of Economic Growth", *The Quarterly Journal of Economics*, Vol. 70, Issue 1, Feb. 1956, pp. 65 – 94.

[393] Rohwer Jim, "When China Wakes: A Survey of China", *The Economist*, 1992.

[394] Ronald I. McKinnon, "Financial Liberalization and Economic Development: a Reassessment of Interest – Rate Policies in Asia and Latin America", *Oxford Review of Economic Policy*, Vol. 5, No. 4, Win. 1989, pp. 29 – 54.

[395] R. D. Banker, A. Charnes and W. W. Cooper, "Some Models for Estimating Technical and Scale Inefficiencies in Data Envelopment Analysis", *Management Science*, Vol. 30, Issue 9, Sep. 1984, pp. 1078 – 1092.

[396] R. Fare, C A K Lovell, S. Grosskopf. *Production Frontiers*, Cambridge University Press, 1994.

[397] Sai Ding and John Knight, "Can the Augmented Solow Model Explain China's Remarkable Economic Growth? A Cross – country Panel Data Analysis", *Journal of Comparative Economics*, Vol. 37, Issue 3, Sep. 2009, pp. 432 – 452.

[398] Schmidheiny S. and Stigson B., *Eco – Efficiency: Creating More Value with Less Impact*, World Business Council for Sustainable Development, 2000.

[399] Shujie Yao, Zongyi Zhang and Lucia Hanmer, "Growing Inequality and Poverty in China", *China Economic Review*, Vol. 15, Issue 2, 2004, pp. 145 – 163.

[400] Taguchi Genichi, "Introduction to Quality Engineering: Designing Quality into Products and Processes", *A Practical Guide to Quality Management in Spinning*, 1986, pp. 1 – 10.

[401] T. W. Swan, "Economic Growth and Capital Accumulation", *Economic Record*, Vol. 32, Issue 2, Nov. 1956, pp. 334 – 361.

[402] Ward B. and Dubos R., *Only one Earth. The Care and Maintenance of A Small Planet*, Harmondsworth, Penguin Books Ltd., 1972, pp. 123.

[403] W. Arthur Lewis, "Economic Development With Unlimited Supplies of Labour", *The Manchester School*, Vol. 22, Issue 2, May 1954, pp. 139 – 191.

[404] W. A. Shewhart, *Economic Control of Quality of Manufactured Product*, Asq Quality Press, 1931.

[405] ZuLiu Hu, Mohsin S. Khan, "Why is China Growing so Fast?", *Staff Papers*, Vol. 44, Issue 1, March 1997, pp. 103 – 131.

后 记

　　本书是在我的博士论文的基础上修改完成的。在博士论文出版之际，我要感谢我的两位恩师——茶洪旺教授和任保平教授。茶老师严谨的治学态度，勤奋的敬业精神以及谦逊的做人原则时刻影响着我。虽然与茶老师不在一个城市，但茶老师总是尽最大的努力对我的学业进行指导。每次我将论文发送给茶老师，他总是第一时间审阅完给我打电话，一条一条详细地指出论文的不足，提出他的思路见解并给出修改建议，每次与茶老师的讨论都让我豁然开朗。我与任老师的见面机会较多，因此，无论在学术研究还是做人做事方面，任老师都对我的影响颇大。任老师勇于探索、不怕困难、勤奋坚持的科研精神一直是我学习的榜样，鼓舞着我在学术研究道路上坚定前行。任老师还经常告诫我们"做学问和做人一样，要顶天立地，做学问之前要先学会做人"，正是老师的这些话，鞭策着我不断思考如何成为有知识、有人格、会做事的人。

　　在西北大学经济管理学院求学期间，给予我帮助的老师还有，何炼成教授、白永秀教授、何爱平教授、宋宇教授、严汉平教授、杨建飞教授、冯涛教授、马小勇教授、安立仁教授、高煜教授、马莉莉教授、岳宏志教授、郭俊华副教授、刘瑞明副教授、师博副教授、田洪志副教授、刘燕妮副教授、钞小静副教授。此外，2012级博士班的豆建春博士、倪明明博士、张国凤博士、张雷博士、石莹博士，以及"经济任家"的魏婕博士、李娟伟博士、安树军博士、郭晗博士，他们都在学习和生活中给予我许多帮助，在此深表谢意。

　　此外，感谢西安财经学院著作出版基金的资助。感谢中国社会科学出版社刘晓红编辑以及其他工作人员在著作出版过程中的辛勤劳动。

最后，我要特别感谢我的家人，他们是我奋进的动力来源和精神支柱，没有他们无微不至的关怀支持及竭尽所能的无私付出，我无法走到今天。

王　薇

2018 年 3 月于西北大学桃园校区